2022年度中国法学会部级法学研究一般课题“数字政府建设的法治保障研究”
项目号：CLS（2022）C29

数字政府建设
法治保障研究

王红建　主编

SHUZI ZHENGFU JIANSHE
FAZHI BAOZHANG YANJIU

法律出版社 LAW PRESS · CHINA
北京

图书在版编目(CIP)数据

数字政府建设法治保障研究 / 王红建主编. -- 北京：法律出版社，2023
ISBN 978 -7 -5197 -7724 -1

Ⅰ. ①数… Ⅱ. ①王… Ⅲ. ①电子政务－行政法－研究－中国 Ⅳ. ①D922.104

中国国家版本馆 CIP 数据核字（2023）第 056005 号

数字政府建设法治保障研究
SHUZI ZHENGFU JIANSHE FAZHI BAOZHANG YANJIU

王红建 主编

责任编辑 许 睿
装帧设计 汪奇峰

出版发行 法律出版社
编辑统筹 司法实务出版分社
责任校对 张翼羽
责任印制 胡晓雅
经　　销 新华书店

开本 710 毫米×1000 毫米 1/16
印张 14.75 **字数** 283 千
版本 2023 年 9 月第 1 版
印次 2023 年 9 月第 1 次印刷
印刷 唐山玺诚印务有限公司

地址：北京市丰台区莲花池西里 7 号(100073)
网址：www.lawpress.com.cn
投稿邮箱：info@lawpress.com.cn
举报盗版邮箱：jbwq@lawpress.com.cn

销售电话：010－83938349
客服电话：010－83938350
咨询电话：010－63939796

书号：ISBN 978－7－5197－7724－1
定价：88.00 元

凡购买本社图书，如有印装错误，我社负责退换。电话：010－83938349

序　言

视频大屏前,交通警察敲击鼠标键盘即可完成对违法违章机动车的查处,保障道路交通秩序的安全稳定;“一网通办”系统中,社区居民通过手机屏幕,动动手指就能实现社保关系转接、户籍登记、居民最低生活保障领取以及大中专毕业生报到落户等;智慧政务服务大厅里,“AI 政务辅助系统”助力行政审批提速升级,通过设定自动校验条件,对申请人的申请材料进行自动核验,实现无人干预自动审批;健康码、行程码、场所码的应用为新冠肺炎疫情的防控提供了丰富准确的流行病学数据……随着信息技术的飞速发展,这些绚丽多彩的数字政府应用场景时刻体现着行政管理和社会治理的提质增效已无法脱离数字技术的助力,以数字技术为基石搭建的数字政府已悄然出现在社会生活的各个角落,流动的数据、流畅的体验正给人们带来实实在在的获得感。

党的十八大以来,以习近平同志为核心的党中央高度重视数字政府建设,把建设数字政府作为提升国家治理体系和治理能力现代化的重要抓手。在致 2021 年世界互联网大会乌镇峰会的贺信中,习近平主席强调要“增强数字政府效能”。[1] 2021 年 3 月,全国人大表决通过的第十四个五年规划和 2035 年远景目标纲要明确指出,要“提高数字政府建设水平”,将数字技术广泛应用于政府管理服务,推动政府治理流程再造和模式优化,不断提高决策科学性和服务效率。可以说,数字技术与行政管理的深度融合,已经不再是办公工具与工具使用者间的物理联系,这是一场以思维提升、模式重塑、流程再造、治理优化为目标的深刻化学反应。一些长期以来不能解决或难以解决的治理困境,正在通过数字技术的广泛应用得以破解。数字政府所产生的效能正在逐步转化为温暖民心、体察民意的治理温度,减负助推市场主体蓬勃发展的治理动能。

---

[1] 《增强数字政府效能》,载新华网,http://www.news.cn/2021-10/20/c_1127974831.htm。

以数字政府建设为引领,行政管理模式正在发生深刻变革,行政主体实施行政行为的具体方式方法正在被全面重塑。一方面,在物理空间中,网线光纤、无线信号取代了以往行政主体与行政相对人面对面的沟通渠道,传统的语言、纸笔沟通方式在更为快速便捷的二进制代码面前逐步丧失其优势地位。无论是从行政效率的提升还是从行政成本的节约来看,以数字技术作为行政主体与行政相对人间主要的交流方式无疑是未来行政管理的主要趋势。“掌上办理”“跨省通办”“不见面审批”正是行政主体与行政相对人在物理空间关系中的重构产物。另一方面,当代码成为行政管理的主要媒介时,行政主体创造、管理、利用、占有的数据数量必定会突破物理限制呈现指数级的增长。在此过程中,行政管理的主要方式将从行为治理向数据治理转变,行政管理的主要对象也将从具体的相对人高度抽象化为一组组代码。以数据为基础的治理对增进了解社会需要、凝聚形成社会共识、分析研判社会风险、准确精进社会治理具有十分重要的意义。对数据的分析解读、整合利用将是数字政府必须熟练掌握的基本技能,亦是各级行政机关职能转变、完善的重要方向。

数字技术的蓬勃发展为国家治理能力现代化创造了宝贵的机遇,也为各级政府提出了全新的能力要求。2018 年 4 月 13 日,习近平总书记在考察海南省政务数据中心时做出重要指示,“各级党委和政府要强化互联网思维,善于利用互联网优势,着力在融合、共享、便民、安全上下功夫,推进政府决策科学化、社会治理精细化、公共服务高效化,用信息化手段更好感知社会态势、畅通沟通渠道、辅助决策施政、方便群众办事,做到心中有数”。[1] 回望 21 世纪以来我国数字政府建设的发展,其中探索实践的过程也存在不少问题,特别是新冠肺炎疫情暴发后,政务数字技术复杂多元的应用场景与行政主体对数字技术的掌控使用能力存在一定的紧张关系。有些是观念思维上的局限,行政主体利用数字技术开展行政决策、行政执法和行政审批活动时,容易忽视对行政相对人权利的保障,往往注重最终结果的发生而忽视对行政程序的争议;有些是体制机制上的迟滞,数字技术的应用规则是一套不同于传统行政方式的全新规则,以往规范传统行政行为的法律规范体系虽然对行政机关应用数字技术能够起到一定的约束作用,但数字技术的独有特征和迅猛发展急切呼唤着相关配套体制机

---

〔1〕《(学习进行时)习近平谈网信工作,“人民”二字分量很重!》,载 https://export.shobserver.com/baijiahao/html/360315.html。

制的搭建,以确保数字技术这一中立性的工具能够真正为民造福;有些是能力素养上的缺失,同其他新兴技术一样,数字技术的发展亦是一日千里,行政机关和行政机关工作人员面对数字技术的能力恐慌和本领恐慌是制约数字技术在行政管理中潜能挖掘的重要因素。

法治是"固根本""稳预期""利长远"的保障。解决数字政府建设过程中存在的突出矛盾,法治同样是良方妙策。本书立足于中国社会实际,总结中央及各地方数字政府建设取得的经验教训,剖析我国数字政府建设的基本路径和基本需求。通过比较研究欧、美、日等发达国家和地区的政务信息化建设历程,明晰我国数字政府建设法治化进程需要借鉴吸收的域外经验。同时,本书以公法研究为基本视角,厘清数字政府建设新要求对原有行政法理论框架的冲击挑战,提出适应数字政府建设需求的行政法理论发展面向,着力回答行政主体理论的完善、自动化行政的规制以及数据安全风险防范等重要命题。本书的撰写只是数字政府建设法治化进路系统化研究的初步成果,其中不免有疏漏之处,恳请读者批评指正,也恳切的期待本书的出版能为后续的理论和实证研究增添一些有益的力量。

在人类发展史上,无论是农业社会到工业社会的整体演进,还是刀耕火种向声光化电的工具进化,科技的发展必然会带来制度深刻变革,我们有理由相信,数字政府建设的大力推进,必然会加速国家治理体系和治理能力的现代化进程,人民群众在此过程中收获的幸福感和安全感也必定更为充实和持续。

作 者 分 工

王红建(郑州大学):第一章、第二章、第四章、第八章
刘继汉(郑州大学):第一章
闫何岩(郑州大学):第二章
袁 楠(河南省高级人民法院):第三章、第五章
冯学梁(郑州大学):第三章
郑若诗(郑州大学):第四章
赵 琼(郑州大学):第五章
闫占飞(郑州大学):第六章
梁俊明(驻马店市驿城区人民法院):第六章、第七章
史玉洁(郑州大学):第七章
薛 坤(郑州大学):第八章

目　录

第一章　法治数字政府建设的展开方式

一、引言

数字科技的高速发展使得人们的生产生活方式日新月异，以物联网、大数据、人工智能、区块链为代表的新兴技术尚未被普罗大众充分认知就已经广泛而深刻地改变了整个社会。身处数字化的今天，无论是政府、企业还是个人，都无法忽视数字化所产生的改变世界的巨大能量。数字科技为行政管理和社会治理提出了全新的技术命题，也创造了宝贵的发展机遇，于政府而言，这是一个挑战与机遇并存的数字化时代。

一方面，在科技革命的浪潮之下，政府可以运用这些技术成果在行政领域迸发出更大的能量，高效优质地实现行政目的。在城市管理领域，南昌市政府启动南昌城市大脑建设，把智慧交通纳入城市大脑总体布局，智能调控城市交通，化解拥堵难题，做到"城市会思考，车辆不限号"；[1]在公共服务领域，多个省、市级政府推出了汇聚税务、人社、教育、公安、卫健、住建、民政等公共服务的智能平台应用，如河南省的"豫事办"、浙江省的"浙里办"、天津市的"津心办"、郑州市的"郑好办"等，群众足不出户、动动手指即可同行政机关打交道、办业务；在政府决策领域，政府通过大数据加算法、人工智能等数字化手段实现对交通、人口、经济发展趋势以及个人行为的预测，进而制定相应的管理政策来实现精准施政；在行政执法领域，测速仪、违法拍照、环境污染实时监测等集约化执法设备广泛使用，极大地节省了执法成本，提高了监管效率。

另一方面，当下正兴起的以智能化为突出特点的工业革命4.0不仅使得机器能够代替人工作，而且能够让机器在一定程度上代替人进行思考和决策，实

---

〔1〕参见《"城市大脑"首功：南昌取消尾号限行》，载南昌市政府网，http://www.nc.gov.cn/ncszf/jrnc/202012/65acde5a55f24cde9ba0a0d1ae0cb3bd.shtml。

现在此之前人类无法实现的目标。[1]毫无疑问,数字科技在为政府赋能的同时会极大地重塑行政机关的行为模式,而这种模式的转变势必引起行政机关内部关系以及行政机关与行政相对人间行政法律关系的转变。产生于工业革命时代的行政法教义学框架是否能够约束新一轮产业革命催化下的政府行为模式?[2]如何平衡数字政府转型与法治政府建设之间的关系,进而打造一个既能灵活应用数字技术解决方案,又不逾法治之矩的政府,成为这个时代法律人不得不深思的问题。

二、法治数字政府的规范性陈述

(一)数字技术

从技术角度讲,数字技术(Digital technology)是一项与电子计算机相伴相生的科学技术,它是指借助一定的设备将各种信息,如图、文、声、像等,转化为电子计算机能识别的二进制数字后进行运算、加工、存储、传播、还原的技术。当然本文所关注的数字技术并非计算机或传感器的硬件设计或处理信息的软件编写方案等基础技术,而是在行政领域能够直接为政府所用,影响其内部结构及外部行为的以大数据、区块链、人工智能、物联网为代表的成熟、整体的数字技术解决方案,并讨论这些方案在行政管理活动中的具体运用。

(二)从电子政务到数字政府

数字政府(Digital government)的雏形是电子政务(E - government)。随着计算机网络的普及,我国于20世纪90年代末期开展了电子政务建设,其最初只是作为一种传递政务信息的工具。受信息技术的局限,彼时电子政务的功能只在于将各级政府的政务信息上传到计算机网络当中以便于查阅、储存、调用和传递,其建设的形式主要是构建各级政府及其职能部门内部统一的网络系统以及对外门户网站。

就发展历程而言,自1998年开展的"政府上网工程"标志着我国开始了电子政务的建设与探索。随后,在2002年我国发布了《国家信息化领导小组关于

---

[1] 参见《李克强为什么要提工业4.0》,载中国政府网,http://www.gov.cn/xinwen/2014-10/11/content_2763019.htm。

[2] 参见于安:《论数字行政法——比较法视角的探讨》,载《华东政法大学学报》2022年第1期。

我国电子政务建设指导意见》,2006 年发布了《国家电子政务总体框架》,2012 年和 2017 年分别发布了《国家电子政务“十二五”规划》《“十二五”国家政务信息化工程建设规划》《“十三五”国家政务信息化工程建设规划》。在一系列政策的推动下,我国完成了各级政府包括公安、民政、工商、规划等各个行政机关以及铁路运输、水利等重点工程的网络系统建立及信息数据上传,为接下来数字政府的建设夯实了基础。

随着数字技术的发展,电子政务建设获得了新的技术赋能,逐步向数字政府发展。我国数字政府建设是一个由点连线,由线成面,逐步形成立体结构的展开模式,且呈现部分地区发展活力旺盛、理念先进但是整体发展不平衡、不充分的特点。党的十八大以来,以习近平同志为核心的党中央高度重视数字中国建设工作,我国围绕实施网络强国战略、大数据战略等作出一系列重大部署,不断推进数字政府建设。这一时期,政务微博、政务微信以及行政机关自建的政务网络平台等崭露头角,大数据、智慧城市、“互联网 +”等概念蓬勃兴起。但总体来看:一方面,数字技术在行政管理活动中的应用呈现“多点散发”的特点,尚未形成系统的应用布局;另一方面,数字政府的概念理论尚未完全形成,各地政府的实践探索存在一定的随意性和盲目性。这一发展阶段可以看作是我国由建设电子政务转向建设数字政府的过渡时期。

相较于电子政务的工具价值,数字政府的概念最显著的特征在于其不仅将技术作为一种治理手段,更是将数字技术和数字社会作为政府治理的对象。其建设目标是实现政府与数字技术的全面融合,从内部架构到外部行为,从组织体系到政府理念再到执行方式上全方位适用数字技术。

在中央层面,数字政府首先被定义为“数字中国”建设的重要组成部分。2017 年 12 月 8 日下午,中共中央政治局就实施国家大数据战略进行第二次集体学习。中共中央总书记习近平在主持学习时强调,“大数据发展日新月异,我们应该审时度势、精心谋划、超前布局、力争主动,深入了解大数据发展现状和趋势及其对经济社会发展的影响,分析我国大数据发展取得的成绩和存在的问题,推动实施国家大数据战略,加快完善数字基础设施,推进数据资源整合和开放共享,保障数据安全,加快建设数字中国,更好服务我国经济社会发展和人民生活改善。”[1]我国《国民经济和社会发展第十四个五年规划和2035年远景目标纲要》中将数字政府建设规划为“加强公共数据开放共享”“推动政务信息化共建共用”“提高数字化政务服务效能”的模式,“将数字技术广泛应用于政府管理服务,推动政府治理流程再造和模式优化,不断提高决策科学性和服务效率”[2]。在地方层面,部分地区对数字政府的理念探索较为先进,建设思路也更加注重数字技术对政府改革和社会发展的全面作用。如在《浙江省数字化改革总体方案》当中,数字政府建设被定义为“统筹运用数字化技术、数字化思维、数字化认知,把数字化、一体化、现代化贯穿到党的领导和经济、政治、文化、社会、生态文明建设全过程各方面,全方位系统性重塑治理的体制机制、组织架构、方式流程、手段工具的过程”[3]。《广东省“数字政府建设”总体规划(2018—2020年)》将数字政府建设定义为“对传统政务信息化模式的改革,包括对政务信息化管理架构、业务架构、技术架构的重塑”[4]。

实际上数字政府这一概念具有丰富的内涵和外延,其不仅随着时间和技术的发展发生扩张,且根据学科背景的不同也可以得出不同侧面的定义。[5]如从深化政府体制改革的侧面,数字政府是“信息技术革命的产物,是工业时代的传统政府向信息时代演变产生的一种政府形态”[6];从技术的角度,数字政府是“将政府与其他主体之间的互动、政务服务、社会治理等政务活动统统数字化并存储于云端……政府事务在数字化、网络化的环境下展开的政府存在状态和政府活动实现形式”[7]。

通过梳理,对于数字政府的定义基本都围绕着作为主体的政府对数字技术这一客体的应用与治理这两个主题。其中不同时期政策给出的定义不同主要

---

[1] 参见习近平:《实施国家大数据战略加快建设数字中国》,载新华网,http://www.xinhuanet.com/politics/leaders/2017-12/09/c_1122084706.htm。

[2] 《中华人民共和国国民经济和社会发展第十四个五年规划和2035年远景目标纲要》,载《中国水利》2021年第6期。

[3] 中共浙江省委全面深化改革委员会《关于印发〈浙江省数字化改革总体方案〉的通知》(浙委改发〔2021〕2号)。

[4] 广东省人民政府《关于印发广东省“数字政府”建设总体规划(2018—2020年)的通知》(粤府〔2018〕105号)。

[5] 参见黄璜:《数字政府:政策、特征与概念》,载《治理研究》2020年第3期。

[6] 王伟玲:《加快实施数字政府战略:现实困境与破解路径》,载《电子政务》2019年第12期。

[7] 何圣东、杨大鹏:《数字政府建设的内涵及路径——基于浙江“最多跑一次”改革的经验分析》,载《浙江学刊》2018年第5期。

是因为技术发展与政府目标理念的变化；不同学科背景给出的定义不同则是由于其对主体客体的关注角度不尽相同。本书以法治视角审视数字政府的建设，则需要引入法治理念去分析其与数字政府主体、客体之间的联系，以此为基础讨论法治数字政府的含义。

（三）法治数字政府：法治政府与数字政府的融合发展

《法治政府建设实施纲要（2021—2025 年）》指出，要“坚持运用互联网、大数据、人工智能等技术手段促进依法行政，着力实现政府治理信息化与法治化深度融合，优化革新政府治理流程和方式，大力提升法治政府建设数字化水平”[1]。法治数字政府是政府法治化建设与数字化建设的有机结合，两者之间是一种相互渗透、彼此促进的融合发展关系。

一方面，数字政府建设使政府内部的组织架构、职能理念、协同模式和信息流转方式发生重构；政府对外职能范围扩张、行为方式和程序发生变化；政府对经济、社会、民生等各个领域的感知力、控制力以及预测能力增强。[2]而法治政府建设则追求宪法至上、依法行政、行政过程理性化、行政的社会治理和司法最终裁判等方面的价值。[3]政府无论在内部组织结构和外部行为上都应当契合法治理念、符合法律规范、遵循法律程序甚至承担法律责任。数字政府建设所涉及的方面必须遵循行政组织法、行为法、程序法以及救济法当中的法治理念和规范，数字政府改革也应当依据法律授权，遵循法定程序。

另一方面，法学理论和法律规范随着社会的发展而演进。在数字技术催生下形成的新的政府架构、行政行为范式、政府理念以及公民政府间交互模式，都在深刻且不可逆转地改变人们的生产生活方式，在此背景中所形成的法律关系也呈现新的样态。这些新事物的发展过程必然会产生诸多传统行政法力所不及的新问题。因而行政法治的理念、原则、规范也必须与时俱进，逐步拓展数字行政法领域，[4]开展与社会法律关系的变化相适应的针对性调整，才能持续发挥法治的功能作用。

---

〔1〕《法治政府建设实施纲要（2021—2025 年）》，载《人民日报》2021 年 8 月 12 日，第 1 版。

〔2〕参见高秦伟：《数字政府背景下行政法治的发展及其课题》，载《东方法学》2022 年第 2 期。

〔3〕参见关保英：《行政法治的时代精神解读》，载《政法论坛》2017 年第 1 期。

〔4〕参见于安：《加快建设数字行政法》，载百度百家号，https://baijiahao.baidu.com/s?id=1702837918730109705&wfr=spider&for=pc，最后访问日期：2022 年 12 月 10 日。

鉴于此，本书所探讨的法治数字政府，是一种适应数字社会发展理念，在行政法治引导监督之下，依法高效利用数字技术治理数字社会，贯彻服务理念、发挥政府职能、实现行政目的、保障公民权利与发展利益、承担治理体系和治理能力现代化建设责任的政府形态。

三、政府数字化与法治化关系之展开

(一)现代化建设中的协同关系

全面建成社会主义现代化强国是全党全国各族人民第二个百年奋斗目标，建设现代化政府是社会主义现代化强国建设的重要组成部分。数字化与法治化是现代化政府建设的两个重要特征，两者协同合作、相互促进。“建设现代化经济体系、推动经济体系优化升级的重要基础，是坚定不移建设数字中国、加快数字化发展的重要任务，是加快转变政府职能、建设现代政府治理体系的重要内容。”[1]发展数字经济、数字社会，建设数字政府、法治政府是我国社会主义现代化建设的重要任务，这其中数字政府以数字经济和数字社会为治理对象，承担着数字社会治理职责，而法治政府建设在其中则起着监督、保障和促进的作用。《国民经济和社会发展第十四个五年规划和2035年远景目标纲要》将数字政府的建设目标确立为加强公共数据开放共享、推动政务信息化共建共用、提高数字化政务服务效能[2]，同时《法治政府建设实施纲要(2021—2025年)》提出以“推进信息化平台建设”“加快推进政务数据有序共享”“深入推进‘互联网+’监管执法”来实现“政府治理信息化与法治化深度融合，优化革新政府治理流程和方式”[3]。在理念和建设方式上数字政府与法治政府建设具有高度的协同性和一致性。

(二)序阶上的先后关系

自现代民主政治产生以来，法治的价值就被注入政府的根本属性当中，成为现代政府发展理念的重要组成部分，同时“法治化”也成为政府权力正当性的

---

〔1〕 李军鹏:《面向基本现代化的数字政府建设方略》，载《改革》2020年第12期。

〔2〕 参见《中华人民共和国国民经济和社会发展第十四个五年规划和2035年远景目标纲要》，载《中国水利》2021年第6期。

〔3〕《法治政府建设实施纲要(2021—2025)年》，载《人民日报》2021年8月12日，第1版。

必需标签。法治政府理念以政府的权力来自人民为出发点，以规范政府权力、保障公民权利为目标，以法治原则为基本原则，要求政府必须依法行政。尽管表述不尽相同，但法治政府的建设目标、要求及标准基本都围绕着建设有限政府、责任政府以及服务型政府3个方面，并且“服务员”形象的政府理念正在逐步取代“守夜人”形象的政府理念成为当代法治政府的建设目标。[1]改革开放以来，我国进行了40余载法治政府建设的探索，走过了以十一届三中全会提出“有法可依”和1982年《宪法》颁布为标志的恢复重建时期，以1990年《行政诉讼法》的实施为标志的初见成果时期，以党的十五大提出“建设社会主义法治国家”“完善中国特色社会主义法治体系”为标志的实质法治时期，直到党的十八大进一步明确了建成法治政府的时间表，即在2022年基本实现法治政府建设，达成法治政府建设的基本目标以及2013年党的十八届三中全会通过的《关于全面深化改革若干重大问题的决定》将“建立科学的法治建设指标体系和考核标准”作为推进依法行政与法治政府建设的重要举措为标志的全面建设时期。[2] 我国的法治政府建设已经迈出了坚实步伐，取得了显著成绩。全面依法治国、全国建设社会主义现代化法治国家是我国当前法治政府建设的重点任务和主体工程，必须因地制宜、立足实践制定规划。马怀德教授认为新时代法治政府建设应当以政府“机构和职能法定，便民高效服务，行政立法科学化、民主化、规范化，行政决策法治化，行政执法规范化，政府信息公开，监督和问责法治化，守法诚信”为基本方略，[3]这较为直接地反映了我国目前法治政府的建设目标与价值追求。

电子政务是数字政府的发展雏形，但其基本理念与数字政府并不相同。相较于我国法治政府建设，我国数字政府建设处于初步探索阶段，系统理论尚未形成统一认识。在此过程中，数字政府对待数字技术的态度由工具理性出发转向由价值理性出发，由局部应用转向系统变革，由单纯应用技术转向将数字作为治理对象。与此同时，我国数字政府建设目标与当下社会发展目标、发展阶段、改革方向以及行政目的有着直接的对应性。翟云教授认为“中国数字政府

---

[1] 参见郑方辉、尚虎平：《中国法治政府建设进程中的政府绩效评价》，载《中国社会科学》2016年第1期。

[2] 参见郑方辉、尚虎平：《中国法治政府建设进程中的政府绩效评价》，载《中国社会科学》2016年第1期。

[3] 参见马怀德：《新时代法治政府建设的意义与要求》，载《中国高校社会科学》2018年第5期。

建设的本质特征由治理新需求、发展新困境、人民新期待共同赋予,数字政府的核心指向,就是要推动国家治理体系和治理能力现代化"[1]。上述观点直接对应了我国目前的发展建设需求。因此,在建设符合社会主义现代化政府发展的价值背景之下,解决现实问题、实现政府职能和行政目的仍然是数字政府建设的第一需求。

从文明发展维度上来看,法治政府理念肇始于蒸汽革命时期,并且随社会发展不断被注入新的含义,成为无论社会文明如何演变都不能舍弃的政府理念组成部分。放眼全球,世界各国对于法治政府的建设都积累了相当的经验。而数字政府于第四次工业革命才开始进入各国政治发展的视野,其外在表现形式正在不断融入政府行政实践,其内在价值伦理正在沉淀积累。在价值序阶上,法治政府关注的公平、正义、控权、程序、规范等价值理念更具有位阶上的优先性,其围绕个人、公众、社会的利益保护,一些时候甚至会跳到行政目的的相对面,是社会秩序的"底层代码"。数字政府建设则更具有服务于行政目的、社会需求的时代功能,其自身的工具理性不容忽视,其价值理性则依赖于政府自身的选择判断,而法治政府理念则是政府进行价值判断的出发点。虽然数字技术给法治政府理念带来了一定程度的冲击和挑战,使得法治政府理念需要为适应新时代而做出调整,但此种调整只是对法治政府核心理念的一种发展和促进。因此,数字政府的建设必须以法治政府理念为根据,绝不能逾越法治底线,同时应以强化法治政府建设作为自身目标。

(三)价值上的冲突关系

数字政府与法治政府的理念价值并不完全相同,在某些方面两者还存在一定的矛盾冲突,对此马颜昕教授将其概括为效率与公平、创新与稳定、先进与平等、便利与安全4个方面。[2]诚然,数字技术使得政府的行政效率发生了质的飞跃,而在效率得到提升的同时势必需要审视其是否会损害分配公平;数字政府的创新性变革会对已有秩序带来挑战,在社会变革的同时,社会的稳定秩序和承受能力是必须考虑的因素;科技带来的福祉也并非平均地分配给每个个体,部分群体在享受到数字技术带来的福利时,那些无法充分享受数字技术福

---

〔1〕 翟云:《中国数字政府建设的理论前沿问题》,载《行政管理改革》2022年第2期。

〔2〕 参见马颜昕等:《数字政府:变革与法治》,中国人民大学出版社2021年版,第34~42页。

利的群体需要在制度层面得到保护和倾斜,打破不同主体的“数字鸿沟”,建立“数字关怀”;在政府数字技术不断采集和挖掘不同社会主体的信息数据以实现行政目的的同时,个人隐私权利也因此暴露于泄露风险当中。

除以上内容外,笔者认为,数字政府与法治政府的价值冲突还需要进一步关注平台型政府架构与传统科层制政府架构、政府数字权力与公民数字权利、技术高效与程序正义、对数字技术和理性官僚的信任选择4个方面。

1. 平台型政府与科层制政府

数字技术改变了政府内部的信息流转模式与管理结构。已有的行政组织法重视行政机关之间纵向的等级命令关系,而忽视行政机关之间的横向协作关系,在同一政府不同部门的部系关系以及不同地区政府及其部门之间的区际关系方面存在缺位。[1]在数字经济背景之下,社会治理模式越发呈现整体性。近年来,“协同意识”和“整体观念”在公共管理政策当中被不断提及,上级行政机关“以一管多、全面部署协调”的职能在技术支持之下得到增强,具备了冲破传统层级管理结构、迈向扁平化、搭建平台型政府的趋势,使得现有行政组织法显露出一定的局限性。因此行政组织法需要重新考量行政主体的能力与作用方式,重视行政机关横向关系,保障平台化政府建设由势能转化为动能。

2. 政府数字权力与公民数字权利

权利在根本上是利益的法律表达。数字技术在社会当中的应用,开创了很多新领域,催生了新的利益、法律关系和权利主张。同时“技术即权力,代码即规则”,正如在工业革命时代资本主体能够制定规则一样,在数字时代技术主体必然会对新的领域形成先占并以代码的形式制定规则、自我赋权。[2]而公民的数字权利一方面需要公权力的保护,另一方面又面临公权力的干预和侵犯。有新闻报道显示,美团外卖平台通过不断减少相同情况下外卖订单的“预计送达时间”使得送单多的外卖骑手难以获得按时送达奖励。在法律到达新领域之前通过技术优势剥削低技术群体的剩余价值,[3]此时市场监督管理部门审查技

---

[1] 参见叶必丰:《行政组织法功能的行为法机制》,载《中国社会科学》2017年第7期。

[2] 参见马长山:《数字社会的治理逻辑及其法治化展开》,载《法律科学(西北政法大学学报)》2020年第5期。

[3] 参见张吉豫:《构建多元共治的算法治理体系》,载《法律科学(西北政法大学学报)》2022年第1期。

术主体程序代码的合法性,进而调整社会主体间数字权利义务关系成为一种必要。另有报道称,在新冠肺炎疫情防控管理过程中,出于对公共安全的考量,疾控部门需要对感染者的密切接触者进行核酸检测,为此疾控部门需调取移动通信运营商的定位数据进行人群甄别,上述管控措施带来的一个问题即是公民的数据隐私在行政机关面前展露无遗,此时公民数字权利与政府数字权力产生明显分歧。

3. 技术高效与程序正义

效率一直以来都是行政管理的追求目标。行政机关在数字技术的加持之下变得更加高效,在一些情况下甚至颠覆了传统的行为方式。而高效可能意味着传统行为模式的程序会被省略和简化,在这一过程当中传统程序所包含的正义价值也将会受到损害。如当前在数字技术加持下的远程执法、交通违章拍照处罚等方式,往往是"人在家中坐,罚单手机中来",传统处罚程序所设定的告知程序和听取陈述申辩的程序都被极度压缩简化,调查取证程序被技术手段代替。参与原则得不到保障,受处罚相对人将再次跌落到无力抵抗的困境当中。因此如何保留必要程序和设定新的程序以保证行政行为的正当性成为数字行政相关法律必须面对的问题。

4. 对技术与理性政府间的信任选择

理性政府和责任政府是政府信任的构建基础,行政机关以其行为的合理性、公开性、可解释性以及可责性等法治理念作为获取公民对政府信任的要素。"政府信任既是公民基于信念的道德选择,也是基于理性的认知判断,并在公民与政府的交往过程中具体形塑。"[1]政府对于数字技术的应用使上述的信任基础面临危机。技术在实现高效率的背后是其复杂性和难理解性,其往往被高度集成后置于某个机器当中,形成了非专业人士无法理解的"黑箱"。"黑箱"的特点在于其过程原理不仅技术使用者难以说明,普通人也难以理解,这种天然属性使公众对技术的信任成了镜花水月。数字政府建设使越来越多的处理过程被置于"黑箱"当中,公众对于技术的不信任也会随之转向对政府行为的不信任。

---

〔1〕 张成福、边晓慧:《重建政府信任》,载《中国行政管理》2013 年第 9 期。

（四）功能上的促进关系

数字政府的价值也并非完全站在法治的对立面，其与法治政府价值之间存在相互促进的关系。数字政府建设促进法治政府建设，首先最直接的就是对政府效能的提升。促进行政效能和保障公共利益实现作为新行政法的重要目的，是行政法治的重要价值体现，其必然受益于政府自身能力的提升。[1]其次是促进政府依法行政，这种作用在微观层面体现尤为突出。由于数字技术将程序和标准固定于"黑箱"之中，其具备不透明性特点的同时带来了让使用者无法修改其程序的安全性。连接数据库的执法记录仪、污染物实时监测仪器等数字设备作为执法人员履行职责时必须参照的标准，这种标准由编程者制定，其使用数据经上传由后台数据库保存。这使得基层执法人员无法滥用权力进行不实记录和违法裁量，有效地保障了基层执法的规范性。即使是宏观层面的政府决策，如果以技术分析预测、专家论证等环节作为决策的必要程序，则可以起到减少决策主体靠"拍脑袋"做决定，乱作为的情况。再次是强化程序效果，数字技术可以放大原有法律程序所欲实现的效果，如利用通信技术通知到传统方式因空间地理条件的限制而无法通知到的主体，利用网络平台技术克服传统方式在新闻报刊上进行公告覆盖范围较小的不足。最后是对监督效果的促进。虽然复杂技术原理难于被公众理解，但是其可以实现对政府使用权力痕迹的全过程保留，不仅便利于专门主体进行监督，而且经解释说明后可以转化为便于公众获悉的形式公布，优化政府信息公开的范围、方式和效果，使得未来政府迈向透明政府。

不仅如此，数字技术还可以通过自身强大的算力，将比例原则所追求的适当性、必要性和损害最小的要求更加精准化，实现行政行为效益最大化的效果；依托数字平台建立的"不打烊"政府能够扩展政府——公众之间的交互接口，使得公民在远程终端即可实现与政府的沟通，这种交互不仅体现了行政审批过程，公民对行政机关的监督、建议，对决策的意见反馈等信息都得以快速被政府收听。如2020年司法部就《外国人永久居留管理条例（征求意见稿）》公开征求意见，该条例在互联网上引发了激烈的争论，相关意见快速通过网络被立法者

---

[1] 参见李洪雷：《中国行政法（学）的发展趋势——兼评"新行政法"的兴起》，载《行政法学研究》2014年第1期。

知悉,最后在社会意见的影响下,立法主体认为立法时机不成熟,暂不实施。

在数字政府促进法治政府建设的同时,法治政府也在以不同的形式为数字政府建设提供保障。第一,法的强制性推动政府数字化改革的实施。虽然数字技术凭借自身高效便利的优势推动着追求效益的理性人的政府主体主动尝试接纳这一新事物,但是具体到个别地方政府或政府工作人员,其也可能会产生放弃已经熟练并适应的固有工作模式是否会导致自身能力不足无法胜任的忧虑,进而在效益诱惑力不足时对政府数字化改革产生一种抗拒或者懒政。此时以法治形式推动政府数字化改革就可以向上述"后进"政府主体科以作为义务,以此保障国家层面政府数字化改革的整体性。第二,另一个极端,对于数字化改革领先、政府服务能力较强的地方政府,其享受到了经济社会高质量发展和人才虹吸作用带来的红利,必然会更主动地开展数字化尝试,此时需要以法治理念和法律规范对其进行监督,防止其为求效率逾越法律底线,损害公民权利。第三,制度改革一定程度上是稳定秩序的对立面,政府之权力来自法律授权,对于政府来说法无授权不可为。制度变革需要依据法律程序,出于社会秩序的考量,重大改革需要权力机关允许其停用原制度并探索新制度的授权许可。第四,数字技术本身并不带有人文价值,法治所倡导的公平、正义和权利保障等良善价值为数字政府建设提供价值导向,使技术告别冰冷、拥抱人文。

四、建设法治数字政府的基本理念

目前我国的法治数字政府建设仍处于起步阶段,技术带来的生产力和生产方式变革使得社会和政府的理念追求发生变化,同孕育于传统工业革命土壤当中的近代政府价值理念将无可避免地发生碰撞,形成一种价值观的撕裂和重塑。一切正如劳伦斯·莱斯格在网络技术普及之初所言,"我们正处于一个急需在价值理念上做出重要选择的历史关头"〔1〕。技术中立原则所主张的技术在功能、目的和价值上的中立性并不能为技术应用于社会所带来的冲突辩护,〔2〕其问题在于技术本身的无价值取向使得数字技术的价值取向依附于技

〔1〕 [美]劳伦斯·莱斯格:《代码2.0:网络空间中的法律》,李旭、沈伟伟译,清华大学出版社2018年版,第9页。

〔2〕 参见郑玉双:《破解技术中立难题——法律与科技之关系的法理学再思》,载《华东政法大学学报》2018年第1期。

术使用主体的动机，导致个体价值理念和社会价值理念无法调和。因此只有明确基本价值理念，才能使数字政府建设过程一日千里。

(一)以公民权利保障为中心

对公民权利的保障是任何时代及任何政府形态下法治建设的核心内容。面对数字政府建设当中权利与权力的冲突，不能以公民权利的牺牲作为实现政府效能的代价，特别应当注意在技术洪流之下对公民发展权、平等权、隐私权、劳动权和休息权、人格尊严权、信息权以及救济权等重要权利的维护。

1. 明确权力行使的界限

随着“人脸识别第一案”[1]入选新时代推动法治进程2021年度十大案件，以法律视角评价数字技术开始引起社会的广泛关注。该案虽是消费者同动物园经营者之间的民事纠纷，但审理法院分别为作为经营者的技术使用主体和作为消费者的技术受众划定了权利保护标尺，可以为政府使用和治理数字技术两个层面提供权力和权利的范围参考。该案的司法观点肯定了技术主体使用生物信息识别技术来维护自身经营利益的合法性，同时明确了在数字技术使用前需事先告知并征得同意，使用过程中若存在不当使用并带来损失的需承担损害赔偿责任以及技术服务结束后若技术受众要求删除个人信息记录的，应当删除等裁判观点，为将来行政机关使用数字技术的合法性判断提供了重要参照。实践中，防控新冠肺炎疫情的需要极大地推动了法治数字政府的建设进程，在此过程中，当政府和公众都已经习惯使用数字技术或成为数字技术的受众时，需要重点考量的即是为防控疫情传播而调用个人身份信息和行程信息的行为是否具备正当性和合法性。未来法治数字政府在非紧急状态下对于可能影响到公民权利的技术使用，仍应更加严格地遵循权力界限和技术标准，充分保障公民权利。

2. 保护弱势群体发展利益

技术的先进性并非衡量技术本身正义性的标准，整体效能最大化也不是法治数字政府的全部追求。法治数字政府的建设水平亦存在木桶效应。诚如“在实现小康、走向富裕不能让一个人落下”的共同富裕理念，法治数字政府建设在

---

[1] 郭某与杭州野生动物世界有限公司服务合同纠纷上诉案，杭州市中级人民法院(2020)浙01民终10940号民事判决书。

制度设计和技术使用上需要考量在不断走向老龄化的社会当中不同社会主体对技术的适应能力,只有在设计环节弥合"数字鸿沟"才能有效规避"数字歧视"。当前社会生活中仍有大量群体没有智能手机或者不会使用智能化设备,平台型政府一网通办、网上审批等带来的便利,对于一部分社会群体来说并不可及,他们因技术适应能力差而被便捷的网络"拒之门外",日常生活反倒更加麻烦。一方面,数字政府在利用数字技术不断优化自身机构和行为方式的同时必须要考虑到技术弱势的群体,为其保留面对面方式、人工服务渠道等。另一方面,技术弱势群体随地方发展的不平衡展现出一定的地域性差异,经济欠发达地区的地方政府也可能成为技术弱势群体,并致使所在区域的社会公众数字权利保障失衡。因此,法治数字政府建设在统筹规划上还应当考虑到这种地域差异并在标准和力度上予以倾斜。

3. 强化公众民主参与

"'全过程人民民主'深刻反映了中国特色社会主义民主政治的特征,全面和系统地揭示了'人民民主'作为国家治理和社会治理重要治理机制的治理特点。"[1]确保社会公众、行政相对人有效地参与到政府行政的过程当中是构建正当行政程序的前提和基础。法治数字政府带来政府结构的重塑和政府行为的再造,其中首先应当确保公众参与的环节和效果不受到技术效率追求所带来的冲击。如以智能端口服务于行政审批的同时不能忽略公民与服务人员直接对话的需求;在依赖大数据和算法进行行政决策的同时不能轻视各方面专业人员以及利害相关主体和社会公众的意见看法;在行政执法领域应用数字技术进行远程执法、取证环节不能忽略事前告知程序;涉及相对人重大利益应采取听证以及听取当事人当面陈述等环节。更为重要的是,各级行政机关应当利用技术与制度改革积极探索强化公民参与、强化程序作用的方式。例如,政府运营的公共服务平台效仿商业平台设置人工在线服务窗口;利用数字技术扩大政府重要决策、法规公开征求意见的告知范围和连接端口;利用线上网络技术降低听证成本,提高效率和扩大参与主体范围等。

4. 拓宽公民信息获取渠道

公民的知情权是构建政府信任的前提。欲克服数字技术在获取信任上的天然劣势,必须建立公众易感知、可理解的信息公开获取渠道。有研究表明,公

---

〔1〕 莫纪宏:《在法治轨道上有序推进"全过程人民民主"》,载《中国法学》2021年第6期。

众对于地方政府的信任程度与该地区地方政府网站、政务微信、微博的建设程度，信息公布情况以及公众对于上述平台的使用满意度呈 3 个维度之间存在明显的正相关关系。[1]法治数字政府的信息公开，在范围上，应就运用何种技术以求达到何种目的、政府进行行政决策和行政处理的过程以及过程当中产生的数据进行公开；在公开程度上，行政机关在公开信息数据时负有对公众难以理解的复杂的技术原理和数据代码进行解释和说明的义务，只有所公开的内容达到能被一般公众所理解和使用的程度才能被认定为是实质有效的公开。在公开方式上，同样应当利用数字技术提高公民获取政府所公开信息的便利性，使公民能够从多个端口更加方便地获取政府信息。

（二）搭建智慧政府平台

法治数字政府是一种政府形态，其对于传统政府的超越在于政府与政府职能部门的智慧化。"智慧"是对人处理问题能力的评判标准，智慧政府实际上追求的是治理能力和服务水平的智慧化，即要求政府善用数字技术，革新提供政务服务和解决治理问题的方式和思维，为解决治理难题提供兼顾人文价值和科学价值、更加高效和人性化的解决方案。[2]欲实现这一效果，必须摆脱传统行政方式以及现有技术机械性的藩篱，使之能够像人一样思考和解决问题。面对当代经济、交通、农业、治安、传染病防控等方面的诸多问题，传统行政模式由于工具、手段供给不足，可能出现"头痛医头、脚痛医脚"、智能化不足的弊病。

平台化政府的搭建给智慧治理提供了解决方案。平台型政府利用商业线上平台的模式建立起广泛联系公民、企业、公务员和所有政府机构的政务线上平台，公民和各行政机关利用平台开展服务、参与管理的数据都被记录在后台系统当中形成政务大数据，不同主体根据自身权限可以在全平台范围调取并分析数据，对外提供优质政务服务，对内提供高效办公协同。[3]大数据平台技术可以实现全样本的分析，避免出现样本与总体间的数据偏差，真实准确地反映治理问题；同时算法和算力的升级可以让使用者转向关注不同变量在数理上的

---

〔1〕 参见胡衬春：《地方政府网站、政务微信、政务微博的使用与公众政府信任的关系研究》，载《电子政务》2017 年第 12 期。

〔2〕 参见宋君：《智慧治理：公共行政治理模式变迁中的价值整合》，载《领导科学》2018 年第 8 期。

〔3〕 参见北京大学课题组、黄璜等：《平台驱动的数字政府：能力、转型与现代化》，载《电子政务》2020 年第 7 期。

相关关系而不是因果关系，利用算法预测快速给出解决方案，使得行政主体不再依赖片面数据并从根据经验和逻辑寻找因果关系的方法当中解脱出来。[1] 例如，谷歌公司在2008年仅通过用户在互联网上搜索药物和症状的记录，就以极高的正确率预测了流感爆发区域，其跳过了疾控部门通过检测流感病毒来判断病毒爆发区域所依循的因果关系，依靠数据技术从新的角度以更加智慧的方式提供了流感防控方案。

只具备思考能力尚不足以成为智慧政府，敏捷的反应能力和协调的配合机制是将思考能力转化为社会治理成果的必要条件。传统的科层制政府中各行政主体严格按照法律及行政规章负责自己的管辖领域，上级负责管理下级，基层负责处理具体事务，而由基层到决策层过多的管理层级则会导致治理的迟滞性，这使得行政主体无法及时发现问题并采取措施。平台化政府建设和平台治理范式则可以成为提升反应能力、解决反应迟滞问题的突围路径。平台型政府在内部通过搭建政府统一办公平台的方式，将不同职能部门的信息数据、处理的问题以及反映的情况汇聚于同一系统当中进行整合，同时通过搭建政务服务平台的方式整合掌控公民与政府的互动信息，最终实现如同人类大脑一般将政府各个模块的信息快速集中接收并处理的平台化治理模式。[2]

智慧政府最终必须表现为智慧的治理行为。传统科层制下行政主体往往在各自负责的领域各司其职，存在各自为政、配合不足的问题。随着社会关系的复杂化，其表现出的治理问题变得更加纷繁复杂难以应对。同时智慧治理要求行政机关能够系统地、全面地解决治理问题，而满足这一要求往往需要多个区域政府以及多个政府部门密切配合。例如，仅是"渣土车进城"问题就需要交通运输、环保、城建管理等多个部门参与其中，对渣土车进行监管。再如，以河长制度为代表的治理大江大河这样的宏大工程，则需要横跨数个省份的沿岸政府协同配合。传统模式下，对于这种跨地域、跨部门的治理问题，一般的解决方式都是由不同政府或职能部门的共同上级成立专门的领导小组或工作办公室，再逐级进行人员和工作安排。但如此一来面对源源不断的"跨部门工程"必然

---

〔1〕 参见[英]维克托·迈尔-施恩伯格、[英]肯尼思·库克耶：《大数据时代》，盛杨燕、周涛译，浙江人民出版社2013年版，第27、67页。

〔2〕 参见韩万渠、柴琳琳、韩一：《平台型政府：作为一种政府形态的理论构建》，载《上海行政学院学报》2021年第5期。

会导致机构臃肿、人浮于事的情况。平台化政府的扁平化管理优势则是解决上述问题的突破口。利用平台化的办公模式，“政府的每个部门和官员组成了治理网络中的单独节点，从而极大地增强网络内协作共治的可能”〔1〕。所有工作只需要一个共同上级就可通过平台掌握不同政府及职能部门的实时情况，利用平台和算法统筹安排工作并直接调配给基层部门。同时各职能部门亦可以通过工作平台上传数据、了解信息并同其他工作部门建立联系，实现协同治理。当然，平台化智慧政府虽具备诸多优势，能够成为未来法治数字政府的建设理念，但其与目前的政府体制与行政组织法的规定存在较远距离，欲使其走进现实，仍需要进一步深化行政体制改革和行政组织法的建设，重塑权力结构、核心职能以及资源分配机制。〔2〕

（三）激发数字技术潜能

数字技术作为法治数字政府的核心要素，其先进性和应用的灵活性、广泛性是提升治理效能的前提。没有丰富的技术基础作为支撑，数字法治也只能是无源之水、无本之木。科学技术并不能自发地、随机地产生和发展，其与经济、政治、文化都有着密切的联系。因此在数字技术的发展过程当中，政府主体的作用不容缺位。例如，我国在《国民经济和社会发展第十四个五年规划和2035年远景目标纲要》中要求“瞄准人工智能、量子信息、集成电路、生命健康、脑科学、生物育种、空天科技、深地深海等前沿领域，实施一批具有前瞻性、战略性的国家重大科技项目”〔3〕。这表明了政府发展规划对于技术发展所具有的引领作用。目前法治数字政府对于技术的应用尚处于以互联网、物联网、大数据、网络信息平台等基础数字技术进行使用和治理的阶段，但其已经给平台化政府、智慧治理、自动行政等领域带来了显著的提升。待未来成熟的量子计算、人工智能、区块链、深度学习等技术的潜能被社会激发，法治数字政府必然会展现全新的面貌和更大的能量。

---

〔1〕江文路、张小劲：《以数字政府突围科层制政府——比较视野下的数字政府建设与演化图景》，载《经济社会体制比较》2021年第6期。

〔2〕参见韩万渠、柴琳琳、韩一：《平台型政府：作为一种政府形态的理论构建》，载《上海行政学院学报》2021年第5期。

〔3〕《中华人民共和国国民经济和社会发展第十四个五年规划和2035年远景目标纲要》，载《中国水利》2021年第6期。

首先,要激发数字技术潜能行政机关必须加快对已有技术的研究和应用场景的创造。行政组织不应作为制度操作的“提线木偶”而使其组织理性以及目标追求被从研究当中摒弃,应当从组织层面定位政府研究技术应用的合法性框架,将其理解为政府绩效的考察要素。[1]如果政府不能够解析技术的习性,即使技术摆在眼前,亦无法将之捕获并消化吸收、为己所用。虽然如今学习型政府的观念已非新潮,但是“学习”显然带有接受知识或经验的被动性,难以应付情形各异的复杂治理问题,法治数字政府的治理创新需求呼唤研究型的政府。[2] 技术研发虽不在政府职责范围内,但如何使用数字技术发挥治理能效则是一门实用社会科学,其建立于前者的基础上,不仅具有实用价值,同时具备科学价值。[3]目前我国政府的自身科研机构主要是各党校及行政学院,但是其目前只注重对于公务员的培训和宏观治理理论的研究,对政府研究机构职能的承担尚不充分,对于实用治理科学关注不足。在全面建设法治数字政府的进程当中,应当增强政府自身研究机构与实际治理问题的结合,将解析数字技术原理、创新其在不同领域的应用场景方式等实用学科作为重点关注领域,充分发挥研究机构的职能,使其真正成为能够在治理领域激活数字技术的智囊。

其次,还应加强新技术的培育和科技成果转换。技术创新是法治数字政府建设创新的前提,技术主权也是政府数字化转型当中治理安全的保障。[4]科教兴国、人才强国、创新驱动发展战略是我国长期以来所坚持的战略。近年来由于国际形势动荡不安,我国在部分科技领域出现的“卡脖子”问题再次表明了科技创新至关重要。政府虽不是技术开发主体,但却是促进科技研发的制度保障主体。2016 年我国印发了《国家创新驱动发展战略纲要》,提出到 2020 年进入创新型国家行列,到 2030 年跻身创新型国家前列,到 2050 年建成世界科技创新强国的“三步走”战略目标,并进一步明确了政府引领保障创

---

[1] 参见任敏:《技术应用何以成功?——一个组织合法性框架的解释》,载《社会学研究》2017 年第 3 期。

[2] 参见杨宏山:《从学习型政府走向研究型政府》,载《江苏行政学院学报》2005 年第 4 期。

[3] 参见[奥]欧根·埃利希:《法社会学原理》,舒国滢译,中国大百科全书出版社 2009 年版,第 4 页。

[4] 蔡翠红、张若扬:《“技术主权”和“数字主权”话语下的欧盟数字化转型战略》,载《国际政治研究》2022 年第 1 期。

新的职责。在法治数字政府建设的背景下，应当紧密贴合国家战略部署，进一步深化科研体制改革，重点增加对数字技术特别是相关基础科学研究的资金投入和项目规划。

（四）规避技术法律风险

“社会转型既是社会发展的过程，更是一个产生与酝酿社会风险的过程。”[1]法治数字政府的建设使得数字技术的自身风险进入政府内部并随其外部行为对社会面产生辐射。其风险包括数字技术自身局限性带来的风险和数字技术使用者面临的伦理风险两个方面。

数字技术自身风险包括海量高速传播的数据信息可能在储存、传输和使用过程当中发生泄露或被盗用的风险；由于计算机系统或者外接硬件设备发生故障导致数字技术无法工作的风险；由于在复杂的程序编码环节发生错误带来的程序漏洞导致算法无法实现目的或偏离预期目的的风险。进一步地，这些技术风险在法治数字政府的运行过程当中会转化为个人信息泄露、隐私权受到侵害，政府服务功能阻塞、无法正常高效履行职责甚至是由于程序漏洞导致行政行为违法的法治风险问题。对此首先应当从技术根源上填补上述的风险漏洞，即完善安全保障技术体系，注重维护数字技术安全相关的技术培育。更重要是从法治角度设计理性制度规范，规避技术风险和法律风险。当前对于技术风险的法律规制明显不足，以《数据安全法》和《个人信息保护法》为主体的技术规制法律存在程序性规范供给不足且缺乏权力规制专门性的问题。未来应当重点针对技术的使用程序进行立法，例如，明确政府对其使用的数字技术进行定期安全检查维护的义务；建立数字技术安全性评估机制和程序代码合法性审查机制；明确由数字技术风险引起的法治风险造成损失的过错责任机制；探索技术人员与法治工作人员分工合作机制，以数字技术和法治思维双重手段规制风险。

以人与技术之间的关系为内容的技术伦理风险的存在为法治社会带来隐忧。使用数字技术的伦理风险根源在于技术“黑箱”的隐蔽性、价值理性与工具

---

[1] 杨知文：《风险社会治理中的法治及其制度建设》，载《法学》2021年第4期。

理性之间的张力以及现实中不同主体对于伦理标准认识的主观性。[1]在“黑箱”之下,算法和人工智能的行为过程及其逻辑变得难以理解,而由于其功能的强大,其中的技术伦理问题一旦未经发现而投入使用,就可能会引发系统性法治风险。同时这种隐蔽性使得技术的幕后使用者有机会将自己的私欲注入程序代码当中,使本应服务于公共利益的数字技术成为自己违法攫取私利的工具。我国已于2020年成立了国家科技伦理委员会,“其目的就是加强统筹规范和指导协调,推动构建覆盖全面、导向明确、规范有序、协调一致的科技伦理治理体系,完善制度规范,健全治理机制,强化伦理监管,细化相关法律法规和伦理审查规则,规范各类科学研究活动”。未来随着数字技术的广泛应用,不仅是国家层面,各级政府以及技术研发、应用主体都应当完善科技伦理委员会的建设,使其在技术伦理监管领域发挥更加积极的作用,探究技术伦理的社会标准并同技术合法性监督一道,共同防范法治数字政府及社会所面临的风险。由于科学本身就具有工具理性,其在社会中的应用必然使自身工具理性与社会价值理性之间产生张力,因此需要在技术方案的设计阶段将社会价值理性嵌入其中,并在使用前由科技伦理委员会进行审查,最终在使用当中由多方主体进行评估以方便技术应用主体进行调整,实现工具理性与价值理性之间的平衡。[2]

五、实现法治数字政府的具体路径

(一)由域外经验借鉴转向本土理论研究

技术的发展使得法治数字政府由构想走进现实。由于数字技术在我国兴起相对较晚,在我国法治数字政府的建设起步之时,域外政府已经有了一定的技术基础和治理经验。因此在当下法治数字政府建设的初级阶段,有必要充分了解域外法治数字政府建设的现有经验成果,以之为鉴,取长补短,实现快速起步。但社会变革和政府体制改革与其所在环境的本土资源息息相关,法治数字政府建设在吸收舶来理论经验的同时必须将目光转向自身的具体情况,因地制

---

〔1〕 参见谭九生、杨建武:《人工智能技术的伦理风险及其协同治理》,载《中国行政管理》2019年第10期。

〔2〕 参见王钰、程海东:《人工智能技术伦理治理内在路径解析》,载《自然辩证法通讯》2019年第8期。

宜,精准施策。对此,关于法治数字政府的研究也应转向我国目前的政府结构、政治模式以及发展特点,紧密结合我国社会主义的制度优势和党的领导政治优势;围绕全面依法治国、全面建设社会主义现代化强国、实现中华民族伟大复兴的发展阶段;紧扣人民日益增长的美好生活需要同不平衡不充分的发展的主要矛盾;在理论层面提炼出我国法治数字政府建设的研究方向、研究主题和研究范式;归纳出焦点问题并围绕焦点展开讨论,构建社会主义法治数字政府的自身话语体系。[1]

(二)由政策导向模式转向法治保障模式

由政策到法律是一项重要制度改革落地的一般流程。我国目前法治数字政府处于从无到有的建设阶段,此时政策的灵活创新、针对性强、范围广、多样态的特点恰好可以服务于这一过程。[2]如党的十九届四中全会通过的中共中央《关于坚持和完善中国特色社会主义制度推进国家治理体系和治理能力现代化若干重大问题的决定》《国民经济和社会发展第十四个五年规划和2035年远景目标纲要》《法治政府建设实施纲要(2021—2025年)》等政策性文件,以及《浙江省数字政府建设"十四五"规划》《广东省数字政府改革建设"十四五"规划》《江苏省"十四五"数字政府建设规划》等不同省级地方政府发布的政策文件,针对法治数字政府建设高屋建瓴、谋篇布局,作出了改变传统政府模式的探索,为法治数字政府的建设勾画出图景,是法治数字政府建设得以推进的航向标。但随着制度改革以政策文件为图纸完成了基本框架搭建,法治数字政府建设从构建阶段开始走向运营和维护阶段,其对于秩序和稳定的需求以及新模式下权利义务、职权职责的关系必然需要由权责更加明确、规范化和稳定性更加突出、更具刚性的法律规范来加以调整。随着技术进步和政策的推行,或许不消三年五载我国法治数字政府框架就已经落成,那时法律规范供给不足带来的问题将会成为法治数字政府的突出矛盾。就现阶段我国对于调整法治数字政府的相关法律规范数量和质量还不足以满足当前我国从中央到地方对于法治数字政府的政策规划。因此在进一步的法治数字政府建设过程当中,应当着眼于对配套法律规范的谋篇布局,逐步由政策导向模式转向法治保障模式。

---

[1] 参见马亮:《数字政府建设:文献述评与研究展望》,载《党政研究》2021年第3期。

[2] 参见肖金明:《为全面法治重构政策与法律关系》,载《中国行政管理》2013年第5期。

(三)由地方分别探索转向各级创新联动

我国法治数字政府建设呈现东南地区领先于西北地区,发达地区领先于欠发达地区,城市领先于农村的特点。目前法治数字政府建设呈现的地域发展不均衡的现状无法适应法治数字政府在整体性和协同性上的要求。因此在接下来的建设中应在政策要求上"量体裁衣",不能强求数字化欠发达地区一蹴而就建成高水平数字化城市,反而应当对欠发达地区的数字化建设给予更多的技术、经验、人才甚至经济上的支持,逐步建成各区域平衡发展的数字化政府网络,逐步由地方分别探索转向各级联动创新。

首先,各区域,尤其是法治数字政府建设的欠发达地区,应当结合本地区实际情况,同时参照发达地区建设思路,作出符合自身发展需求的法治数字政府发展规划,画好图纸再动工。其次,共享是数字法治的重要理念和特征,在建设过程当中应建立中央和地方各级政府共同牵头的法治数字政府发展协调机制,平衡区域、城乡数字法治发展,引导法治数字政府建设领先的地区充分发挥带头作用,向外输出优质数字法治解决方案,提供包括技术支持、专家咨询以及方案理念共享等诸多帮助,加速全国范围内法治数字政府建设进程。最终实现全社会、各地区互通互联、创新联动、共同建设,发挥出法治数字政府的更大效能。

(四)由政府主导建设转向政企共建共治

共建共治共享是社会主义国家中社会治理的核心要义,其要求各类社会主体共同参与社会的建设和治理,共享社会治理成果。[1]法治数字政府不仅要求政府善用数字技术,更要求其善治数字社会。企业作为重要的社会群体,承载着重要的社会经济职能。因此政企合作是未来法治数字政府良性运转的必要模式。首先,数字社会治理问题的增多使政府不得不花费更多的人工和精力去应对,政府机构也将不自觉地变得臃肿,这就与未来有限政府要求的扁平化、精简化发展方向形成矛盾。而政企合作的治理模式则是破题关键,目前行政机关与企业订立协议共同承担治理职责实现行政目的的形式可以作为未来政企共治共建的范式。其次,成熟的数字技术解决方案主要由以营利为目的科技企业

---

〔1〕 参见王斌通、马成:《以共建共治共享构建社会治理共同体》,载光明网,https://theory.gmw.cn/2020-09/21/content_34206997.htm。

所开发管理,同时企业将成为高校科研机构培养人才的主要流向。因此政府必须通过与企业的深度合作以获得治理技术和治理能力的补充。再次,由于数字技术缩短了人与人之间的距离,由企业所运营的网络平台将成为一种公共空间,其承担的网络平台管理职责也将由平台与用户之间的私人契约嬗变为一种公共管理职责。[1]这种平台的公共性质要求政府监管与平台监管之间进行整合,授予平台公共管理的权限并以对公权力的约束标准监督平台的管理权。最后,在成熟的社会主义市场经济环境下企业作为市场主体是数字经济资源调配的决定性因素,法治数字政府必须问计于市场,结合市场需要才能更好履行政府职能。

(五)由行业人才推动转向营造普遍数字法治意识

法治数字政府建设非一城一池之功,亦非少部分人即可为之事,其必须汇聚各领域人才之智慧,各职业群体之关注,营造全社会普遍数字法治意识方可走向数字法治。首先,应当注重数字法治人才培养,即培养发展急需的既具备法治理念又通晓数字技术的复合人才,为此可以设立专门的研究院和人才培养机构,并同时在体制编制上设置相关平台和岗位,使其能够充分发挥自身才能,实现自我价值。其次,应当提升国家工作人员的数字法治意识。公务员是法治数字政府建设的主体,也是法治数字政府运行和维护的具体负责人员。打铁必须自身硬,改革制度体制应当首先改革人的理念意识,只有政府工作人员从上到下树立起数字法治意识,法治数字政府的建设才能通畅。同样地,法治数字政府的建设目的在于服务社会发展,服务社会民生,只有加强社会宣传,使公众拥抱数字技术,了解法治数字政府的新功能、新定位和新理念,才能使法治数字政府的作用真正惠及社会民生。最后,必须注重基础设施建设,提升"在线发展指数、人力资本指数、通信基础设施指数与电子参与指数,持续扩大电子参与"[2],为法治数字政府建设筑牢物质基础。

---

[1] 参见胡凌:《超越代码:从赛博空间到物理世界的控制/生产机制》,载《华东政法大学学报》2018年第1期。

[2] 李军鹏:《面向基本现代化的数字政府建设方略》,载《改革》2020年第12期。

第二章　数字政府的域外经验

从建设历程看，西方国家和地区的政府数字化建设起步较早，美国、英国、欧盟等在20世纪90年代均开始了相关的建设。美国通过重塑政府、以公民为中心、推进政府开放、促进政府数字服务智能化等一系列手段，使美国政府的数字化达到了一个较高的水平。英国在数字政府建设过程中一直着力于改善政府的服务手段，给用户带来更佳的服务体验，并注重公民权利的保护。在此目标的引导下，英国通过几届政府的不懈努力，构建起了涉及广泛且方便快捷的数字政府服务平台，提高了政府的数字化程度。欧盟在数字政府建设的方面也秉承了欧盟成立的初衷——加强合作与一体化。在各成员国各自进行数字建设的同时，通过多个行动计划，推动各国政府朝着信息与电子方向发展，通过加强网络普及，以用户为中心，建设开放与民主的社会，塑造欧洲的数字未来。日本的数字政府起步相对较晚，步入21世纪后才开始了相关的工作。2001年日本发布了《e－Japan战略》，标志着日本政府数字化建设的正式启动。日本旨在建立一个"知识新兴社会"，期望让公民可以随时随地获取高质量公共服务，持续推动电子政务的发展，改善政府提供公共服务的方式，创建政府门户网站并不断对其进行改革，引入个人身份系统，加强公民对政府的监督，力求创造"世界最先端IT国家"。

一、美国经验

（一）首席信息官制度

美国的首席信息官（Chief Information Officer，CIO）设立在白宫中的管理和预算办公室（Office of Management and Budget，OMB），负责领导和监督整个联邦政府的IT（互联网技术）支出。并且在每个联邦机构中都设立一名CIO，其职责为及时向政府首脑和其他高层的管理人员提供政府信息化发展建议，并指导、监督所在部门信息技术等其他事务的实施，确保部门信息化工作顺利开展，维护一个和谐、稳定的整体信息化架构，对信息资源进行有效管理，提升本部门的信息资源管理运作效率，规范有效的工作流程。[1]

在权力上，CIO要优于一般的政府机构。自19世纪末，随着美国的城市化和行政事务的扩张，行政工作越来越烦琐，依靠总统个人的能力已经无法完成工作，因此联邦政府在1921年成立了预算局来辅佐总统处理行政事务，预算局于1970年改组为OMB，沿用至今。OMB同白宫办公厅一样属于极为关键的总统参谋，是总统的幕僚机构和办事机构，起到高效辅助总统处理行政事务的作用。其局长的任命由总统提名且只对总统负责，局长往往是与总统非常亲密且受总统信赖的人。OMB的职权广泛，几乎所有的行政活动都有可能受其影响。虽然从法律上说OMB的权力仅限于提出建议，但由于总统的事务繁杂和总统对OMB的充分信任，OMB所提出的建议往往就是总统的最终决定。此外，对于OMB的决定，行政机关不服的可以向总统申诉，但出于相同的原因OMB也几乎取得了受理这些申诉的权力。所以无论是从设立还是从权力上来看，OMB较之一般的政府部门都具有显著优越性。

随着电子政务、数字政府的发展，美国又在OMB之下设立了CIO办公室，其主任为联邦CIO，由总统任命，负责整个联邦政府的信息资源管理，行使部分OMB的权力。因此，CIO的行政权力获得途径为公民—总统—OMB—CIO办公室。CIO办公室作为OMB的下设机构，在权力范围和与总统的关系上都要优于其他同级机构，因而有能力协调各部门进行数字化建设，顺利推动跨层级信息共享和业务协同，有效地打破了“数据烟囱”和“信息孤岛”。

在美国的行政体制中，总统掌握行政权，对国家行政有着一定的控制力。这种安排是出于两个方面的考虑：一是政治考虑。美国人向来注重民主、自由，统治人民者必须受制于人民。而在行政官员中只有总统是通过人民选举产生并直接对人民负责，因此总统控制行政，某种意义上实现了民选官员控制非民选官员，符合民主的需求。二是行政需求。近代行政组织趋向于更庞大、更复杂的结构，必须有一个集中的领导来协调各方面的工作，总统便是最合适的领

---

〔1〕 参见姚水琼、齐胤植：《美国数字政府建设的实践研究与经验借鉴》，载《治理研究》2019年第6期。

导者,其能够协调运行各部门,保障庞大行政机器的运转。[1]

在上述行政体制之下,各行政机关行使数字权力时不仅受到民选总统的制约,同时受CIO的监督。在进行常规行政活动时受到以总统为首脑的行政体制的制约,在行使数字权力时受CIO的引导与监督,在CIO系统的引领下打破地域、部际之间对数字建设的限制,促进配合、资源共享、协同办公。CIO行使权力时又受到OMB的监督,形成了权力监督的闭环,防止了数字权力的滥用。在监督之下CIO发挥指引数字工作的作用,向各行政机关提供数字建议,维护数字化整体架构,提升政府的数字化水平。

(二)发展移动数字政府

数字政府催生出更多的公民权利需求,先进的技术不能仅用来实行管理,还要为公民带来更大的便利、更好的权利保护。美国在进行移动数字政府建设时,要求让公民能够运用任意设备,在任意时间和任意地点获取政府提供的优质服务,并且要求政府进行数字化创新与建设,保障公民权利能够在数字政府之下得以实现。同时美国还重新设计各个政府网站,通过《联网政府法》(Connected Government Act)要求所有联邦机构的公共网站必须满足公民移动使用的需求,并持续改善政府客户的数字体验。比如,美国现有的应用程序智慧旅行者(Smart Traveler),是美国国务院现有的官方应用程序之一,在此应用程序上公民可以随时获取地图、旅行、大使馆位置等信息。通过该应用程序用户还可以访问美国国务院获取紧急救援等服务,从时效和地理范围上扩大了对公民权利保护的程度。[2]

(三)实行政府数据开放

从奥巴马政府时期开始,美国已在大力推行政府数据的开放,在进行数字建设的同时保障公民的知情权,相继通过了《透明和开放政府备忘录》《信息自由法案备忘录》《开放政府计划》《数字问责制和透明度法》等一系列法案,并建设信息披露与信息公开的网站,进行政府数据的公开,加强与民众的互动,保障公民的知情权、参与权、监督权。此外,在技术层面上,美国从多个角度破解数

---

[1] 参见王名扬:《美国行政法》(下),北京大学出版社2016年版,第637~661页。

[2] 参见马颜昕等:《数字政府:变革与法治》,中国人民大学出版社2021年版,第52~62页。

据开放共享难题,促进公众参与和社会合作,逐步公开了经济、教育、能源等多个领域的政府数据,并配套建设帮助用户理解和使用这些数据的设施,搭建起相应制度保障公众的参与,稳固数字政府与公民的健康对话体系,保障公民的合法权利,加强对数字政府的监督、对公权力的限制。〔1〕

(四)构建无成本契约模式

为了确保公民能够享受到相应的公共服务,必须提升政府的信息技术水平,产生配套的数字工具。美国在数字政府建设时使用并推广了无成本契约模式。由于行政部门事务繁多,且相较于市场上的网络巨头,行政部门往往不擅长于构架信息系统、操作程序,让政府亲力亲为难免会事倍功半。因此,通过无成本契约模式推动公民聚焦数字化政府,鼓励政企合作,将数字政府涉及的部分信息技术外包给私营部门,〔2〕并在想法、概念、技术、信息共享方面与之进行更加深入的交流。在数字政府战略建设时将部分公共服务及惠民项目外包给互联网巨头公司,如苹果、微软、谷歌等,以此来提升政府信息技术。互联网巨头凭借过硬的技术水平和充足的资金保障,为政府部门提供优质的网络系统和网络平台,方便行政人员进行信息采集等数字化工作,同时为互联网公司本身提供了更多就业机会和利益,是一种多方共赢的模式。在此模式之下政府无须前期投资就可以开展数字化服务,而互联网公司为了政府和公民能够使用自己搭建的平台、系统,为了公司盈利也必然会认真对待,提供真正高效且好用的网络服务。

(五)完善政府门户网站

美国为实现信息共享和业务协同,在创设 CIO 的同时在完善政府门户网站,在技术上将各级各地政府的门户网站接入一起,构建一个整体的政府网,并完善了相应的评估机制,推动政府的数字化转型,从内部行政活动的流程再造出发,实现数字行政程序的发展。内部行政活动的效率往往受行政条块分割、信息孤岛等问题的制约,而美国在政府门户网站的建设之下,努力形成一个数

〔1〕 参见吴沈括、黄诗亮:《美国政府数字化转型的路径框架研究——基于 NEW AMERICA 智库报告的分析》,载《信息安全研究》2021 年第 2 期。

〔2〕 参见王少泉:《美国数字政府治理经验在我国的应用分析》,载《天中学刊》2018 年第 5 期。

字化协同政务办公的平台网站,从业务与服务出发,推动协同办公,优化数字行政内部活动。美国以“大门户”形式接入了一万多个各级政府网站,并定期评估检验政府数字服务能力、数字技术的运用,犹他州政府网站在评估中多次脱颖而出,证明了政府门户网站的构建对数字行政程序发展的促进作用。

(六)构建安全政府网络

在数字行政程序发展的过程中,会产生便利性与安全性的冲突,数字行政程序相比传统行政程序会给用户带来极大的便利,但同时产生了许多的安全隐患,如网上办理业务时不再需要提交大量纸质材料而可以直接进行人脸识别,但人脸数据泄露带来的风险也远大于纸质材料的丢失。美国采取了区块链技术解决数字政府网络的安全问题,维持数字行政程序的正当性。区块链技术可以解决状态管理系统数据的安全性与协调性问题,它基于数据块链的原理和先进的加密算法,让分布式账本成为最安全和最方便的数据存储和传输介质,并减少政府的腐败。运用区块链技术大大提高了数字行政程序运行过程中的安全性,构建起了安全的数字政府网络,解决了行政程序在数字环境下产生的安全问题。

二、英国经验

(一)发展跨政府服务平台

英国在进行数字政府建设时秉持“政府即平台”的理念,促进各部门信息共享和业务协同。所谓政府即平台,并不是一个新概念,而是一种类似于电商平台运营的政府运行方式。就英国而言,即先由政府数字服务组提供通用共享平台设施,而后由政府各部门或第三方在该平台上开发相关应用并开展行政工作,进行“全政府”转型,推动政府数字化进程。通过平台建设和利用,英国改变了传统的分散管理模式,在保证各部门专业性和明确部门权力边界的前提下,加强各部门之间的信息共享和业务协同,打破了“信息孤岛”和“业务烟囱”。[1]

在此平台之上,各行政机关的权力与关系并未受到实质影响,他们仍在旧

---

〔1〕 参见詹国彬:《英国数字政府转型:价值理念、技术工具与制度保障》,载《行政论坛》2021 年第 6 期。

有的领域和地域内进行活动,行使行政权力。平台的意义在于打破传统的互不越界、互不干涉的行政体制,在不取消部门专业化分工的前提下实现部际合作,为各享有行政权力的机关提供分享资源与协同工作的机会,解决行政机关分割和碎片化问题。[1]

(二)设立政府数字服务局

英国设立了隶属于内阁办公厅的数字服务局(Government Digital Service,GDS)来领导政府数字化工作,引领政府的数字化转型,并逐渐成为数字行政工作的核心机关,居于英国数字政府建设的核心地位。成立至今,GDS 通过审视和监督政府各部门的数字化工作,剖析用户对产品、平台、服务的需求,集中建设并协调各部门来提升数字政府服务质量,力求为每一用户打造便捷且个性化的体验。在未来,GDS 还肩负数字政府建设的多项核心任务:增强跨部门协同服务能力,保证服务的完整性;简化数字身份认证,保证服务的普遍性;扩大数字化工具的使用,提高服务效率;实现跨部门的数据资源共享,保证整体性。

从权力和地位来看,英国的 GDS 隶属于英国内阁办公厅,内阁办公厅是内阁的工作机构。英国的行政权名义上由英国国王享有,但行政权柄实际上掌于内阁之手。内阁是英国政府的最高决策机关和政府活动的领导核心,按照英国宪法惯例享有行政权力,协调政府各部的工作并确定各部的职权范围。内阁办公厅是内阁的办事机构,GDS 设在内阁办公厅之下,行使国家行政权中有关数字工作的权力。而依照宪法惯例,内阁机构在行使各项职权时必须集体对议会负责,议会对内阁享有监督的权力,因而 GDS 在行使各项职权来领导数字政府工作时,同样处于议会监督和制约之下。

(三)优化服务范围与服务质量

英国在电子政务发展阶段开始就一直注重改善政府服务质量,将用户体验作为重要指标进行考虑,以保障用户的合法权利为目的。英国发展电子政务与数字政府以来的各届政府都把用户放在重要位置上,将“服务便利可达”视为电

---

〔1〕 参见孔新峰、宋雄伟:《论英国“协同政府”的理念及对中国的启示》,载《行政与法》2011 年第 6 期。

子政务的原则之一,[1]明确提出要确保基于公民的使用需求来提供政府电子服务,解决数字鸿沟和公民对电子政务服务接受度低等问题,加快改善提供服务的方式,努力打造能够满足用户需求的数字化组织。

在英国数字政府转型过程中,面向公民的服务转型是一个关键部分,其目的是让任何人在任何地点都能获得高质量服务。这种以用户需求为中心,扩大服务范围、提升服务质量的政府工作思路无疑大大加强了对公民权利的保障。在数字环境与数字政府之下,公民的权利需求呈现多种样态,且数字技术的引入为相对人的权利保护制造了新的风险,所以英国通过优化政府服务范围和质量,让相对人能够与数字政府进行良好的沟通,获得全面且及时的权利保护。[2]

(四)注重数据安全与数据利用

数据是数字政府的核心资源,也事关公民的多项合法权利。数据如若不能获得安全保护,其泄露必然会侵犯公民的隐私权等各项合法权利。英国对数据利用极为重视,英国议会通过《数字经济法案》,排除政府利用数据的各种不利障碍。同时,英国政府聘任专业人员组成开发团队,更好地利用数据提升决策水平,技术专业人员与政府决策人员通力合作,通过建立预测模型,为重要政策和重大决策提供准确的信息和有力证据。

在数据安全层面,英国通过任命政府首席数据官和向公共部门提供必要的指导等手段来增强数据管理和使用的安全性。在政府内部任命首席数据官,并成立数据咨询委员会来协调和监督政府的数据使用情况,确保数据安全,保障公民合法权利。同时政府向公共部门提供必要的指导,确保各部门能够合理地利用数据,遵循数据管理的最佳原则,确保在数字政府之下公民权利的顺利实现。

(五)提高工作人员数字能力

从内部来看,数字技术会带来政府内部行政流程的再造;从外部来看,数

---

[1] 参见张晓、鲍静:《数字政府即平台:英国政府数字化转型战略研究及其启示》,载《中国行政管理》2018 年第 3 期。

[2] 参见林梦瑶、李重照、黄璜:《英国数字政府:战略、工具与治理结构》,载《电子政务》2019 年第 8 期。

字技术会给原有的行政程序带来转变。而无论是内部行政流程再造还是外部行政程序转变,都需要行政人员具有一定的数字水平。行政工作人员作为规模最大、涉及面最广的群体,其数字水平将直接影响行政行为数字化的程度。

英国政府为工作人员提供了有效的数字工具、构建工作场景、优化工作流程,形成了良好的工作环境,提高了工作人员的效率,以求更好地完成数字化工作。英国还建立了数字人才培养制度,培养专业化的数字人才,营造良好的数字工作环境,并设立了新的岗位来吸纳专业人员,建设数据科学院校培养一批具有丰富专业知识的工作人员,并为数字技术人员制定职业发展方案,持续提高工作人员的数字水平。此外,英国还将逐步实现随时随地办公模式。英国的目标是培养出一支世界一流的数字公务人员队伍,助力英国政府的数字服务成为全球最领先的公共服务。在高数字水平的工作人员的支持之下,行政行为的数字化的转变就有了保障。

(六)完善电子服务平台

英国通过共享代码、模式、平台和组件,并持续构建更多可重复使用的共享组件和平台,来完善电子服务平台,保障行政程序能够以数字化方式呈现。英国基于共享机制和业务平台来组建在线服务功能,实现数字技术、业务流程、公务人员的有效配合,运用政府门户网站实现跨政府部门边界的各类服务。英国以数量庞大的可重复使用共享平台和组件,为所有用户提供统一标准的服务,扩展正在使用的平台的功能,提供更多的政府数字服务,并通过制定和颁布组件、平台以及相应技术标准与实施指南,降低平台门槛,消除组件障碍,积极探索更多平台服务领域。[1]

通过完善电子服务平台,加入可重复使用的组件,英国在数字政府下发展了行政程序,以网络平台为媒介支撑行政程序的运行,并借助先进技术手段不断对行政活动的内容和方式进行优化,实现了行政程序的部分甚至全部的数字化,重塑了行政流程。

---

〔1〕 参见马颜昕等:《数字政府:变革与法治》,中国人民大学出版社2021年版,第63~69页。

三、欧盟经验

(一)一体化进行数字政府建设

欧盟成立的初衷就是促进欧洲的一体化。在欧洲进行电子政务、数字政府的发展与建设过程中,欧盟始终重视成员国之间的交流与合作。《欧盟宪法条约》确立了“一体化”的宗旨,在此之下欧盟注重发挥其自身的领导和协调作用,通过颁布统一的政策、法规,召开集体会议分享经验等手段,引导和促进各成员国的电子政务建设,力求各个成员国之间加强合作,打破地域和领域限制,做到信息资源共享、建设进度共进。无论是在电子政务建设时期还是数字政府发展时期,欧盟在发布战略、采取措施时始终从整体上考虑,充分共享各成员国之间的信息,实现共同进步。[1]

2020年联合国发布的《电子政务调查报告》显示,在“一体化”路径的引导下,欧盟各成员国的电子政务发展水平整体较为平均且建设状况都比较发达,处于全球领先地位。先进的电子政务建设提供了充足的基础设施和行为方式,为欧盟各行政主体之间实现配合共享,打破地域限制、部门限制提供了有力的保障。

(二)应用 eIDAS 法律框架

2014年,欧洲议会和理事会通过了关于内部市场电子交易的《电子身份识别和信托服务条例》(eIDAS),对欧盟各成员国均适用。其目的是建立数字单一市场,以及实现跨境数字身份互认,开展数字信任服务。在该条例之下,欧盟统一了数字身份保障水平标准,实现了各成员国之间数字身份的互认。

运用 eIDAS 法律框架,欧盟各成员国可以使用自己国家的电子身份识别体系在其他欧盟国家获得公共服务。欧盟之内的任何在线活动都有了更高的安全性,在提交税务申报单、就读外国高等学校、开设银行账户、开办政府业务、进行互联网支付等方面都享有极大的便利。[2]在 eIDAS 支持的业务范围之内,传统的地域限制不复存在,用户可以在任意地点申请任意成员国的服务,行政机关也可以为任意成员国的公民提供服务,大大加强了各部门乃至不同国家部门

〔1〕 参见董超:《欧盟数字化战略特点及对我国的启示》,载《中国经贸导刊(中)》2021年第9期。
〔2〕 参见国强、李新友:《欧盟数字身份进展情况研究》,载《信息安全研究》2020年第7期。

间的资源共享、协同办公。

（三）根据用户需要设计服务

欧盟在进行公共管理的数字化改造时，将用户需要视为根本要求。2009 年欧盟成员国、候选国与自由贸易区国家负责电子政府的部长级官员在瑞典马尔默签署《马尔默部长宣言》（*Malmö Ministerial Declaration*），该宣言明确提出要根据用户需要设计并与第三方合作开发电子政务服务，增加公民获得公共信息的机会，加强透明度和利益相关方参与政策进程的有效手段，增强公民和企业的权能。在该宣言指导下，欧洲开始了公共服务领域的现代化改造，改善了跨境电子政务服务的条件，补充了电子身份识别、电子采购、电子司法、电子卫生等领域的法规，切实保障了公民和企业的权利。

欧盟以用户需求为导向设计公共服务，做到了在数字政府之下公民权利保护的预设。随着数字政府建设的进行，公民权利的保护和实现都会迎来新的变化，公民在数字环境下会有更多的权利需求，根据需求设计好服务，是对公民权利保护的有效举措。

（四）积极发动公民参与

2016 年 4 月欧盟通过了《电子政府行动计划 2016—2020》提出要使欧盟的公共行政和公共机构开放、高效和包容，为欧盟所有公民和企业提供无边界、个性化、用户友好、端到端的数字公共服务，将“以用户为中心”引入并上升至原则层面，促进主管部门与公民、企业之间的数字互动。这表明欧盟已作出了“公民参与”的承诺，确保各项政务活动以公民为中心，为公民提供高质量服务。欧盟成员国将提供有效和安全的数字公共服务，使公民和企业的生活更加轻松。欧盟还将继续致力于在以用户为中心原则下设计和提供公共服务，如数字交互、行政负担、公民参与、救济机制等。

数字政府的建设会使政府的权力范围更广、行使权力的方式更为便捷，因此在同等条件下需要更多的公民权利来对政府进行制约。欧盟确保公民能够参与，实现广大公民积极投身数字政府的建设和运行中来，便于政府与公民进行沟通交流，有利于公民监督权的保障，实现公民对政府权力的监督。

（五）加强对数据的监管与保护

数据安全与公民权利的保护紧密相关，纵容数字政府随意使用数据，是对公民权利的亵渎；无视数据的安全风险，是对公民隐私的侵害。欧盟成立了欧洲数据保护委员会（European Data Protection Supervisor，EDPS），并赋予其保护数据安全方面的关键职权，在欧盟的行政机构处理个人信息和数据时，EDPS 可以监管行政机构的行为以确保对个人隐私的保护。此外，EDPS 还可以向欧盟机构提供与处理个人数据有关的建议，向欧盟委员会提供数据相关建议，监管可能会影响个人信息安全新技术的使用。EDPS 还有权在欧盟法院之前介入相关具体个案的处理，对数据保护法的解释和适用提供专家意见，并与国家监管机构合作来进行数据的保护。[1]

除设立独立数据保护机构（EDPS）外，欧盟还通过了《一般数据保护条例》，要求私营公司也要委派数据保护官员。对于违反条例的公司将处以高额罚款，进行数据保护的设计，对高风险处理活动进行数据保护影响评估。

通过加强对数据的监管与保护，欧盟在进行数字政府建设的同时兼顾了公民权利的保障。在 EDPS 和《一般数据保护条例》的保护之下，公民不仅能够抵御个人权利可能受到的侵害，还可以安心使用数字技术接受公共服务，享受数字发展带来的红利。

四、日本经验

（一）成立政府 CIO

日本制定的《ICT 新战略》中，设立了涵盖全国范围的以政府 CIO 为中心的电子政务促进体系，该体系对政府门户网站进行了大刀阔斧的改革，改善了政府服务的获取便捷程度。2013 年日本又颁布了《政府 CIO 法》对 CIO 这一职位予以法律上的明确，同时扩大了 CIO 的职权，并将其职级提升到副首相级别，赋予其跨部门协调的权力，作为在政府内推广 IT 政策和电子管理的枢纽。至此，CIO 拥有了数字化建设方面极大的权力，打破各部门在进行数字建设时各自为政的孤岛局面，减少政府建设投入时的重复与浪费，更好地实现了信息共享与

---

〔1〕 参见马颜昕等：《数字政府：变革与法治》，中国人民大学出版社 2021 年版，第 84～92 页。

业务协同。

CIO在享有数字权力的同时,受到许多方面的监督。首先,CIO虽然是数字政府建设的总控制塔,但其整体上仍隶属于政府,其职权同政府的公权力一样受到私权利的制约与监督;其次,日本在进行数字化建设时以服务理念为宗旨,CIO在进行任何权力活动时必定要落脚于更好地提供公共服务、更好地保障公民的权利,这些都压缩了CIO权力滥用的空间。

(二)搭建个人号码系统

日本制定有《个人号码法》,并于2015年10月开始运行个人号码系统。个人号码系统是一个社会保障和税号系统,目的在于增强对公民的社会保障与公共服务的便利性,提高政府管理的效率。最重要的一点是,个人号码系统实现了在多个行政机构之间共享信息,打破了旧有条框状行政体制的落后局面,实现了数据和信息的共享。行政机关将在广泛的公共事务中使用个人号码。公民在申请医疗保险、福利津贴,进行纳税申报时提供个人号码即可获得服务。[1]

个人号码系统实现了运用数字技术打破科层制,推动了政府的扁平化建设。通过个人号码系统,日本的数字服务打破了部际之间的限制,增强了数字政府的整体性,也极大地提高了数字政府的工作效率与效益。

(三)以用户为中心改革行政服务

日本从初期的电子政务建设阶段开始,就以用户和公民权利为中心勾勒出愿景与目标:每个人都可以在家里或工作中随时获得有关公共行政的信息,并且每个人都能够获得一站式政府服务。日本在整个数字政府转型过程中贯彻"以用户为中心"的首要原则,2009年《i－Japan战略2015》提出创建一个公民驱动的数字社会[2],公民不再是电子管理的对象而是数字社会发展的驱动;从2017年开始,日本相继通过《数字政府行动计划》《数字政府实行计划》等文件,充分利用数字技术进行以用户为中心的行政服务改革为首要方针,强调"以用户为中心的行政服务改革",将用户需求作为数字政府服务的首要原则。

---

〔1〕　参见马颜昕等:《数字政府:变革与法治》,中国人民大学出版社2021年版,第70～78页。

〔2〕　参见刘军红、霍建岗、汤祺:《日本菅义伟政府的数字改革》,载《现代国际关系》2021年第6期。

在以用户为中心理念的引导下,在数字政府建设突飞猛进的同时,日本也实现了对公民权利的保护。配合着强大的数字基础设施,日本公民可以获得量身定做的行政服务,日本公民的权利在数字政府之下可以得到更为顺利的实现、更为全面的保护、更为及时的救济。

(四)加强对个人信息数据的保护

为确保公民的隐私安全和其他的一系列权利,日本通过对政府信息系统进行改革,加强了对个人信息数据的保护。在法律层面上,2017年日本通过了《个人信息保护法》的修正案,界定了个人信息范围,规范涉及境外个人信息的处理,赋予个人信息保护委员会明确的法律地位和职权,并加大了对违规行为的处罚力度。使个人信息的保护体系更加适应数字时代的需求,使公民与个人信息相关的权利得到了更为周严的保护。在机构设置上,日本设立了"个人信息保护委员会",个人信息保护委员会直属于内阁总理大臣,可以独立行使职权,拥有相当高的法律地位,其主要作用就是保障个人信息不受数字时代的侵害。

信息和数据是数字时代下个人权利的重要载体。个人信息泄露会给个人权利带来严重的侵害,引发一系列的安全风险。日本为个人信息数据的安全提供了法律制度和机构设置上的双保险,为相对人的权利提供了有力的保障机制和救济渠道。

(五)注重基础设施建造

日本在发展数字政府时非常注重基础设施的建造。为了促进行政程序朝着数字化方向发展,日本大力兴建IT基础设施和电子政务基础设施,建立起了包括身份验证系统、电子支付系统、文件管理系统、安全系统和政府关联网络系统,促进了电子归档、网络采购、无纸化管理与一站式在线政府服务。而后日本又建设完成了用户友好的政府门户网站和一站式服务系统。通过一系列系统的建造,日本的基础设施开发水平达到世界先进的水平,为行政程序数字化奠定了坚实的基础。数字政府之下的行政程序会趋向电子化、智能化、非现场化等,这对传统政府提出了挑战。日本通过建立起坚实的数字基础设施,为行政程序的数字化发展提供了保障。

（六）出台《数字程序法》

2019年日本出台《数字程序法》，意图将所有行政程序转为数字化运作。《数字程序法》是与促进行政程序数字化相关的法律集合，目的是通过将政府的原则从纸质转变为数字化，为数字社会的发展奠定基础。该法分为数字化的基本原则、数字化基础设施、个人数字化措施3个部分，明确了数字优先、仅有一次、一站式关联3大原则。这3大原则要求在行政程序能够数字化的情况下应当进行数字化处理、提交给政府部门的信息不必再次提交而应由行政机关之间协调处理、允许通过单个行政程序同时完成多个管理过程。[1]

《数字程序法》为行政程序的数字化提供了法律保障，从法治角度为数字程序指明了基本原则，并明确了基础设置和数字化措施，给予行政机关在行使权力时以明确的数字化指导与限制，促进与保障行政程序的数字化发展。

五、域外经验总结

（一）促进信息共享与业务协同

1. 设立专门领导机构

美国的OMB是总统的执行机构，是帮助总统控制行政权力的重要工具，也是美国行政机器顺利运行所必不可少的一环，享有广泛的事实权力，因而可以很好地利用自己的影响力指导、监督各部门的信息事务，提供信息化建议，维护信息化架构。于我国政府而言，各级政府中也应设立类似的负责信息化工作的机构，并赋予其一定程度的行政权力便于其发挥作用，为行政机关提供信息技术相关的技术参考，协调引导各部门的信息化工作，监督和管理相关事务，促进数字政府建设。

在机构设置层面上，应设立数字工作领导机构，注重数字建设的成效。为加快建设数字政府，我国在战略、政策、法规上已有了明确的规定，也设立了一些领导小组，但缺乏像美国CIO那样的数字工作专门领导机构，导致政府数字化建设得不到专业的指导和有力的监督，各级行政机关之间也不能趋向和谐一致，无法形成一个整体的信息化架构。此外，部门间、地区间不能互相信任，甚

[1] 参见[日]南博方：《行政法》（第6版·中文修订版），杨建顺译，商务印书馆2020年版，第99～101页。

至会产生恶性竞争。在进行跨部门、跨地区服务时由于建设状况不同,也会产生各种矛盾冲突。

美国设立的CIO制度,建置于美国OMB之下,首先,在地位和权力上能够协调其他部门,可以成为数字工作的坚强领导。其次,各地政府中也都设立有CIO,各信息官之间相较各地政府之间更容易进行交流,信息官相比政府也更了解数字技术的应用,在CIO制度的引领下,政府可以维持一个整体、专业的数字化工作架构,在此架构之下进行政府的数字建设。

因此我们应当设立专门的数字工作领导机构,不只是政策制定层面上的领导小组,而要在各级地方政府中都设立相应的负责数字工作的机构。该机构应当由精通数字技术的人员和具有宏观思维的领导人员组成,且各机构之间要有密切的联系,为政府数字化建设提供专业建议并进行监督,在服从党和本级政府领导的前提下,形成一个完整的数字领导系统,加强各级、各地政府之间的交流互动,协调建设工作进度,实现业务协同与信息共享。

2. 建设统一政府服务平台

英国政府推行跨部门数字化转型战略,并打造UK. GOV政府网站,力求消除政府部门边界带来的不利影响,避免重蹈“碎片化”覆辙,协调好各部资源分配,打造以用户为中心的高质量数字政府。我国目前在“全国一体化政务服务平台”和打破“数据孤岛”等方面也进行了很多尝试,但英国的思路和措施仍有可借鉴之处。我们应当在各级行政组织层面上推行整体化建设,破除各机关之间的数据壁垒,解决各部门各自为政的问题,并继续加强政务服务平台的建设,推动政府整体的数字化转型。

(二)重视公民权利保障

1. 实行政企合作

在数字化建设中,政府难免要涉足一些较为专业的技术领域。但政府是为管理社会事务、提供公共服务而生,在数字技术方面必然是落后于市场经济之下的专业互联网公司。如果让政府自己搭建网络平台并投入使用,不仅要耗费大量的时间与金钱成本,最后在用户体验上的成果也远不及专业化公司所提供的产品。我们在日常生活中也有类似的体会:官方提供的平台、系统使用起来远不及“BAT”的产品顺手,甚至“bug”频出。

美国在进行数字平台的建设时就巧妙运用了“无成本契约”模式,推行政企合作，由政府将平台建设、运行的权力交给专业互联网公司，允许其在平台上保留相应的利润，政府只负责管理，平台的维护仍交给公司来做。这种分工改变了过去较为僵化的建设模式，实行管理和运行分离，政府可以直接获得高质量的网络平台，而企业在利润的引导下也会提供高质量的网络资源，实现双赢。在法律保障上，美国通过正当程序和自由裁量权的限制来制约政府，以确保签订的政企合作合同正当且能够顺利履行。[1]

我国在政企合作方面已有过相关的尝试，如沿海较发达省份广东、浙江就进行过政企合作、管运分离的实践，并取得了一定的实效，这证明了该模式在我国国情下的可行性。接下来我们应当大力推广这种模式，发挥其应有的优势。此外，在进行政企合作时要始终坚持法治原则：行政机关在选择合作对象、确定合作范围、履行合同内容时要有法律明确的授权或符合法律的目的，不得随意为之；[2]；行政机关不得随意解除合作，如果确有正当原因解除的，应当给予企业相应的补偿或赔偿。

2. 加强信息数据保护

日本向来注重个人信息的数据安全，很早就建立起了保护个人信息的法律框架。在数字政府的发展对个人信息提出新要求的情况下又及时修改了法律，实施了新的措施，并尝试在个人信息的保护与个人信息的流动性之间寻找平衡点，不仅要加强个人信息的保护，限制政府的权力，还要保证个人信息能够在广泛的领域内被政府合理地运用，发挥个人信息应有的价值，方便公民能够享受更为高效、便捷、准确的行政服务。

安全是数字政府建设的底线。我国数据利用现状不佳，在数据收集标准上没有统一，导致不同机关收集的数据无法互通使用，造成数据的浪费；对数据的保护不力，数据泄露问题频发。[3]在数字政府建设过程中，数据始终扮演着重要的角色。数据的收集、利用、保护是数字政府的重要议题。做好了数据的收集，才能建立起庞大的数据库作为数字行政的基础；做好了数据的利用，才能实现运用数字技术升级政府治理；做好了数据的保护，才能维护好广大公众的利益、保护国家与社会的安全，建立起坚强有力的政府。

---

〔1〕 参见王名扬：《美国行政法》（下），北京大学出版社2016年版，第285～310、399～415页。

〔2〕 参见杨建顺主编：《行政法总论》（第2版），北京大学出版社2016年版，第228～233页。

〔3〕 参见聂爱轩：《欧洲标准与欧盟法律的融合》，载《法大研究生》2018年第2期。

欧盟极度重视数据问题。欧盟设立有独立的数据安全保护机构,并通过了统一的数据保护条例,还通过了 eIDAS 法律框架来促进数据的标准化。日本也通过完备的立法和机构设置来保障个人信息的安全。欧盟设立了统一的数据保护机构,通过了统一的数据安全条例,发挥"1 +1 >2"的作用。在数据保护方面不断深入合作,合理地分配各类资源,促进数据的高效利用,推动数字政府高效发展。同时欧盟也非常重视数据安全,通过机构设置和条例规定来防止行政主体恶意利用其主导地位,在数据收集、使用上肆意妄为。我国也应当高度重视数据安全的作用,推动各部门在数据保护方面达成共识,统筹管理和执行,并对政府机关进行更为严格的限制,防范数据资源可能会带来的各类安全风险。

结合我国现状与国外关于数据保护的做法,我们应当首先解决数据安全问题。为加强数据安全治理,2021 年 6 月 10 日,我国出台了《数据安全法》,为我国数据保护提供了基本的法治遵循。与此同时,还应当看到,在加强数据安全治理方面,仍需配套制度与机构设置上及时跟进,保障《数据安全法》顺利实施并产生实效,维护数字经济社会的和谐稳定。对于各级政府而言,应当明确其数据权责,将数据的收集严格限制在法定程序之内,并制定统一的数据标准,在收集数据时统一端口,杜绝重复收集现象,节省资源。

(三)推进行政流程数字化

1.提升公务员队伍的数字水平

如果政策和法规是政府的灵魂,那么公务员队伍就是政府的触手,公务员队伍的能力和水平将会直接影响政策和法规的执行效果。没有高质量的公务员队伍,再好的政策也会沦为空谈。英国文官队伍的水平在全球范围内首屈一指,但在数字时代到来的今天,英国也果断地对文官队伍进行了一系列数字化升级,来保证数字政策的顺利实施。我国目前在推行行政数字化过程中存在的突出问题就是公务员队伍对数字化的热情不高、缺乏动力、思想陈旧、惧怕担责。未来应当加强对公务员队伍的思想建设并完善相应的奖惩机制,培养良好的数字氛围,保障数字政策的实施,推动数字政府的建设。

如果把数字政府比作一条"龙":那么国家的战略、政策就是"龙头",引领数字政府的大方向;相关法规制度就是"龙之骨肉",支撑起数字政府的顺利运行;而公务员就可以被称为"龙爪",直接影响数字政府的实施效果。没有高水平的公务员队伍,单靠宏观层面的国家规定是绝对无法进行数字建设的。一些地区的公务员队伍思想相对保守，在面对新技术时或是出于怠惰，或是出于惧怕担责，整体处于相对消极状态。

英国的文官制度影响深远，是世界上一流的政务工作队伍。在面对数字政府时代，英国通过改造数字化之下行政人员的工作环境，完善相应的评估机制，转变人员思想，以培养数字文化，形成数字氛围等为手段来提升文官队伍的数字水平，为数字政府的建设培养起锋利的"龙爪"。

我们应当及时提升行政人员的数字水平：首先，公务员招录时将数字技能加入到考察标准，作为录取的参考因素之一，提升公务员队伍的数字水平；其次，将数字建设成果纳入领导人员的政绩考核范围，作用于政绩考核结果，督促领导干部推行数字技术；最后，对行政人员的数字能力考察要建立起相应的奖惩机制并坚决落实，激励行政人员自发提升自己的数字技能。从政府层面来说，要确保我国公务员的工作条件保障权、参加培训权，在指导行政人员提升数字水平的同时，政府部门也要进行相关变革，为工作人员提供更为"数字化"的工作环境，如允许线上办公等；对于既有行政人员，应当为数字水平落后的一部分提供培训、学习数字技能的机会。[1] 在这些措施之下，建成高水平数字政府工作队伍的目标指日可待。

2. 制定数字行政程序规则

在数字时代下，价值取向的多元化产生了更多的矛盾冲突。在数字程序大行其道的同时，为数字行政带来了更高的效率、更大的便利、更先进的设备、更大胆的创新，但在快速发展的背后，仍然存在公平与安全等一系列的价值隐患。如行政处罚可以通过电子程序作出，这固然提高了行政效率，但电子处罚的告知与听证程序如何保证？公众确实可以通过网络渠道获取公共服务，但社会上存在一小部分无法利用网络技术的弱势群体，他们应当如何获取服务？数字政府可以利用网络收集和利用大量数据，但在数字政府之下如何确保政府信息的公开和个人信息的保护？这都是数字政府之下的行政程序需要解决的问题。

日本制定有《数字程序法》，在数字政府之下发挥着保证行政程序"公正与透明"的作用。该法律规范明确了数字程序的基本原则，在出现价值冲突时可以利用原则进行解决。规定了数字程序的基础设施和运行方式，一方面推动本国行政程序朝着数字化发展，另一方面解决数字程序可能会出现的各种问题，

---

〔1〕 参见杨建顺主编：《行政法总论》（第2版），北京大学出版社2016年版，第104～111页。

确保数字行政顺利实现。日本有行政程序的专门立法,来限制政府权力规范行政行为,保障每一位行政相对人都能获得"公正性"和"透明性",确保政府行为的正当。在数字政府时代,为了解决数字政府建设中出现的问题冲突,又及时出台了《数字程序法》,规定了数字政府下行政程序的原则性问题,尝试解决电子科技对传统行政程序"公正的确保"和"透明性"的冲击。日本的《数字程序法》还规定了相关的数字基础设施和个人数字化措施,推动程序的数字化发展,引导公民参与数字化行政,最终顺利实现政府的数字化转型。

基于以上内容,我们可以通过制定数字程序规则来解决实践中出现的问题。比如,对运用数字程序作出行政处罚的机关,严格其告知义务,确保不会再出现"杜某良案"这样的闹剧;在推动行政程序电子化时保留必要的人工程序,使技术弱势群体获取政府服务的机会不会削减;对行政机关收集、利用信息数据的程序从严作出规定,并明确其责任,在提高效率的同时也将信息数据的安全放在重要位置上。通过一系列的程序规则,确保行政程序健康地朝着数字化方向发展。

第三章　数字政府地方实践成果研究

一、数字政府地方改革发展现状

当前，我国正在打造以国家政务服务平台为核心、以地方各级政府为主体的全国政务服务平台服务群组，“我国网上政务服务发展已经由以信息服务为主的单向服务阶段，开始迈向以跨区域、跨部门、跨层级一体化政务服务为特征的整体服务阶段”〔1〕。数字赋能政府是以全国政务系统为基础的平台化，制度趋于数据化、智能化方向的改革。国务院要求各省市政府大力推进政府政务服务系统建设，以“放管服”为契机，结合“互联网＋政务服务”战略，完善惠民、便民化的政务服务平台机制，进一步加强政府职能权利转型。

(一)地方政府数字化政务水平

截至2019年，以北京、上海、广东为代表的22个省级地方政府均已成立了政务数据领导机构，以此来推动各地区的数字政府建设水平。从近期对各个省级地区的数字政府建设效能评估看，以北京、上海、江苏等地为代表的高效能梯队数字政府建设走在全国前列，如北京市“一网通办”打通应用场景壁垒，搭建全市统一门户，开拓行政服务范围理念；〔2〕上海市打造“一网通办”〔3〕、“一网

〔1〕 中央党校(国家行政学院)电子政务研究中心，2021年5月发布《2021年省级政府和重点城市一体化政务服务能力调查评估报告》。

〔2〕 参见《北京市推进政务服务“一网通办”工作实施方案》，载北京市人民政府网，http://www.beijing.gov.cn/zhengce/zhengcefagui/201905/t20190522_61358.html。

〔3〕 《2022年上海市全面深化“一网通办”改革工作要点》，载上海市人民政府网，https://www.shanghai.gov.cn/202205bgtwj/20220308/8c4368cbcd7e4b3da4f559b183201b5d.html。

统管”[1]城市治理模式变革；浙江省以数字化为核心建设，打造“整体智治、唯实惟先”[2]现代政府理念；安徽省以“放管服”为数字改革契机，建成“一站办、一窗办”的政务服务模式，这些地区大胆探索，贴合地区特色，所呈现的建设成果得到了人民的一致好评，起到了地方数字政府建设的模范带头作用，为其他相对滞后地区提供了先进的改革实践经验。

相对于第一梯队而言，中等效能的第二梯队地区在地方数字政府改革中动作相对较慢，整体建设结构相对欠缺，数字技术还未完全覆盖各领域，数字化赋能政务服务衔接不够流畅。较低效能的第三梯队地区，因地理位置以及数字基础设施建设因素，数字政府改革水平相对滞后，数字赋能政府职能、大数据资源利用、政务服务水平等各方面仍有大幅度的提升空间，需要积极学习高水平地区建设理念，打造独具特色的地区性数字政府建设模式，提高政府数字化改革投入，拓宽探索思路，强化数字基础设施建设，提高数据流通效能，加强政府行政权力规范。（见表1）

表1 2019年省级地方政府政务水平

高效能	中等效能	较低效能
北京、上海、江苏、浙江、安徽、广东、四川、贵州	天津、河北、山西、内蒙古自治区、辽宁、吉林、黑龙江、福建、江西、山东、河南、湖北、湖南、广西壮族自治区、海南、重庆、云南、宁夏回族自治区	西藏自治区、陕西、甘肃、青海、新疆维吾尔自治区、新疆生产建设兵团

从表1中三个梯队的分布来看，我国数字政府改革呈现“菱形”状局面，较高水平以及较低水平分布较少，中等水平地区分布较多，体现出我国数字化政府建设水平相距数字政府推动国家治理水平和治理能力现代化目标仍有很长的距离。针对水平分布不均的现状，应当实施“先动”带“后动”的帮扶模式，由先进地区提供先进优秀的实践经验，带动水平较低地区的改革进程，实现“齐头并进”的改革局面。

---

〔1〕 陈水生：《数字时代平台治理的运作逻辑：以上海“一网统管”为例》，载《电子政务》2021年第8期。

〔2〕 《浙江省数字政府建设“十四五”规划》，载浙江省人民政府网，http://www.zj.gov.cn/art/2021/6/18/art_1229505857_2305082.html。

(二)省级政府改革模式探索

通过对表2中省级数字政府第一梯队改革模式的汇总,可以看出我国现阶段各地方数字政府改革模式各具特色,北京市与上海市都实施"一网通办"模式,但两者改革特点有其独特内涵,北京市是以"搭建政务服务总门户"为出发点,减少无用流程,树立网上办事标准,加强配套设施建设,整合政务资源。[1]上海市是以整体城市治理为出发点,"构建起以底座、中枢、平台互联互通的城市数基,经济、生活、治理数字化三位一体的城市数体,政府、市场、社会多元共治的城市数治为主要内容的城市数字化总体架构"[2]。两地区虽然改革内涵体现不同,但两者都给予公众更广泛的权利,提供更高效、更便捷的流程服务,政府行政权力释放更精准、更快速。而浙江省、安徽省、广东省、四川省则是通过"移动应用+政务服务"理念,打造多场景应用模式,灵活运用微信、微博等应用平台,明确政府与公众权利义务归属,公众随时申请办理,行政机关及时审批办结。贵州省则是着重建设服务工程与品牌,打造数字品牌化体系,提高政务服务水平。

表2　省级数字政府第一梯队改革模式汇总

地区	改革模式	地区	改革模式
北京市	"一网通办"①	广东省	"粤系列"服务平台⑤
上海市	"一网通办""一网统管"②	四川省	"天府通办"品牌工程⑥
江苏省	"不见面审批"③	贵州省	"贵人服务"⑦、"云上贵州"⑧
浙江省	"掌上办事、掌上办公"④	安徽省	"皖事通办"⑨

①《北京市推进政务服务"一网通办"工作实施方案》,载北京市人民政府网,http://www.beijing.gov.cn/zhengce/zhengcefagui/201905/t20190522_61358.html。

②孙黎莉、赵霓:《数字政府"一网统管"城运平台建设体系研究》,载《电子质量》2021年第12期。

③《"不见面审批"标准化指引》,载江苏省人民政府网,http://www.jiangsu.gov.cn/art/2018/9/15/art_46144_7816463.html。

④《2021年浙江省政府工作报告》,载浙江省人民政府网,http://www.zj.gov.cn/art/2021/2/1/art_1554467_59080868.html。

[1] 参见:《北京市推进政务服务"一网通办"工作实施方案》,载北京市人民政府网,http://www.beijing.gov.cn/zhengce/zhengcefagui/201905/t20190522_61358.html。

[2] 《上海市全面推进城市数字化转型"十四五"规划》,载上海市人民政府网,https://www.shanghai.gov.cn/nw12344/20211027/6517c7fd7b804553a37c1165f0ff6ee4.html。

⑤《广东陆续推出“粤系列”移动服务平台打造一体化数字政府的“广东样本”》，载广东省人民政府网2019年11月29日，http://www.gd.gov.cn/gdywdt/bmdt/content/post_2707620.html。

⑥《四川省深化“放管服”改革优化营商环境2022年工作要点》，载四川省人民政府网，https://www.sc.gov.cn/10462/11555/11563/2022/4/26/36e69c11bec84311bf0ac5766e287618.shtml。

⑦《“贵人服务”：高效办成一件事　贵州全力打造一流营商环境》，载贵州省人民政府网，https://www.guizhou.gov.cn/home/gzyw/202109/t20210913_70141096.html。

⑧《云上贵州APP平台上线运行》，载贵州省人民政府网，https://www.guizhou.gov.cn/home/gzyw/202109/t20210913_70096800.html。

⑨《安徽省人民政府关于打造“皖事通办”平台加快政务数据归集共享的意见》，载安徽省人民政府网2020年4月22日。

（三）地方数字政府的制度设计

文件政策作为政府面向社会宣传价值导向途径，反映各时期政府的核心战略计划，明确政府行政权力的发展方向。自党的十八届三中全会提出国家治理体系和治理能力现代化重大战略任务后，数字政府改革作为其中重要组成部分，国内各地区积极响应国家数字政府改革精神，因地制宜进行全方位、深层次、科学化决策，相继出台政策文件（见表3）。

表3　各地决策文本

地区	时间	文件
北京市	2016年8月	《北京市大数据和云计算发展行动计划（2016—2020年）》
	2018年7月	《北京市推进政务服务“一网通办”工作实施方案》
上海市	2016年11月	《全面推进“一网通办”加快建设智慧政府工作方案》
	2018年3月	《上海市公共数据和一网通办管理办法》
	2020年1月	《关于深入推进“一网通办”进一步加强本市政务服务中心标准化建设与管理的意见（试行）》
浙江省	2018年7月	浙江省人民政府办公厅《关于印发〈浙江省数字化转型标准化建设方案（2018—2020年）〉的通知》
	2018年12月	《浙江省深化“最多跑一次”改革推进政府数字化转型工作总体方案》
	2019年11月	《浙江省保障“最多跑一次”改革规定》
	2020年11月	《浙江省数字赋能促进新业态新模式发展行动计划（2020—2022年）》

续表

地区	时间	文件
广东省	2018 年 10 月	《广东省“数字政府”建设总体规划(2018—2020 年)》
	2020 年 2 月	广东省人民政府办公厅《关于印发〈广东省数字政府改革建设 2020 年工作要点〉的通知》
黑龙江省	2019 年 6 月	《黑龙江省关于“数字龙江”的具体规划安排(规划时间 2019—2025 年)》
宁夏回族自治区	2019 年 6 月	《宁夏回族自治区关于加快推进“数字政府”建设的工作方案》
	2020 年 3 月	《宁夏回族自治区 2020 年“数字政府”建设工作要点》
福建省	2017 年 4 月	福建省人民政府办公厅《关于推行“一趟不用跑”和“最多跑一趟”办事清单的通知》
江苏省	2018 年 11 月	《进一步推进“互联网 + 政务服务”深化“不见面审批(服务)”改革工作方案》
四川省	2017 年 3 月	《四川省政务信息资源共享管理实施细则(暂行)》
	2017 年 9 月	《四川省加快推进“互联网 + 政务服务”工作方案》
	2018 年 11 月	《四川省深化“放管服”改革优化营商环境行动计划(2019—2020 年)》
贵州省	2017 年 10 月	《贵州省政务信息系统整合共享工作方案》
	2019 年 8 月	贵州省大数据局《关于印发〈贵州省省级政务云资源管理实施细则〉的通知》
山西省	2019 年 12 月	山西省人民政府办公厅《关于印发〈山西省加快数字政府建设实施方案〉的通知》
湖北省	2020 年 6 月	湖北省人民政府《关于印发〈湖北省数字政府建设总体规划(2020—2022 年)〉的通知》
河南省	2020 年 12 月	《河南省数字政府建设总体规划(2020—2022 年)》

这些政策文件中,大多在 2018 年左右开始出现“数字政府”表述,政策文本内容各地区逐渐趋同化,大致分为:意义、总体要求、总体框架、主要内容等,这说明国内地区数字政府改革已开始由分散式改革往整体性、专题性改革方向迈进,为系统化、精准化决策提供指南。各地区政策文件所表现的政府改革内容

都具有互通性特点，体现了各地区独特的差异性。

1.共同性

一是政府运行。数字赋能政府权力运行是指将数字技术融入政府职能具体场景，构建一体化办公机制以及政务服务平台，打通部门壁垒，优化行政流程，从办公、文件交互、考核、监督等多方面进行。北京市通过编制办事清单，明晰行政审批事项，优化办公标准，整合政务资源，规范办事界限，建立政务服务总门户，开通群众举报平台，媒体监督渠道等。[1]上海市则是通过建立政务服务总客服，对公众行使建议权、监督权提供途径，加强政府治理公开性建设，建立各领域监督平台，形成跨部门、跨政府的监督体系。浙江省通过建立"四横三纵"[2]体系，数字赋能政府权利范围，打造政府数据平台架构，利用业务数字化手段为政府具体审批、部门协同办公等提供有力基础和制度保障。

二是公共服务。数字技术赋能公共服务领域，主要包括医疗、教育、社保、交通等民生领域。广东省充分利用"互联网+"模式特点，对公共领域进行灵活结合，利用"互联网+医疗健康、互联网+人社"[3]复合型模式，将医疗、社保数据接入政务服务网络端口，完善卫生和社保业务网络体系，打造平台行政审批模式，加强领域防范预警与监管能力。湖北省利用移动应用，将就业社保领域与数字平台相结合，形成"登记一站式，地区共享式"服务结构，加强就业、社保市场浮动数据监管，利用应用便捷性特点，拓宽用户使用途径。

三是社会治理。数字赋能社会治理目的是加强社会监管力度，运用数据分析面临重大治理问题，运用大数据解析计算，及时提供有效解决方案，提高政府治理职权规范水平。黑龙江省建立体系化社会治理方案，打通各大领域监管渠道，多元治理手段相结合，将公安数据接入公共平台，打通政府与社会层面信息壁垒，形成一体化监管治理体系。河南省着力建设应急防范设施，建立应急数据备份机制。

---

〔1〕参见:《北京市推进政务服务"一网通办"工作实施方案》，载北京市人民政府网，http://www.beijing.gov.cn/zhengce/zhengcefagui/201905/t20190522_61358.html。

〔2〕《浙江省深化"最多跑一次"改革推进政府数字化转型工作总体方案》，载浙江省人民政府网，http://www.zj.gov.cn/art/2018/12/28/art_1229019364_55369.html。

〔3〕《广东省数字政府改革建设2020年工作要点》，载广东省人民政府网2020年2月14日，http://www.gd.gov.cn/xxts/content/post_2907081.html。

2. 差异性

数字政府时期是一个“百花齐放，百家争鸣”的繁荣时期，各地区数字政府探索的所遵循的主旨大致相同，但是探索的具体路径方向上各有不同。如北京市与上海市虽然都运用“一网通办”为工具进行路径探索，但是呈现的改革内容却大不相同：北京市以“北京通”移动应用功能为核心，完善政务服务功能，以“网上办事”理念为建设重点；而上海市则以公众体验为建设核心，打造好、差评体系，形成一站式办事结构，优化办事流程，将政务服务体验下放到基层。在社会治理方面：浙江省打造“基层治理四平台”[1]体系，对城市运行管理进行全方位、多领域的监管，建立健全省市县乡四级应急防范体系结构；山西省则是建立“一颗星应急指挥平台”[2]，利用卫星技术对城市范围内的所潜在的危险进行实时监控，整合生态资源，实现应急常态化规划。

（四）大力推广集成化政务服务平台

国务院2018年发布的《关于加快推进全国一体化在线政务服务平台建设的指导意见》指出：“推进政务服务一体化，推动实现政务服务事项全国标准统一、全流程网上办理。”[3]在建立全国统一在线政务服务平台基础上，鼓励各个地方政府利用线上线下政务服务结合方式，大力推广移动政务服务平台，使各个地区减少公共资源浪费，搭建“掌上办、指尖办”的服务模式（见表4）。

---

〔1〕《浙江省深化“最多跑一次”改革推进政府数字化转型工作总体方案》，载浙江省人民政府网，http://www.zj.gov.cn/art/2018/12/28/art_1229019364_55369.html。

〔2〕《山西省人民政府办公厅关于印发山西省加快数字政府建设实施方案的通知》，载山西省人民政府网，http://www.shanxi.gov.cn/zfxxgk/zfxxgkzl/fdzdgknr/lzyj/szfbgtwj/202205/t20220513_5978464_gfwj.shtml。

〔3〕国务院《关于加快推进全国一体化在线政务服务平台建设的指导意见》，载中国政府网，http://www.gov.cn/zhengce/content/2018-07/31/content_5310797.htm。

表 4　各地区移动应用平台建设情况

类别	地区	移动应用平台
政务服务	上海市	随申办
	广东省	粤省事、粤政易
	北京市	北京通
	河南省	豫事办
	浙江省	浙里办、浙政钉
	山西省	三晋通
	贵州省	云上贵州
	四川省	天府通办
	福建省	闽政通
	黑龙江省	全省事
商事	湖北省	鄂汇办
	广东省	粤商通

各地区政府积极响应中央对于推广移动端政务服务平台的建设要求，在不降低政务服务质量，提供高效、便捷服务的基础上，打造适应不同应用场景的政务服务平台。对各省级政府所打造的移动政务平台进行梳理，总体可分为政务服务类和商事类。

1. 政务服务类

移动应用平台中，各省级政府立足本地区政务服务特色，以创新性理念打造平台化政务服务体系。浙江省以“以人跑腿”转变为“数据跑腿”的理念目标，创设“浙里办”政务服务应用程序。“浙里办”作为浙江省省级政务平台，整合省、市、县、乡 4 级政府数据，使部门行政职能集成于“浙里办”数据平台中，其包括教育、医疗、社保在内的 300 余项民生服务，着重打造民生重点事项办理流程，运用移动端平台灵活性、便捷性特点，使群众足不出户便能完成事项办理，打造移动型行政服务功能。相对于浙江移动端，广东“粤省事”应用程序则是“以部门为中心”迈向“以群众为中心”平台理念，将“政府部门有什么”转变为“群众用户要什么”，着重打造用户事项办理体验感，依托微信平台，使群众实现“点开即办”的快捷功能，民生服务事项达到 700 余项，政府政务服务事项办理满意度呈上升趋势。上海市“随申办”应用程序则是包含电子化个人信息以及“随申码”应用,将企业事项办理作为专题囊括其中,通过二维码技术进行身份认证,建立随申码共享开放形态,提高用户信息利用率,将“随申码”打造成上海市民和企业的随身服务码。[1]“豫事办”“三晋通”“全省事”“北京通”“天府通办”等围绕群众所需服务进行搭建组网,减少了公共资源的浪费,提升了政务服务事项的办理流畅度,优化移动端数据平台至政府政务服务平台间的数据流通距离,提供多途径、多方面的民生服务功能。

2. 商事类

在建设移动政务服务平台建设中,湖北省的“鄂汇办”作为专题性企业办事平台,以优化营商环境为目的,涵盖企业业务办理、档案保存、监督保障等全方面行政服务功能,涉及行政审批高频出现的社会保障、交通管理以及不动产登记等相关领域。广东省的“粤商通”则是面对全省1400万个商事主体提供政务服务,其主要功能包括开企业、办业务、找政策、提诉求、查信用等,使商事主体进入移动平台页面能够快速找寻事项办理选项,享受精准、高效的政务服务。在该应用程序中,“粤商码”为各级政府线上面对商事主体开具免纸质证明、分享企业名片、开具消费发票等便企功能提供了载体。

(五)疫情防控阶段的数字政府

新冠肺炎疫情是近年来防控难度最大的突发公共卫生事件。新冠病毒具有传播性强、传播速度快的特点,深刻地影响着社会公众的行为习惯,大量的社会行为从“线下”转为“线上”。与此同时,疫情下的社会治理也成为各级政府面对的巨大难题,社会公众对于政府关于疫情态势的报道及时性、决策有效性、信息公开性、新闻发布权威性、服务效率性等都有着更高的期待。

在预警、信息发布方面,疫情防控机构通过对社会各界信息数据的收集及分析,建立以医院为核心的公共卫生服务场所信息收集网,利用数字技术通过捕捉网络浏览痕迹以及人民日常生活信息,形成调查监督网络,以更加全面、立体的判断方式进行疫情预警。针对新冠疫情的源头——病原体,疫情防控机构利用网络技术,使各地流行病学的专家教授参与其中,建立病毒研究信息局域

[1] 参见朱宗尧、朱俊伟:《“随申码”的整体应用架构设计》,载《电子技术与软件工程》2020年第6期。

网,集国内顶尖医学专家的力量对疫情发展态势进行分析和研判。[1]

在建设政府新媒体平台方面,疫情防控机构需做好及时性的信息发布工作,结合微博、微信公众号、直播网站等线上社交平台进行疫情信息公开。运用数字技术及时更新数据,才能使公众更加直观全面地了解疫情状况,保障公民知情权。采用周期性在线新闻发布方式,通过针对疫情现状的科学通报,及时对社会谣言、信息盲区进行澄清。同时,数字政府可以打通各级政府壁垒,形成透明的疫情防控信息流,调配社会资源,配合工商部门整合医疗物资,交通部门保证物流运输畅通。

在疫情防控工具数字化运用方面,新冠肺炎疫情催生了疫情防控的一项重要数字工具——健康码。健康码以大数据库为依托,面向社会各界公众提供健康状态凭证。通过国务院疫情联防联控机制对个人健康码信息平台推广的政策支持,从最开始的杭州,发展到国内各个地区,健康码从最初的单一式健康状态提醒发展到"政务服务 + 疫情防控"模式,再到"生活服务 + 政务服务 + 疫情防控"模式,逐渐形成"一码完成"的政府服务体系。

流调与追踪作为数字政府在新冠肺炎疫情中另一重要数字手段,在疫情防控中起着关键作用。"流行病学调查员被称为疫情防控一线的侦察兵,因为流调主要是通过第一时间到达现场与患者交流,收集基本信息,而且流调中收集的数据往往价值连城,对于分析疫情传播模式、判定传播代际、计算潜伏期以及对无症状感染者传播的研判都起到决定性的作用。"[2]流调溯源是减少人群疫情传染的有效手段,病毒溯源对于斩断疫情传播链是一项有力举措,这一措施能够从根源发现传播途径,为健康人群搭建一道有效的隔离墙,准确掌握密切接触者的健康状况、暴露情况、活动轨迹以及就医情况,寻找病毒源,查清传播链,精准有效的开展人员隔离。

通过分析数字政府数据库、平台化建设,效能评估制度,地方"十四五"规划措施以及新冠肺炎疫情下的数字政府,可以了解现阶段数字政府改革发展的现状。以上是在宏观层面对于数字政府改革的一个阐述与分析,而狭义的数字政府改革则是通过地方政府具体政策指引,结合当地政府职能发展以及地域性发

---

〔1〕 参见李磊、马欢、陈建蓉:《数字政府与突发公共卫生事件应急管理:机制与实践》,载《贵州大学学报(社会科学版)》2021 年第 6 期。

〔2〕 余圣琪:《流调与追踪中的数据法律保护》,载《河北法学》2021 年第 1 期。

展角度,利用数字技术打造富有地方特色的数字政府改革体系。

二、数字政府地方典型经验——以上海、浙江、广东为例

法治数字政府改革推动了治理体系和治理能力现代化,促进了"传统城市"向"智慧城市"转变,打好建设数字政府基础是向数字中国目标迈进的前提。分析上海市、浙江省、广东省数字赋能建设所实施的具体措施,找寻改革水平较高地区所产生的先进实践经验,其目的在于梳理多元化的地方数字政府战略规划,明确数字赋能政府的发展路径。

(一)上海市建设数字型服务政府升级城市大脑

政府作为一座城市的"指挥核心",相当于汽车中央控制台,一所城市智慧水平高低,取决于其政府治理能力的强弱。上海市通过发布相关大数据战略、电子政务管理、"互联网 + 政务服务"等相关政策,逐步在运用数字技术赋能政府领域进行大胆探索,逐渐找到了符合自身城市特色的数字政府建设道路。

2021 年,上海市人民政府发布《上海市全面推进城市数字化转型"十四五"规划》,对上海市的数字化建设提出了两个方向:一是落实规划战略地位,全方位、全领域改革赋能;二是运用数字化发展理念,找寻城市核心竞争力的关键环节,熟练运用新技术,大胆使用新方法,勇于创新,敢于实践,关注生活、治理、经济等各领域的"瓶颈"问题,创造数字环境,打破"卡脖子"现象。[1]上述文件在上海市的出台表明,数字化赋能是城市改革发展的关键所在,是对城市中生产力和生产关系的重新定义。数字赋能政府在城市数字化中处于核心地位,数字政府改革的深度决定着城市现代化水平的高低,同时决定着是否完成了对城市数字化的目标。笔者通过对上海市数字政府的改革历程进行具体分析,以数字设施基础、政府对内治理和对外服务角度进行总结分析,找寻上海市数字政府改革中的成功经验。

1. 增强底座基础——强化数字基础设施

传统城市管理中,政府治理都是以"人力"为主要形式的单一化生产结构。数字时代生产力演变成以"数据"为主要形式的多元化生产结构。过去社会生

---

〔1〕 参见《上海市全面推进城市数字化转型"十四五"规划》,载上海市人民政府网,https://www.shanghai.gov.cn/nw12344/20211027/6517c7fd7b804553a37c1165f0ff6ee4.html。

活中所反映出的“事事人来做”“事事人来办”转变为当今的“数据说话”“数据办事”的生产方式。在数字改革过程中，数据运用需要设备运作才能发挥其优势，数字赋能基础设施发挥着至关重要的底层作用，唯有数字基础打好，才能增强政府行政职权数字化的释放。

上海市政府发布《上海市推进新型基础设施建设行动方案(2020—2022年)》提出，“新型基础设施是以新发展理念为引领，以技术创新为驱动，以信息网络为基础，面向高质量发展需要，提供数字转型、智能升级、融合创新等服务的基础设施体系”〔1〕。上海市致力于建设新型基础设施，以期形成具有规模性、高性能、高标准的基础设施体系，构建城市数字智能化的终端网络设施。市内建设以5G网络为核心机制的网络体系，覆盖全市各个重点区域、重点工程、重点应用，形成具有5G赋能效应的应用群。发展过程中加快建设“工业+5G”网络设施群组，加大规模化部署，运用“互联网+卫星”技术，强化网络信息基础设施能力，建立“新设施、新平台、新终端”〔2〕的体系结构。上海市通过基础设施强化，已在2020年年底成为全国第一个“双千兆”城市，实现城市区域全覆盖战略，加强网速流通效能，提高传输速度。运用感触设施覆盖上海市海、陆、空领域城市资源，将基础设备感触数据传送至数据终端，实现传统城市与数字城市相并行交互的智慧城市模式。针对日常生活，上海市完善交通、物流等领域的基础设施，形成了“物联网+互联网”协同体系，对重点基础设施进行了优化升级。

上海市强化数字基础设施建设体现在政府大胆创新的科学决策，运用理论带动实践，认识到把握好底层基础才能发展上层建筑，运用基础设施带动上海数字城市整体发展战略，尝试找寻更为全面、科学的改革方法。上海市强化底层基础设施，优化数据最底层的运行工具，提供高效、快速的传输链条，各平台、各链条、各区域的数据共享带动以区域性为划分的基础设施群组，增加区域数据流动，发展一体化底层建筑，助力创新型上层建筑建设。

---

〔1〕《上海市推进新型基础设施建设行动方案(2020—2022年)》，载上海市人民政府网，https://www.shanghai.gov.cn/nw48504/20200825/0001-48504_64893.html。

〔2〕《上海市推进新型基础设施建设行动方案(2020—2022年)》，载上海市人民政府网，https://www.shanghai.gov.cn/nw48504/20200825/0001-48504_64893.html。

2. 数字"服务型"政府改善社会生活环境

数字赋能政府战略核心在于推进面向公众为中心的公共服务，提高管理效率、改善服务体验，促进公众与政府的良性互动，实现政府的社会公共服务价值。[1]数字"服务型"政府要建立以"人民为主"的理念，唯有强化公共服务职能，提高社会生活质量，才是打造"服务型"政府的优选之路，才能有效释放政府数字行政效能。"技术只是打破壁垒、连通信息的手段，而提供优质的公共服务才是'信息惠民'的最终目的和归依，强调'互联网 + 政务服务'不仅是物理与技术层面的对接与关联，更是理念、体制、管理层次上的更新与变革。"[2]技术赋能是改革的第一步，深度融入公共服务中，实现高质量公共服务才是政府最终目标，如此政府才是公众喜闻乐见的"好政府"。

（1）上海市"一网通办"战略地位

以数字"服务型"政府为基础向城市数字化转型的道路上，上海市推出"一网通办"政务服务品牌，提高了政府公共服务行政效能。"一网通办"改革对于上海市数字政府改革具有深远意义，这不仅是建设上海"服务型"政府的重要举措，更是打造具有核心竞争力的数字化城市的必要环节。"一网通办"举措在理论研究领域获得了广泛关注，有学者从服务链条、数据流程、服务融合的全链条服务平台方面，以数据中台、业务中台为中心的双引擎建设方面，全媒体沟通反馈方面，多主体协同合作方面对于"一网通办"理念进行阐述。[3]有研究从政府流程再造角度分析"一网通办"与行政协调的关系，并在框架体系中找寻发展历程，在协调主体、协调客体、实现机制角度对"一网通办"存在的困境进行阐述。[4]

上海市公共服务体系建设以"一网通办"战略为支撑，深入"推进三个一创新服务、优化高频事项一体化"[5]措施，成功打造出上海数字政府特色服务品

---

[1] 参见戴长征、鲍静：《数字政府治理——基于社会形态演变进程的考察》，载《中国行政管理》2017 年第 9 期。

[2] 李健：《"互联网 + 政务服务"：驱动要素与政府职责》，载《电子政务》2016 年第 10 期。

[3] 参见谭必勇、刘芮：《数字政府建设的理论逻辑与结构要素——基于上海市"一网通办"的实践与探索》，载《电子政务》2020 年第 8 期。

[4] 参见张荣铮：《政府流程再造视角下"一网通办"协调机制研究——以上海 X 区行政服务中心为例》，中共上海市委党校 2020 年硕士学位论文。

[5] 《2022 年上海市全面深化"一网通办"改革工作要点》，上海市人民政府网，https://www.shanghai.gov.cn/nw12344/20220114/9ac0208eb4024b61a20307c94831be40.html。

牌。针对不同社会主体的服务诉求,上海市通过数字技术进行分析、归类、总结给予行政答复,打通从政府部门到社会个体之间服务通道,带来精准、有效、便捷的公共服务体验。"一网通办"发挥着桥梁作用,以"一"办事系列为实施基础,搭建碎片化办公模式桥梁,从"一件事找一部门"转为"一件事找整体政府"的行政模式。上海市建立起了服务中心主义,逐渐形成了"以人民为中心"的服务理念,以"高效办事"为目标,推进"跑一次、能办成、减时间、促高效"的行政程序再造。上海市未来要在现有"一网通办"成果基础上,着重建设高效部门行政审批、办事机制,厘清部门行政权力范围,重点建设应用领域智能化、数字化覆盖服务范围。

(2)疫情防控中的数字工具——随申码

"随申码"的出现大幅度提高了上海防疫工作的效率与便捷程度。"'随申码'开放平台整体架构从下至上主要由大数据资源平台、'一网通办'用户档案总库、'随申码'开放平台服务系统、'随申码'开放平台门户入口四层架构以及技术标准规范和运营标准规范组成。"[1]具体表现是以二维码技术、数据后台分析、个人信息认证等数字技术为主的多层次领域为支撑,接通卫生、公安、机关等综合数据库,由数据中心进行解析,通过移动设备展示市民的健康状况。"随申码"同时加入信息隐私保护技术,保障市民信息安全。对市民健康状况实时监测,信息管理做到"一人一档案"。"每个市民的个人信息数据经分析评估后,测算出红色、黄色、绿色三种风险状态供参考:红色表明该人员未解除医学管理措施、该人员系确诊未出院、疑似未排除等人员;黄色说明是重点地区来沪未满14天的人员;绿色说明是未见异常或已解除医学管理措施的人员。"[2]在疫情防控过程中,市民出示"随申码"绿码可在公共场所进行活动,出行自由得到全面保障。从管理角度考虑,"随申码"的应用,稳定了社会秩序,减少确诊、密接人员的流动等紧急情况。

除作为疫情防控工具外,"'随申码'还提供个人办事、法人办事、主题服务、便民服务、利企服务等办事服务,以及一件事一次办、长三角无感漫游、在线开具证明等专栏服务"[3]。"随申码"基础功能之上,又加入了"一网通办"平台

[1] 朱宗尧、朱俊伟:《"随申码"的整体应用架构设计》,载《电子技术与软件工程》2020年第6期。
[2] 王晓萍:《增强政府信息化水平,提升上海城市能级》,载《上海信息化》2020年第7期。
[3] 王晓萍:《增强政府信息化水平,提升上海城市能级》,载《上海信息化》2020年第7期。

功能,形成“随申办”整合性功能应用,涉及医疗、教育、交通、企业机构等多元化范围。与此同时,“随申办”还积极面向支付宝、微信、钉钉等手机应用程序开放对接,“随申办”的适用范围突破了现有环境,延伸了“随申办”功能体系。“随申办”结合“一网通办”平台,上海市真正实现利用移动设备,出行、工作、娱乐等生活方式无碍的最终目标。

(3)数字赋能生活领域

以城市数字化为出发点,上海市政府着眼于提升城市大脑数字化、智能化水平,以数字赋能公共服务为手段,着力改善社会公众的生活条件。一是医疗领域方面,以“应医尽医”原则,建设“健康云”平台,减少就医审核环节过长导致患者病情恶化等情况的发生,提高用户就医体验。二是在养老服务领域,利用数字终端设备,打造“一键式”服务场景,整合养老数据信息,重塑养老服务流程,构建便捷、高效、智能化的养老服务体系。三是民生保障领域,整合多部门数据,利用数字技术分析人群信息,精准为社会公众提供“五险一金”、残疾人补贴等社会保障政策,由“人找政府”转变为“政府找人”。四是教育领域,打造线上线下相结合的“沉浸式”课堂,设立数字示范学校,构建全市高质量教育资源链。五是智能出行方面,着力打造“共享+智能”出行体制机制,实现交通出行数据链条数据共享,加快推动交通设施的数字赋能建设。

3. 数字“服务型”政府转变传统型社会治理方式

“数字政府呈现出基础设施云化、全触点数字化、业务在线化、数据运营化的治理特点,其转型逻辑反映了扁平沟通的互动理念、政务数据的协同共享、精准服务的优化供给以及科学决策的有效输出。”[1]数字政府下的社会治理模式表现为建立“数据式”架构平台,建立“网上治”“云上治”的应用型行政机制。从狭义的政府治理角度看,上海市为探索数字赋能社会治理新型行政模式,提出了“一网统管”的治理理念,“一网统管”依赖“城运体系”运行,这是以平台化为支撑的创新型政府治理理念。

“‘一网统管’是通过建设、架构和联通与城市运行管理和突发事件应急处置相关的各类城市运行系统,形成‘城市大脑’,并对海量城市运行数据进行采集、汇聚、分析、研判和应用,从而实现城市运行‘一屏观天下,一网管全城’目标

[1] 沈费伟、诸靖文:《数据赋能:数字政府治理的运作机理与创新路径》,载《政治学研究》2021年第1期。

的技术治理模式。"[1]"上海'一网统管'的平台基础是城运系统,该系统于2019年建成1.0版本,利用大数据、云计算、物联网、人工智能等技术,围绕城市动态、城市环境等五个维度,整合绿化市容、住建、交通等领域22家单位33个专题应用,从而直观反映城市运行的宏观态势。"[2]"一网统管"战略将城市运行系统与平台化建设相结合,围绕城市数字基础运行,形成全域灵活调配机制的宏观治理结构。从数据信息角度来说,"一网统管"运用"城运系统+平台化"治理模式,突破了现有的政府部门数据信息限制范围,能够及时发现数据安全问题,通过平台进行数据安全警告,管理人员可以第一时间掌握问题源,有效保障城市运行秩序和最大限度消除潜在风险。从框架角度来说,"数字政府'一网统管'城运平台建设中,包括前台、中台和后台,为平台功能的实现提供支持"[3]。前台是面向群众的服务型平台;后台则是储备资源库,中台作为前后传输链条作用。3个平台的相互合作,极大促进了数据分环节、分层次、分流程,由后台数据库精准高效地发送至前台,高效给予用户服务结果。从治理要素来说,"城市运行'一网统管'建设旨在针对'人、地、物、事、情、组织'等城市治理要素,推动'物联、数联、智联'的信息技术支撑体系,形成'全域感知、全数融通、全时响应、全程协同、全息智研'的治理格局"[4]。一方面,以城域为基础,以数字技术为动能,上海市推动建成系统化管理结构,实现事项处理流程简约化、协同化,达到基层管理统一化。另一方面,上海市充分重视公民权利,监督政府治理全过程,避免错误信息流出、管理者滥用职权等情况发生。由此可知,"一网统管"可直接、高效、全面地对政府治理进行数字技术保障,增强政府各级之间的行政互动,有力地促进了政府治理能力的规范化、法治化。

4. 可完善方面

当前,上海市数字政府改革进程中存在法治化水平不高等一些尚需完善的问题。数字政府改革"是一项基础性、全局性、社会性的制度大变革,需要由高

---

[1] 董幼鸿、叶岚:《技术治理与城市疫情防控:实践逻辑及理论反思——以上海市X区"一网统管"运行体系为例》,载《东南学术》2020年第3期。

[2] 陈水生:《数字时代平台治理的运作逻辑:以上海"一网统管"为例》,载《电子政务》2021年第8期。

[3] 陈水生:《数字时代平台治理的运作逻辑:以上海"一网统管"为例》,载《电子政务》2021年第8期。

[4] 韩兆祥:《上海"一网统管"建设探研与思考》,载《上海信息化》2021年第2期。

位阶的法律来予以规范”[1]。数字政府建设需要法治护航。从现有的建设内容看,上海市数字政府的建设思路主要以文件政策为建设标准和建设依据,在建设过程中没有与法律、行政法规、地方性法规、规章等法律规范形成有效衔接。法律规范的价值导向和具体要求在政府的职权行使过程中存在一定的忽视和弱化。基于以上问题,数字政府改革领域的规范体系需要由法律、行政法规、地方性法规、规章等法律规范与文件政策共同搭建,以法治化手段促使数字政府改革形成“有法可依、依法执政”的良好局面。各级政府在改革过程中需对政府权力进行梳理列明,明确行政职权的界限,精确政府公共服务要素流通的边界。

(二)浙江省打造“整体智治、唯实惟先”新时代数字政府

浙江省是国内数字政府改革中最早的一批省级政府改革探索者,是国内最具代表性的省级改革典范,在全国数字政府改革成果排名中多次拔得头筹。浙江省数字化建设发展是一个不断探索的过程,在历次成功的实践中,逐渐形成了“最多跑一次”的浙江数字政府改革主题,之后又丰富了“一网通办”“一证通办”“一窗受理”等众多改革内容。这些模式经验逐渐将浙江省各级政府“传统人力”转变为“人工智能”的行政方式,从部门化转变为平台化的载体模式,从纸质化转变为智能化的受理机制,从多点办理转变为一窗办理的服务模式。2018年,浙江省提出“数字赋能”,进行部门核心业务数据化,建设部门作业协同化,办公场景多元化。2021年,浙江省初步建成“掌上办事之省”[2],目标在2025年基本建成“整体智治、唯实惟先”[3]新时代数字政府。

浙江省数字政府改革得到了社会各界的广泛关注,有学者指出“分析浙江省数字政府建设的整体架构、组织载体以及端口载体等建设思路和内容的基础上,提出从架构、职能、组织结构和应用等方面创新数字政府建设的路径”[4]。

---

[1] 郭一帆:《数字政府建设中的法律制度完善》,载《云南行政学院学报》2021年第1期。

[2] 《2021年浙江省政府工作报告》,载浙江省人民政府网,http://www.zj.gov.cn/art/2021/2/1/art_1229219283_59080959.html。

[3] 《浙江省数字政府建设“十四五”规划》,载浙江省人民政府网,http://www.zj.gov.cn/art/2021/6/18/art_1229019364_2305064.html。

[4] 何花:《数字政府建设:发展历程、建设内容与创新路径——基于浙江省数字政府建设的分析》,载《攀登》2021年第6期。

有研究提出“以政务改革的先行省份之一浙江为实体考察对象，分析地方政府数字化转型的探索历程及其治理绩效，浙江省政府数字化转型经历了基础建设、体系建设、高水平建设、一体化建设螺旋式上升的四个改革探索阶段，有其内在的功能逻辑及建构机理”〔1〕。这些总结分析反映出浙江省数字化政府改革经验有着多角度、多方面、多应用的特点。

笔者通过阅读相关文献，结合《浙江发布数字政府建设“十四五”规划》，围绕浙江省数字政府改革中高效管理、便捷惠普服务、创新治理、公平监管、数据开放5个要素进行具体阐述，找寻浙江省数字化政府改革优秀借鉴经验以及数字改革的存在的共性问题。

1.以高效为主旨的运行管理机制

“数字化平台通过汇集和归总数据信息，同时不断流动更新，精准挖掘充分利用数据价值，从而实现高效性、高满意度的服务和治理现阶段建设成果最具有完整性、可借鉴性、体系性。”〔2〕浙江省数字化政府改革自初期探索阶段以来，就一直着力发展和完善以高效为核心要素的运行管理机制。不管是在政府内部行政管理，还是在平台化数据建设体系中，高效服务的目标一直贯彻在浙江数字政府改革运行管理的始终。

在高效办公方面，浙江省在运行管理结构中构建数字政府架构体系，从政府执行方式中找寻切入点，做到高质量、高效率行政执行，创新运用“模型办公，模型办事”逻辑思路。“业务协同模型在梳理部门共性业务需求的基础上，以服务对象为中心确定政府职能履行的通用共用工作模块及业务事项，并进行系统化、全局化的业务流程优化设计，从而打破条块分割、单部门内循环履职模式。”〔3〕实现了“程序减半、质量不减”的办公理念，形成系统化的行政体系。浙江省加大“最多跑一次”的改革力度，优化审批结构，打破部门工作壁垒，优化政府办公运行机制，政府内部结构形成一体化的高效办公体系，部门之间共通办公流程，让群众办事从“多部门”办理转变成“一窗口”办理。

在结合应用领域方面，灵活运用“应用场景”办公，浙江省提出“平台＋应

〔1〕许峰：《地方政府数字化转型机理阐释——基于政务改革“浙江经验”的分析》，载《电子政务》2020年第10期。

〔2〕陈娟：《数字政府建设的内在逻辑与路径构建研究》，载《国外社会科学》2021年第2期。

〔3〕张鸣：《从行政主导到制度化协同推进——政府数字化转型推进机制构建的浙江实践与经验》，载《治理研究》2020年第3期。

用”的理念,利用应用程序的灵活性,建立“浙政钉”移动应用平台,“通过技术融合、业务融合、数据融合实现跨层级、跨地域、跨系统、跨部门、跨业务的协同管理和服务,打造强协同、提效能、促公开的政务新模式”[1]。运用“浙政钉”做到移动办公,为线下行政人员减负,实现审批操作“一键化”,通过接入政府服务总平台数据,贯穿设备后台、业务功能,实现跨区、跨层、跨部门协同政务模式,实现政务沟通协同高效化。通过“浙政钉”的通信功能,实现音频会议共享,对部门人员建立专属识别号,为精准识别高效沟通建立基础,实现通讯范围内的科层化向横向一体化转变,沟通由“一对一”向“多对多”转变,促进部门行政便捷化、协同审批高效化。

在政府人员管理方面,明确政府部门行政权力范围以及人员编制配备。建立数据库管理机构,加强牵头机构统筹协调,实现“机制推进管理、制度保障运行”的机制模式。建立健全完善行政绩效考核机制,搭建行政区三级之间数字绩效考核体系,实现行政绩效考核量化,树立行政绩效考核规范标准。

2. 以便捷、惠普为中心的服务效能

浙江省数字政府改革始终坚持全面深化数字化改革,充分借助全国在线政务服务平台,“助力全面建成‘掌上办事之省’,初步构建‘网上一站办、大厅就近办、办事更便捷’的浙江模式,稳步引领政务服务由‘可办’转向‘好办易办’,力求为群众企业提供全面规范、公开公平、便捷高效的政务服务”[2]。加强基层服务机构职能水平,构建基层服务一体化服务体系,达到“便民惠企”理念的落地落实,增加基层群众的幸福感和企业的适从感。

浙江省加大移动平台领域探索,“以全省一体化在线政务服务平台为依托,优化迭代推出全新‘浙里办’应用程序,全面推进政务服务和公共服务‘网上办’‘掌上办’”[3]。在确立“掌上办事之省”的建设目标之后,浙江省以数字平台推动服务效能提升,打造“浙里办”移动政务平台。随着改革不断深入,从疫情时期的防控工具到日常生活的办事工具,“浙里办”的应用功能逐步得到拓展,“‘浙里办’应用程序作为浙江省面向群众企业掌上办事的总入口”[4],汇

[1] 《“浙政钉”:在线政务协同平台》,载《中国建设信息化》2020 年第 3 期。
[2] 《“浙里办”APP:伴你一生大小事》,载《中国建设信息化》2021 年第 19 期。
[3] 闵生:《浙里办掌上办事平台服务便民》,载《民生周刊》2020 年第 2 期。
[4] 《“浙里办”APP:伴你一生大小事》,载《中国建设信息化》2021 年第 19 期。

聚“浙里民生、浙里救、浙里好玩、非浙A急事通”等专题栏，实现政府众多部门协同合作提升办事效率。“浙里办”应用程序体现职能服务优势，提出“数据找人”的创新服务理念，运用大数据分析服务需求，优化服务质量。在“浙里办”应用基础上，派生出一系列“政务+”的衍生应用程序，如“政务+超市”“政务+淘宝”等。[1]用户无须线下奔波即可享受便捷的政务服务。

浙江省政府加大企业环境建设力度，“持续优化数字营商环境，加强线上线下业务融合，以数字化技术进一步提升‘10+N’服务便利化水平，准确评估各类惠企政策目标实现情况，推动惠企政策在线兑付和持续优化”[2]。优化企业营商环境，以在线政务服务平台专题栏目为依托，加强“10+N”[3]便利化行动方案措施力度，给予企业直观准确的决策解读指南，利用“数字化+企业”理念给予更多企业数字化技术普及，实现与数字政府接轨优化。浙江省建立数字环境评估机制，定期评估惠企政策目标实现情况，实现惠企服务可持续性发展。在实施“政务服务+数字+生活”模式过程中，浙江省将政务服务数字化带入生活领域，推进生活性服务生活数字化、智慧化。“以数字化推动基本公共服务的均等化、普惠化以及支撑一体化，建成覆盖省域范围的民生网、服务网、平安网等。”[4]与此同时，浙江省整合移动应用平台数据资源，构建电子化功能性支撑机制，涉及养老、教育、基层服务等生活领域，推出“好用、易用、爱用”的生活性应用平台。

3. 以创新为动力的全面治理模式

浙江省在数字政府改革的探索路径中，将数字改革创新性融合至宏观治理领域中，以实现浙江省建成数字时代的现代型政府的转型目标，推进全省治理体系和治理能力现代化建设。

在经济领域治理上，数字政府治理对于经济领域研判和决策调节具有深远意义，依托数据量化特点分析市场经济结构系统性、精准性结构链，强化市场经

[1] 参见姜红德：《从“浙里办”看省级政务APP建设》，载《中国信息化》2020年第8期。

[2] 《浙江省数字政府建设“十四五”规划》，载浙江省人民政府网，http://www.zj.gov.cn/art/2021/6/18/art_1229019364_2305064.html。

[3] 《浙江省实施优化营商环境“10+N”便利化行动方案(2.0版)》，载中共浙江省委统一战线工作部网，http://www.qxzh.zj.cn/art/2020/8/20/art_1228965107_54638081.html。

[4] 许峰：《地方政府数字化转型机理阐释——基础政务改革“浙江经验”的分析》，载《电子政务》2020年第10期。

济效能公信力，完善经济短板预警机制。通过建立政府主体相关部门周期性抽检，改变“局部信息决策化”现状，建设“整体数据决策化”模式，对经济数据进行链条化、区块化管理，去除环节多、分割式、滞后性等数据短板，实现宏观经济治理统筹、微观经济数据精确，形成可视化经济数据治理。

在社会领域治理上，浙江省着力打造智慧型社会治理模式，多领域义务主体参与、多层数据叠加的治理方式。“聚焦聚力推进社会治理数字化，靶向是实现联动式协同、可视化指挥、智慧化分析以及闭环式管理。”[1]打通部门行政职权壁垒，开创协同治理模式，打通层级数据共享、监控渠道，形成“3D”型社会治理体系。深化“基层治理四平台”[2]建设，打造“综治工作”“综合执法”“市场监管”“便民服务”4个核心功能，对基层治理具体内容进行行政规范、资源分配、体系重整，确立以“基层治理四平台”为治理主导的基层治理目标。

在生态领域治理上，浙江省建设以生态环境为主体的治理模式，“推行协同智能的生态治理，建立及时感知、全面互联、多元共治的生态环境数字化治理体系”[3]；建立绿色生态感知平台，加强植被实时监测力度，各级林业部门进行深层次多重协同合作，实现林业开发管理数字化、智慧化管理体制目标；增强生态灾害防控预警措施手段，建立以节约、利用为主旨的水资源保护；针对污染物、排放物、辐射物等危及生态环境稳定的污染性物质，全面建立相关领域监测基站，建立具有感知性的网状监测体系。

4. 以公平正义为宗旨的监管执法

浙江省数字化政府改革运用“互联网 + 监管”模式，“创新‘多通融合’模式，建立跨部门联合监管机制，统一行政执法监管平台，打通举报投诉平台、行政处罚案件系统、公共信用平台等”[4]，实现了行政主体之间联合执法监管效果，实施以“公平正义”为核心的行政监管执法常态化管理。以集中性、系统性数字监管方式构建普适性、规范性的政府执法监管系统，形成具有“精确性、追

---

〔1〕 刘淑春：《数字政府战略意蕴、技术构架与路径设计——基于浙江改革的实践与探索》，载《中国行政管理》2018年第9期。

〔2〕《浙江省数字政府建设“十四五”规划》，载浙江省人民政府网，http://www.zj.gov.cn/art/2021/6/18/art_1229019364_2305064.html。

〔3〕《浙江省数字政府建设“十四五”规划》，载浙江省人民政府网，http://www.zj.gov.cn/art/2021/6/18/art_1229019364_2305064.html。

〔4〕 许峰：《地方政府数字化转型机理阐释——基础政务改革“浙江经验”的分析》，载《电子政务》2020年第10期。

溯性、可视性”的数字监管执法方式。浙江省行政执法监管紧跟社会实事热点，运用网络新媒体及大众舆论来找寻监管着力点，利用网络信息传播性强、范围广的特点，广纳社会公众对行政监管的意见，建立消费者维权平台，政务资源投诉终端等渠道，运用数字动态化特点全面分析公众投诉热点问题，主动去发现监管中的重点问题和“红线”问题。

通过监管数字化改革，聚焦市场管理领域，对市场主体进行“云监管”，达成驱动型周期性监管治理；以政府监管部门为中心，建立抽查监管机制、周期性监管机制，建立公开性信用评价平台，颁布奖惩性政策。探索运用“物联网＋视联网”监管方式，形成“公开监管、随机抽查”的监管方式。数字化技术应着重运用于公众健康、公共安全等特殊领域的监管措施中，建立对设备进行标识，将监管对象纳入政务数据库形成可追溯监管模式，以“数据代物质”理念完善监管目录体系，提高政府监管总体质量水平，及时发现重大领域的潜在风险、违法事项、恶意竞争等众多严重性问题，提高监管的灵敏性、及时性、预测性。

5. 以开放共享为核心的数据治理理念

“浙江省搭建一体化智能化公共数据平台来打破信息孤岛，实现不同层级、不同行政主体间的数据资源共享和协同共治，这是数字政府建设的标志性成果，也是全省数字化改革的支撑平台。”[1]建立省级政府治理数据库，构建“数据链条”总体结构，使数据流通过程中达到多领域、多方面的开放共享局面，做好数据共享、开放数据的安全稳定。在建设“数据链条”方面，浙江省利用数据的可储存性特点，结合政务平台框架，针对数据进行集成型归纳，对全省数据链进行拼接传输，以省市两级公共平台为储存依托，逐渐实现浙江省数据“一朵云”的集成型管理，包含公安、交通、民生等众多数据信息，省级数据中心成为政府行政治理的有利后盾，这对打破数据孤立、共享障碍局面有很大的促进作用。

浙江省数据共享体系日趋完整，“一证通办”“一网通办”服务事项的不断实践是检验以数据共享为核心的治理功能的有利途径。运用“数据建模”达成治理模型化，减少治理资源浪费。浙江省数据开放程度不断进行扩大，《2019 中国地方政府数据开放报告》显示，在数据平台指数中，浙江省位居第一，在数据开放指数中，浙江省位居第二。随着数据治理事项不断完善，浙江省在一些特

---

〔1〕 何花：《数字政府建设：发展历程、建设内容与创新路径——基于浙江省数字政府建设的分析》，载《攀登》2021 年第 6 期。

殊领域,如养老、社会保障、交通等进行了优先开放共享,已实现“数据+应用”开展服务“多点设置,多点开放”的格局。

6. 可完善方面

浙江省打造现代型数字政府的过程呈现以“区域”为核心的改革模式,忽视了地区之间的协同合作、联动联办的数据共享。地方数字政府改革往往只注重自身的数字化建设目标和利益,所产生的不利后果则是省内和省际间可能会产生一定的利益冲突。在没有共同的改革受益的驱使下,各地区间的合作意愿和动机不足,导致很多地方改革措施中的“跨区、跨域、跨范围”的通办理念无法实现,而这也导致跨域政府数据平台“互通互享互办”的连通性大大降低,阻碍了数字化政府改革的建设进程。

(三)广东省以数字政府建设推动社会经济高质量发展

广东省是全国开启数字政府改革的先锋者,“以先行先试的理念在具备数字化发展技术水平和推广共识的基础上,把握住经济社会数字化与政府治理的契合点,在顶层设计方面迅速形成改革的共识,体现出数字治理理念与政府数字化转型的有机融合”[1]。广东省在2018~2020年数字政府建设目标是“到2020年年底,建立整体推进、政企合作、管运分离的‘数字政府’管理体系和整体运行、共享协同、服务集成的‘数字政府’业务体系”[2]。在“十四五”期间,广东省要在此基础上实现“到2025年全面建成‘智领粤政、善治为民’的‘广东数字政府2.0’,构建‘数据+服务+治理+协同+决策’的政府运行新范式”[3]。广东省着眼于建立“政府+企业”模式,运行与管理分离的运行方式,利用企业承担数字政府建设的数据运营中心。为实现数字政府改革内容的正确性、精确性,广东省建立专家咨询机构,以理论带动改革实践,发挥决策方指引作用。广东省打造移动型“粤省事”“粤商通”等政务端满足群众需求多样性,在新冠肺炎疫情常态防控时期,依托政务大数据平台,集成省市区等各行政

---

〔1〕 吴磊:《政府治理数字化转型的探索与创新——以广东数字政府建设为例》,载《学术研究》2020年第11期。

〔2〕 《广东省数字政府建设总体规划2018—2020年》,广东省人民政府网2018年11月19日,http://www.gd.gov.cn/zwgk/wjk/qbwj/yf/content/post_162020.html。

〔3〕 《广东省数字政府改革建设“十四五”规划》,载广东省人民政府网2021年7月14日,http://www.gd.gov.cn/zwgk/jhgh/content/post_3345440.html。

区域数据化链条，构建疫情闭环型数据流通模式。广东省在进行公共服务数据省域普查工作时，做好了数据网络覆盖、服务效能下沉，优化了民生服务质量和营造惠普企业环境。

1.3个“一网”建设推动政府职能数字化转型

广东省以“放管服”改革为抓手，致力于优化服务机制结构，为加快政务服务链条流通性，建立健全政务服务系统性体系，打造“跨区联合”“跨市统筹”“跨省通办”的层次性服务职能形态，逐渐形成3个“一网”专题数字化改革结构，以“一网通办”“一网统管”“一网协同”为核心理念的服务、管理、办公领域重构。

(1)“一网通办”建设做法

“一件事”专题建设带动“一网通办”政务服务总体目标，利用平台化数据渠道，“深化‘放管服’改革，促进政务服务流程再造，推动‘粤系列’移动应用品牌向注重用户功能、服务和体验转变，促进线上线下各类政府和社会服务渠道深度融合”[1]。建设“粤省事”“粤商通”“粤省心”应用平台，结合“一件事”专题系列构建普适、量化的平台政务服务体系，加强民生领域通网引导，形成以惠普、便民、便捷为核心要素的民生服务项目，打造智慧型惠企营商环境，利用“一网通办”打造卫生、交通、文旅等公共服务平台，面向特殊人群进行分类别、分情况、分领域的精准服务。面向不同人群服务打造“就近原则”服务形式，重构三级政务服务运行体系做到“审批机构、审批职能和审批事项”集中，“服务事项进驻、事项审批授权、线上效能监督”到位。[2]继续深化“放管服”改革子项目，探索“秒批”的政务服务效率标准，以“一网通办”为核心理念，加强省域范围内政府“一网通办”的互通共享，拓宽跨市通办的改革深度和范围。大力推进公众评价机制，以监督为保障，打造契合“以人民为中心”的服务理念，提高公众参与积极性。持续深化“互联网+”结合各领域的改革成果，加快城市经济领域纳入数字政府改革范围中，将区块链技术与金融、税款、交易等领域的结合，加大数字化技术深入城市治理层次的深度。

---

〔1〕《广东省数字政府改革建设2021年工作要点》，载广东省人民政府网2021年4月21日，http://www.gd.gov.cn/zwgk/wjk/qbwj/ybh/content/post_3265563.html。

〔2〕参见钟莉：《数字治理视域下地方政府政务服务效能提升策略研究——以广州“一窗式”集成服务改革为例》，载《地方治理研究》2020年第2期。

(2)"一网统管"建设做法

广东省推动由市域的"一网统管"向省域"一网统管"转变。2021 年广东省发布《广东省数字政府省域治理"一网统管"三年行动计划》重点发展"一网统管"平台引擎,以"粤智慧"为核心动力支撑,构建应用型"一网统管"模式,推动数据整合共享,开创"一网统管"新功能,强化底层基础设施水平,实现"可感、可视、可控、可治"的省域治理。[1]在上述文件中,广东省提出以应用平台为支撑,打造规范性"一网统管"体系,推动政府管理运行系统接入统管数据网络库,建设"粤智慧"与"一网统管"的全面对接端口,完善新型管理体系,打造"一网统管"新型运行格局,推动本省特色主题性统管建设。在社会保障层面,广东省在监管领域加入数字赋能,建立应急防控机制,加入生态风险数字监测部分,实现生态环境保护全方面闭环监控,提高生态风险的防范及时性。依托"粤平安"治理平台,广东省提高管理水平,打造粤系列创新应用融合,打通"粤政易""粤省事""粤商通""粤省心"等应用互联合作通道,为"一网统管"提供更多基础性功能应用,吸纳更多主体参与管理。

(3)"一网协同"建设做法

广东省强化政府职能数字化转型,加强政务应用平台的推广利用,形成以"粤政易"为核心的"一网协同"的政府内部职能体系。"以'粤政易'为政府办公总平台和总枢纽,加强政务流程优化再造,实行政务内部办事清单化管理,全省推行在线数据报送,提高'指尖'办文、办会、办事水平,扎实推进基层减负。"[2]广东省着力打造十字纵横贯通的政务数据门户,对政府运行、办公、管理等各项部门职能数据进行串联共享,通过数字赋能结构,深化"跨区域""跨主体""跨平台""跨职责"协同共享。内部办公实现"不跑腿即办事"的工作环境,广东省通过列出网上行政事项清单,明确各个事项分工部门,分类办理,实现高效、精准、便捷办公模式。广东省逐步实现对政府内部事务网上管理,摒弃纸质文件的上传下达,形成"一键看工作、一键管工作"制度,打造"零延迟"办公目标,实现部门内部文件"云上交"。通过打破"单个部门中心"办公理念,

---

[1] 参见:《广东省数字政府省域治理"一网统管"三年行动计划》,载广东省人民政府网 2021 年 6 月 22 日,http://www.gd.gov.cn/zwgk/wjk/qbwj/yfb/content/post_3326209.html。

[2] 《广东省数字政府改革建设"十四五"规划》,载广东省人民政府网 2021 年 7 月 14 日,http://www.gd.gov.cn/zwgk/jhgh/content/post_3345440.html。

形成以“单个政府中心”为主办公形式，在日常开会、决策中，利用“粤视会”打造政府纵向全覆盖便捷开会形式，利用数据技术打造“即开即说”的视频会议方式，大大提高政府开会执行效率。广东省推动公检法系统各部门打造智慧型、智能型公安机关、法院、检察院办公办案模式，建设远程审议、开庭、讯问等法检视频网络平台，实现办案便捷性、高效性，突破了环境、空间、时间对工作效率的限制。

2. 强化数字政府基础能力

广东省认为打好数据基础才能加速改革步伐，打造众多创新性应用政务应用融入数字政府改革当中，才能填充大数据中心短板地带，提升数据利用技术水平。广东省建设了全省基础应用平台——政务云，“该平台按照1+N+M的布局规划建设，包括1个省级政务云平台、N个特色行业云平台、M个地市级政务云平台”[1]。“完善全省政务云1+N+M总体架构，引入多云管控架构，推动全省政务云资源统一管理、灵活管控。”[2]利用数字技术将平台数据融合度提升，广东省增强数据横向和纵向流通效能，充分分配数据资源，减少政务服务资源浪费，加强业务联合，推进数据共享，完善政府部门协同办公机制。在风险防范方面，广东省着力打造数据备份体系，预防网络突发事件，加大力度探索数据计算技术，实现多场景、多环境、多领域的应用需求，同时构建人工智能基础设施平台，利用算力技术为广东省数字政府改革提供技术试验环境。

强化政务服务支撑能力。广东省力求打造“一网多用”的政务网络能力，着力打造政府政务服务外网融合性，加快网络进出口以及网络协议模式的改革进度。建设广州、深圳“双核心”的政务外网服务能力计划，利用5G、无线WIFI等网络通讯形式，推动多元化政务外网适用场景，建成更高效、更全面的政务服务外网结构。提升网络基础设施运行管理水平。对网络设施进行周期性维护，搭建多动能网络基础设施管理体系，统一维护、统一运行、统一响应，做到监控、管理、维护一体化运维。

3. 完善体制机制构建规范体系

广东省打造创新试点省级机制，以“试点工程”带动“创新引领”，整合全省

---

[1] 逯峰：《广东“数字政府”的实践与探索》，载《行政管理改革》2018年第11期。

[2] 《广东省数字政府改革建设“十四五”规划》，载广东省人民政府网2021年7月14日，http://www.gd.gov.cn/zwgk/jhgh/content/post_3345440.html。

示范资源,集中力量建设核心创新机制,打造数字政府运行环境,科学决策出台相关保障政策机制,完善数字政府相关法律法规制度。完善部门协同办公机制,“要求各级政府及其工作部门在不突破各自‘边界’的前提下,相互配合、协调合作,共同破解政府‘碎片化’‘部门化’困境,为公众提供便捷、规范、高效的政务服务”[1]。广东省通过数字化赋能管理体系,完善领导决策管理机制,加强政府各部门办公能力,鼓励各部门各方面进行数字化协同办公。

广东省建立数据领域政策引导和法律保障机制,出台相关法律规范保障数据运行有法可依,明确政府数据运行中的规范标准,对政府数据采集、流通、适用过程明确规定各方面的权利、义务。对政务服务领域进行法律规范建设,加强政府职责、服务事项、部门运行、服务保障、政务监督等方面的立法机制建设。完善数字政府改革配套制度体系,建立健全“粤系列”应用平台的维护制度和数据隐私保障机制,加强数字化知识产权领域的保障法规,运用制度清理滞后性政府文件,减少政府资源的浪费。

4. 可完善方面

广东省在打造数字政府改革模范地区的过程中,对于数字政府建设与法治政府的融合发展侧重不足,数字政府改革内容很少从法治化角度出发,仅是从政府工作流程本身为出发点进行数字优化,没有将法治政府建设为政府职权行使的底层逻辑。在现有的建设内容中,数字赋能政府决策、职能、监督没有从法治化轨道进行谋篇布局,缺乏对于数字政府与法治政府两者间关系的协调衔接。

三、地方数字政府改革可借鉴经验

近年来,数字政府改革一直向着更高形态发展,积极推动了国家治理水平和治理能力的现代化进程,我国数字政府改革呈现遍地开花的局面。通过对上海市、浙江省、广东省的数字化政府改革经验的分析,政府内外部实现体系化数字行政模式,善于运用数字赋能平台和应用创新性治理方式代替传统治理手段已成为国内数字政府改革的全新经验成果。

---

[1] 李一宁、金世斌、刘亮亮:《完善政务服务工作运行机制研究》,载《中国行政管理》2017 年第 6 期。

（一）政府职能优化

以上海市、浙江省、广东省数字政府改革做法来看，三省（直辖市）对于政府内部改革均从部门协同办公、资源共享、平台化建设、高效政府运行等方面着手。上海市在建设“一网通办”平台的基础上着力打造高效办公机制，运用数字技术界清各部门的核心职责，建立政务服务职能框架，建设数据链条链接各部门数据平台端口，为部门协同办公创造了良好的基础。同时，上海市对政府部门业务流程进行优化，实施了“减环节、减时间、减跑动”的减负措施。浙江省则是以“高效办公”为建设核心，从政府执行措施切入，实现跨区、跨层、跨部门通办的政务模式，梳理完善共通性流程，结合移动应用平台对政府内部办公进行集合性上网，贯穿了人员办公、培训会议、政策发布等政府活动全过程。广东省打造“一网协同”政府职能体系，对政府数据进行串联重组，打造“跨区域、跨主体、跨平台、跨职责”协同体系，构建政府政务基础平台，承载全域政务平台建设，接通各区域政务数据，打通全域政务办公数据层。

（二）社会治理精细

上海市、浙江省、广东省在社会治理方面均实现了治理手段的数字化，建成了宏观性、可视性、系统性的社会治理模式。上海市运用“一网统管＋城运系统”系统，对城市管理及应急机制进行改善，以数据为核心动力，利用数据信息完善城市危机预警机制，消除城市潜在危险。同时，建构前、中、后三层平台数据终端，使数据进行分环节、分层次、分流程有序输出，面对基层治理难题，构建基层治理一体化平台，使基层各个治理主体连成一片，形成可视化、高效化的“应管、尽管”模式。浙江省从全面治理领域数字化角度出发，分别在经济、社会、生态治理角度进行精准改革，建成整体性数字调节机制，加强数据宏观统筹，运用数据流通去除“块式”治理，完成“整体性”治理建设，运用基层治理平台，深入治理底层体系，建立治理安全监控平台，保障区域治理有序进行。广东省则运用“一网统管”建设理念，建设移动应用平台治理模式，接入区域治理数据库，形成移动监控方式，建立数据监管链条，吸收更多主体参与城市治理中，建设全方位监控平台。

（三）公共服务全面

上海市数字政府改革在公共服务方面着重改善群众生活环境，在医疗、养老服务、民生保障、教育、智能出行等方面进行数字技术融合，建设“健康云”平台、“一键式”养老服务，运用数据引领社保政策科学性，建立智能化、共享化出行模式。浙江省运用移动端搭载公共服务事项：一方面运用“浙里办”汇集群众生活场景应用，为群众提供医疗、旅游、购物等网上办功能，为群众提供精准服务，提供“就近办、一站办”服务体验，增强基层服务水平，提升群众服务办理满意度；另一方面，针对企业商事主体，建立专栏服务功能，提供企业更为直观、更为准确的决策解读，普及数字化技术结合企业发展，加速浙江省区域企业数字化赋能进程。广东省推出“粤系列”移动平台，将“一网通办”贯彻到具体应用中，引导群众进行网上办理，打造便捷的民生服务项目，将数字技术融入市场主题中，营造数字化金融、税务、交易应用环境，运用“放管服”政策打造市民办理高效审批，整体建成“跨区、跨市、跨省”公共服务一体化结构。同时，广东省为商事主体打造专题型平台，实现营商领域数据办理全覆盖。

四、未来数字政府发展启示

“十四五”时期是我国迈向社会主义现代化的关键时期，数字政府改革作为推动国家治理水平和治理能力现代化的重要动力，能够优化政府内部职能分工，带给社会公众多角度、多层次、多方位的高品质政务服务体验。现阶段，各地区均处在数字政府改革热潮之中，建立地区改革模式，提出移动型政务服务平台，颁发数字政府建设相关政策文件，全方位对数字政府改革谋篇布局。上文通过对上海市、浙江省、广东省区域改革具体措施的展示，总结地方政府的实践经验，以政府职能、公共服务、社会治理等为改革切入点，对政府改革措施进行逐一阐述。通过对上海市以服务“升级城市大脑”、浙江省“整体智治，唯实惟先”、广东省“打造社会经济高质量发展”的改革模式进行仔细剖析。数字赋能革新不是一成不变的改革措施，是具有多元性的跨领域改革，数字赋能展现出的数据精准治理，为地区建设数据开放、共享平台形成提供了有力保障。当然，先前的改革在探索中也存在很多短板和不足，如跨领域政府主体协作不足，法律制度规范保障不足，整体数字改革定位还有待考虑，对于法治政府和数字政府改革关系没有清晰界定。在全面推进依法治国的时代背景下，未来的数字政府建设要从法治政府框架下进行改革思考，建设"法治数字政府"，坚持数字创新，利用法治思维引领有意义、有思想的法治数字政府建设道路。

第四章　数字政府视域下的行政法基本原则

一、引言

随着科技的发展，数字技术不仅渗透进人们的日常生活，也逐步与法治政府建设相结合，在法治数字政府的建设过程中，行政法适用与数字技术的融合显得尤为重要。行政法基本原则作为指导和规范行政法立法、行政执法、行政争议解决的基础性法则，在法治数字政府建设过程中同样发挥着举足轻重的作用。

在阐述行政法基本原则与数字技术的融合之前，首先要对行政法基本原则的概念进行简要地梳理。有学者主张将行政法基本原则分为实体性规则与程序性规则，实体性规则包含依法行政等规则，程序性规则包括行政公开等规则；[1]也有学者主张将行政法基本原则分为依法行政原则、行政合理性原则、程序正当原则、诚信原则、高效便民原则以及监督和救济原则；[2]还有学者将其概括为权益保障原则、行政法定原则、行政均衡原则、行政正当原则以及行政效能原则。[3]虽然学者们对行政法基本原则的概念分类有所分歧，但可以看出，学者们对基本原则内容的认识中存在一定共识，这其中就包括合法行政原则、程序正当原则、合理行政原则与比例原则等，立足这些原则，下文将阐述以上基本原则在法治数字政府视域下的所面临的新挑战以及如何应对。

算法、人工智能等数字技术虽有着自动化与客观性等优点，但是其不足之处亦十分明显，若仅从数字技术的自动化和客观性来说，数字技术对实现行政行为的客观、理性有着积极的作用，但是技术的机械性与黑箱性使其与行政法

[1] 参见姜明安主编：《行政法与行政诉讼法》（第7版），北京大学出版社2019年版，第67～84页。

[2] 参见《行政法与行政诉讼法学》编写组编：《行政法与行政诉讼法学》，高等教育出版社2017年版，第36～52页。

[3] 参见周佑勇：《行政法总则中基本原则体系的立法构建》，载《行政法学研究》2021年第1期。

基本原则的融合产生了负面影响。[1]以正当程序原则和合理行政原则而言，首先，在数字技术的影响之下，政府部门搭建了各种门户平台以公布政务信息，公开一些政府数据，群众可在这些门户网站上进行查阅，从这一方面来说，数字技术的融入符合了正当程序原则对群众知情权的要求，[2]但是数字技术的不透明给行政活动中的信息公开蒙上了一层阴影，数字技术的垄断更使得群众的陈述权、申辩权被架空，这样反而不利于正当程序原则的实现；[3]其次，算法的客观性看似比传统行政方式更能使行政活动免受执法人员的主观感情干扰，实现行政行为的理性约束，但这一优点却不能掩盖算法歧视等弊病对行政结果公正的负面影响。[4]

数字技术与法治政府建设的融合也衍生出一些新的行政法原则。在法治数字政府的建设过程中，大数据、算法以及云计算等数字技术与行政机关的执法活动紧密相连，使得行政活动由以往的人工模式转变为以人工为主，数字技术为辅，甚至数字技术在某些领域占据主要地位。自 2019 年数字政府建设开展以来，政府治理发生了系统化的变革，这一系列变革包括治理理念的更新、治理方式的转变、政务流程的优化和体制资源的整合。[5]这些系统化的变革使政府治理更加高效便利，各政府部门之间协同联系更加紧密，反映在行政法原则中即是智能高效原则、协同治理原则以及信息共享原则，这些原则都有着鲜明的时代特色和清晰的技术痕迹，是行政法原则在法治数字政府视域下的新发展。

二、行政法基本原则面临的新挑战

（一）技术片面性影响合法行政原则的实现

合法行政原则要求行政机关实施行政活动必须在法律规定的范围内活动，

[1] 参见王贵：《算法行政的兴起、挑战及法治化调适》，载《电子政务》2021 年第 7 期。
[2] 参见丁晓东：《从公开到服务：政府数据开放的法理反思与制度完善》，载《法商研究》2022 年第 2 期。
[3] 参见张恩典：《人工智能算法决策对行政法治的挑战及制度因应》，载《行政法学研究》2020 年第 4 期。
[4] 参见王怀勇、邓若翰：《算法行政：现实挑战与法律应对》，载《行政法学研究》2022 年第 4 期。
[5] 参见高秦伟：《数字政府背景下行政法治的发展及其课题》，载《东方法学》2022 年第 2 期。

或者在法律明确授权的情况下才有权做出相关决定。[1]关于合法行政原则的内涵,不同的学者有着不同的看法,有学者认为合法行政原则具体包括实体合法,即行政主体合法、行政职权合法、行政行为合法以及行政依据合法以及程序合法;[2]有学者认为合法行政原则包括职权法定、法律优先和法律保留3项具体内容。[3]在法治数字政府的建设过程中,合法行政原则在行政执法中的适用在数字技术的影响下面临了许多挑战。

1.技术自动化挑战行政程序合法

数字技术之所以能够得以广泛适用,离不开自动化这一本质特征,但是在实践中,技术的自动性也会给行政程序合法造成了冲击。法治要求行政主体必须依法行政,它要求一切行政活动,如行政决策和决定都应当遵循法律所规定的条件、程序、方式和形式而进行,[4]合法行政原则着重强调程序合法的重要性。虽然行政法基本原则中包含了正当程序原则,但正当程序原则中所要求的程序正当与合法行政原则要求的程序合法并不是完全一致的,可以说,行政程序合法它体现了"正当程序"的法律价值,是实现"正当程序"的前提。[5]

行政程序发生在行政过程之中,行政实体法的适用过程就是行政程序。法律对行政程序的规范在《行政处罚法》、《行政许可法》和《行政强制法》中的分布最为广泛。[6]在传统行政法领域,行政机关实施行政活动是按照法定程序进行的,这是合法行政原则的应有之义,但是在数字技术的影响下,一些法定程序被机器替代,被算法简化,甚至是被直接省略。

在大数据时代前,无论是立法者还是执法者对行政程序都有着极高的法律要求,尤其强调行政程序合法在行政执法活动中的重要性。[7]但在行政执法活动与数字技术融合后,"数字执法"对行政程序的要求便有所降低,在《行政处罚法》中,法律设定了听证、送达、告知、听取陈述申辩等程序,在行政机关依法作

---

〔1〕参见张月萍:《合法性原则指导下行政执法方式规范化研究——以公共安全事件突发为背景》,载《黑龙江省政法管理干部学院学报》2020年第6期。

〔2〕参见祁建平:《论行政合法性原则与有限政府》,载《西北民族大学学报(哲学社会科学版)》2005年第5期。

〔3〕参见周佑勇:《行政法总则中基本原则体系的立法构建》,载《行政法学研究》2021年第1期。

〔4〕参见刘世佳:《试论依法行政原则》,载《学术交流》2011年第10期。

〔5〕参见关保英:《论具体行政行为程序合法的内涵与价值》,载《政治与法律》2015年第6期。

〔6〕参见关保英:《论行政程序在大数据下的内涵变迁》,载《政治与法律》2022年第1期。

〔7〕参见关保英:《论行政程序在大数据下的内涵变迁》,载《政治与法律》2022年第1期。

出行政处罚时需要依照上述法定程序进行,这些法定程序都是“铁”规矩,如若其中某一程序被省略简化,其带来的后果便是行政行为的违法或无效。但在数字技术的影响下,特别是一些非现场的自动化执法过程中,因为程序模型一旦设定便具有其运转的独立性,行政相对人所提出的陈述意见和提供的证据材料很难进入到自动化执法的判定过程,缺失了这些法定的行政处罚程序,行政机关作出的行政行为自然就丧失了合法性。由此可见,在法治数字政府的建设过程中,虽然数字技术的自动性特征使行政机关在实施行政行为时能极大提高效率,但也正是因为其自动性使得一些法定的程序难以参与其中,为执法行为的合法性制造了新的风险。

2. 技术主体挑战行政主体合法

在数字政府建设过程中,一些技术性主体在行政管理实践中也占有一席之地,分享了独属于行政机关的法定职权。诸如在政企合作开展的政务服务过程中,正是有第三方企业的介入,行政行为的主体变得模糊不清,一些典型的行政违法行为在第三方企业身份的掩护下,使得相对人难以寻求救济。

在传统行政法领域,能够实施行政活动的行政主体无非有 3 种,即行政机关、被法律法规及规章授权的社会组织以及行政机关委托的其他组织。但是在数字政府的建设过程中,在数字技术的影响下,行政主体的范围发生了根本性的变化,原有的行政主体理论已经不适应数字化改革的背景,行政主体范围在行政组织法中需要重新认识。[1]如“电子警察”与交警在交通违法行为处罚过程中所起到的作用是基本一致的,这种电子化技术已经逐渐具有行政主体的特征,技术已然参与了社会治理,且行政相对人不仅没有对此种变化提出合法性质疑,反而在协助政府完善此种电子化行政系统。[2]

虽然在实践中行政机关和行政相对人往往默认数字技术的法律地位,但是法律具有一定的滞后性,这种滞后性使得二者对数字技术的法律地位的认识产生了冲突和迷茫。一方面是数字技术影响下的电子化行政系统在实践中以行政主体的身份实施行政活动、作出行政决定后,行政相对人是否能够以电子化行政主体不合法为由提起诉讼。另一方面则是行政主体引发的救济问题,行政

---

〔1〕 参见关保英:《行政法典总则的法理学分析》,载《法学评论》2018 年第 1 期。

〔2〕 参见蒋银华:《行政基本法典编纂中电子化行政的主体定位及其制度路径研究》,载《行政法学研究》2022 年第 3 期。

主体理论的研究有一种独特的价值期待,那就是确认行政诉讼的被告[1],与之相类似地,行政主体合法的研究也是为了行政相对人更好地寻求各方面的救济,而电子化行政并不是法律明确规定的行政主体,即不是合法的行政主体,它所实施的行政行为没有合法性依据,也给相对人寻求救济渠道带来了消极影响。

政企合作的混合行为对行政主体合法性产生了冲击。政府与第三方企业的合作是为了更好地利用先进的数字技术,以提高行政效率,政企合作有多种形式,或政府采购模式,或"政企合作,管运分离"模式,[2]抑或更深层次的企业参与数字政府建设,[3]这些合作确实为法治数字政府的建设提供了重要的推动力量,但是在推动力量之下也存在风险。第三方企业介入了行政活动过程中的技术设计、安装、维护和运营,难免对行政过程产生一定影响,但是企业并不是行政主体,介入行政活动的实施这一行为本身就存在法律障碍,第三方企业既没有合法的行政主体身份,又介入了行政活动的实施,一旦出现行政纠纷,责任将难以确认。[4]

(二)技术缺陷性制约合理行政原则的实现

数字技术总是缺少伦理性价值,它始终无法与人类社会的价值思维相适配;数字技术虽然高效精准,但也有不可忽视的机械性,这些技术只会按照预先设定的程序进行;大数据的收集和算法决策会因各种原因而带有"歧视性",比如,对每个用户精准画像,通过网页记录、购物记录和行车路线等挖掘用户隐形特征来分别对待。[5]这些技术自身具有的缺陷影响着合理行政原则在行政活动中的实现。

1. 技术歧视妨碍公平实现

在数字政府的建设过程中,行政机关利用数字技术实施行政活动,数字技

---

〔1〕 参见沈岿:《重构行政主体范式的尝试》,载《法律科学(西北政治大学学报)》2000年第6期。

〔2〕 参见《广东省人民政府关于印发广东省数字政府改革建设"十四五"规划的通知》(粤府〔2021〕44号,2021年7月14日发布)。

〔3〕 参见《浙江省人民政府关于印发浙江省数字政府建设"十四五"规划的通知》(浙政发〔2021〕13号,2021年6月4日发布)。

〔4〕 参见马颜昕:《自动化行政的分级与法律控制变革》,载《行政法学研究》2019年第1期。

〔5〕 参见王怀勇、邓若翰:《算法行政:现实挑战与法律应对》,载《行政法学研究》2022年第4期。

术的自动化优点为行政活动的实施提供了便利,但高度的算法自动化也会滋生算法歧视,自动化以数据收集为基础,通过数据收集、处理及分析,精准制作算法模型进行自动化运转,而在大数据的收集、处理与分析中,由于忽视或无法甄别数据的来源,算法等数字技术模型的制作过程中还是无法避免地对某区域特定人群进行优待或排斥,〔1〕这便是技术歧视。合理行政原则要求行政主体作出行政决定时要平等对待行政管理相对人,不偏私、不歧视。而在数字技术的影响下,行政主体在作出行政决定前往往通过算法收集整合行政相对人的有关信息,通过数字技术进行分析,进而作出决策,这不可避免地会受到技术歧视的影响,无法做到真正的平等对待。

首先是体现在行政处罚时的技术歧视,行政机关利用数字技术作出行政处罚决定被称为自动化行政处罚,其处罚结果是以算法和数据信息为基础的,在传统的行政处罚场景中,行政处罚机关为确保处罚结果的公平性,在决策过程中会考虑被处罚人和处罚案件的相关因素,其本质仍在构筑因果关系基础之上的相关性,〔2〕而在自动化行政处罚中,人为考虑因果关系环节被弱化了,自动处罚的算法模型一旦设定便具有了相对独立性,在海量数据涌入算法模型时,技术歧视便有了可乘之机,算法模型的制作往往以"一般人"为标准,一些性别、年龄等应当纳入考量的相关因素并没有被列入模型中,导致行政机关通过这样的技术无法在实质上平等对待行政相对人。

其次是政府部门在信息处理方面滋生的技术歧视,影响了平等对待要求的实现。如今世界各国都建立了一套相对完整的社会信用体系,以大数据和算法自动决策作为技术辅助,通过挖掘海量数据来完善信用评分系统。我国以政企合作的方式建立了一套较为完善的社会征信体系模式。〔3〕这套模式帮助行政机关依法精准打击信用违约,提升信贷效率、降低社会治理成本,但是行政主体经过信息收集与处理,在作出将符合标准的人员纳入失信名单的决定之后,可能助长了第三方主体对这种决定的滥用,以至于第三方主体在失信名单的基础之上扩大肆意对社会征信体系的利用。数字技术利用大数据能够更轻易地挖掘到用户的私人信息,并根据这些信息对用户的借贷限额及借贷利率等进行差

〔1〕 参见宋保振:《数字时代信息公平失衡的类型化规制》,载《法治研究》2021年第6期。
〔2〕 参见郝梦园:《自动化行政处罚法律问题研究》,内蒙古大学2021年硕士学位论文。
〔3〕 参见虞青松:《算法行政:社会信用体系治理范式及其法治化》,载《法学论坛》2020年第2期。

别对待。如美国较大的借贷机构之一的快速贷款(Quicken Loans)在线平台,在线下借贷机构受到歧视的群体在金融借贷平台上仍然会遭到歧视,且他们的在线贷款申请利率一般会比普通群体高出一定比例,造成这种利率差别的原因并非用户的信用差异,而是技术歧视。[1]这种反映在征信领域的技术歧视,极大地影响了政府部门对平等对待原则的实现。

2. 技术缺少伦理因素影响理性实现

合理行政原则要求行政机关作出的决定要具有理性,即行政决定应当具有一个有正常理智的普通人所能达到的合理性与适当性,并且能够符合科学公理和社会公德。[2]社会公德要求行政机关作出的行政决定在客观上要符合基本的公平正义理念,这是一种较为主观的价值判断。实践中,行政主体享有一定的裁量权,而影响裁量结果的因素就包括具有伦理性影响的价值判断。但随着数字技术的广泛使用,行政机关在利用算法等数字技术作出行政决定时,程序的设计者能够将一些客观因素写入代码,但却无法将人类社会的价值判断让计算机掌握,算法模型始终缺少人类社会的伦理因素或者价值判断,这往往会影响合理行政原则要求的决定理性。[3]

合理性原则要求行政机关在执法行权时既要严格遵守法律法规,也要不机械地适用相关法律规则,从立法精神和法律原则出发,符合正当的目的。[4]但是数字技术却因缺少伦理因素和人类社会的价值判断,不能与这种灵活变通完美结合。美国农业部的算法决定即是一例,该算法决定不允许位于西雅图的、索马里人所有的杂货店接受食品券,因为据顾客的行为记录显示,杂货店存在"现金换邮票"的欺诈现象,因而算法对这些诸如"短时间内进行的大额购买或美元金额购买"等可疑交易作出了如上回应。但事实证明这只是东非移民的购物习惯罢了,并不存在什么欺诈或可疑交易,[5]行政机关按照此等模型作出的行政行为,虽然主观上是为了严格执行法律,保障社会秩序的安全稳定,但是在客观上并没有实现这一目的,反而侵害了公民的合法权益。

---

〔1〕 参见刘朝:《算法歧视的表现、成因与治理策略》,载《人民论坛》2022年第2期。

〔2〕 参见乔亚南:《政府职能转移的正当性建构:基于行政合理性原则》,载《广东社会科学》2018年第4期。

〔3〕 参见姜野:《算法的法律规制研究》,吉林大学2020年博士学位论文。

〔4〕 参见汪燕:《行政合理性原则与失当行政行为》,载《法学评论》2014年第5期。

〔5〕 参见王怀勇、邓若翰:《算法行政:现实挑战与法律应对》,载《行政法学研究》2022年第4期。

算法模型等数字技术确实带来了行政效率的提高和行政成本的降低，但是相应地，按照现有的科技发展水平，算法模型始终不能完全有针对性的应对人类活动的全部情形，尤其是类似于上文所列案例中东非移民的购物习惯等问题。这其中涵盖了人类社会所独有的、复杂多样的、算法模型不能完全概括的伦理性价值判断，若行政机关在作出行政决定时过于依赖算法等数字技术，丝毫不运用价值判断及伦理因素判断，那么作出的行政决定也一定是不符合理性要求的决定。

（三）技术局限性影响正当程序原则的实现

数字技术除以上问题之外，其在与行政法基本原则的融合中也有一些局限性，如不透明与垄断性等，这些局限性影响了基本原则新内容和新形式的实现，对正当程序原则产生了挑战和冲击。[1]正当程序原则要求行政机关作出影响行政相对人权益的行政行为时必须遵循正当法律程序，包括事先告知相对人，向相对人说明行为的根据、理由，听取相对人的陈述、申辩，事后为相对人提供相应的救济途径等。[2]而在数字技术的影响下，行政机关作出行政行为时可能忽略行政相对人的这些权利，使得正当程序原则无法在数字技术中落地。

1. 技术不透明危及行政相对人知情同意权

行政公开是正当程序实现的基础，是建设法治政府的必然要求，也是公众参与政府管理的前提，它要求行政机关的活动要坚持信息公开，[3]除涉及国家秘密、商业秘密与个人隐私以外的内容，[4]应由行政机关向社会公众进行公开，这是社会发展，人民民主地位提高后对政府的必然要求。然而随着法治政府建设与数字技术的融合，技术的不透明所导致的技术壁垒也为政府信息铸就了高墙，公众无法对政府行为进行有效监督，严重损害公众的知情同意权[5]。

---

〔1〕 参见赵一丁、陈亮：《算法权力异化及法律规制》，载《云南社会科学》2021年第5期。

〔2〕 参见陈飏、裴亚楠：《论自动化行政中算法决策应用风险及其防范路径》，载《西南民族大学学报（人文社会科学版）》2021年第1期。

〔3〕 参见吴建依：《论行政公开原则》，载《中国法学》2000年第3期。

〔4〕 参见肖卫兵：《我国政府信息公开处理决定类型化改革效果评析》，载《理论与改革》2021年第6期。

〔5〕 参见张凌寒：《算法自动化决策与行政正当程序制度的冲突与调和》，载《东方法学》2020年第6期。

公众的知情同意权可细分为知情权与同意权,[1]知情权与行政公开息息相关,可以说知情权的前提就是要保障行政公开,但正如上文所述,在数字技术的影响之下,行政公开面临着技术不透明的困境。[2]首先算法等技术模型代码和其运行程序往往由设计者掌握,行政相对人不知道也不可能知道一项技术决策背后的程序和主体。行政机关利用算法等数字技术进行决策,最终展现给行政相对人的结果往往就是一张罚单或者是一张二维码。其次在程序方面,技术的自动化使一项决策能瞬时完成,这大大提高了行政效率,[3]但这也使得这项决策背后的、应当有相对人知情的程序被忽略。最后是内容公开,这主要是针对一些需要法律保留的领域,行政机关往往以算法决策涉及国家秘密、商业秘密和个人隐私而不予公开,[4]技术的不透明使这种保留显得更加扑朔迷离,相对人不知道这些决策是否真的涉及这些保留问题,知情权的保障难上加难。

同意权面临的困境更为严峻。[5]比如,在新冠肺炎疫情防控期间,行政机关为了更好地对感染者和密切接触者的轨迹进行流调,与中国信息通信研究院、中国移动、中国电信和中国联通等联合开发行程码系统,获取感染者和密接者的到访地区信息。此时,信息收集者与信息个体之间产生了巨大的鸿沟,技术的不透明给信息收集者与信息主体之间的关系蒙上了阴影,信息主体即公民在未行使知情同意权的前提下,并没有拒绝其信息被收集加工的可能,这是信息主体为了保护公共利益而作的权利让步。

由此可见,技术的不透明使得行政公开成为难题,公众的知情同意权在这种情况下可能被限缩甚至被削减。

2. 技术垄断架空陈述、申辩权

正当程序原则要求公众参与,行政机关作出重要决策或决定时,应当听取公民、法人和其他组织的意见,特别是作出对行政相对人不利的决定,要听取他

---

[1] 参见陈峰、王利荣:《个人信息"知情同意权"的功能检视与完善进路》,载《广西社会科学》2021年第8期。

[2] 参见张凌寒:《算法自动化决策与行政正当程序制度的冲突与调和》,载《东方法学》2020年第6期。

[3] 参见刘东亮:《技术性正当程序:人工智能时代程序法和算法的双重变奏》,载《比较法研究》2020年第5期。

[4] 参见赵一丁、陈亮:《算法权力异化及法律规制》,载《云南社会科学》2021年第5期。

[5] 参见陈峰、王利荣:《个人信息"知情同意权"的功能检视与完善进路》,载《广西社会科学》2021年第8期。

们的陈述和申辩。[1]在法治数字政府建设过程中,公众参与是法治政府提高服务水平的必备要素。而在行政机关运用数字技术进行执法行权时,却往往忽视了行政相对人在行政关系中的参与能力,[2]弱化了行政相对人的程序性权利。这是由于算法等数字技术的不透明和“黑箱”机制等造成的,在目前的行政活动中,数字技术的广泛应用甚至在某些领域的垄断地位,正在不断影响行政相对人的陈述、申辩权的行使。[3]

上文说到算法等数字技术的程序和代码等都是由设计者掌握,公众往往对算法模型的运算逻辑不得而知。尤其在新冠肺炎疫情防控期间,政企合作的趋势不可抵挡,行政机关依靠企业的技术力量进行健康码的设计和运行工作,将健康码运用于社区、企业、群体等社会公共活动中的,而企业常以商业秘密为由拒绝公开算法等数字化技术的运行过程,这就更进一步地阻止了公众的参与。[4]再加上算法等数字技术辅助行政机关作出的决策速度飞快,其自动化决策发展已比较完善,在公众尚未感受到决策过程开始时,决策结果就在计算机中用几秒的时间形成了。

(四)技术机械性危及比例原则的实现

比例原则是指行政机关在依法行政的前提下,在作出行政决定时必须选择使相对人利益受到限制或损害最小的方式,确保行政行为对相对人个人利益造成的损害与所追求的行政目的或所要实现的公共利益相适应,从而达到既实现公共利益又保护公民合法权益的目的。[5]比例原则的主要功能是对行政机关裁量权进行约束,具体包括3项内容:一是手段需必要,行政机关实施行政行为时,选择对相对人利益侵害最小的一个手段;二是适当性要求,即行政机关实施行为采取的措施应当为法律所必需,结果与手段间存在正当性;三是均衡性要求,即要求行政机关实施行政行为后造成的后果还必须与所实现的目的保持

---

〔1〕 参见陈飏、裴亚楠:《论自动化行政中算法决策应用风险及其防范路径》,载《西南民族大学学报(人文社会科学版)》2021年第1期。

〔2〕 参见张凌寒:《算法自动化决策与行政正当程序制度的冲突与调和》,载《东方法学》2020年第6期。

〔3〕 参见雷刚、喻少如:《算法正当程序:算法决策程序对正当程序的冲击与回应》,载《电子政务》2021年第12期。

〔4〕 参见王贵:《算法行政的兴起、挑战及法治化调适》,载《电子政务》2021年第7期。

〔5〕 参见周佑勇:《行政法总则中基本原则体系的立法构建》,载《行政法学研究》2021年第1期。

均衡。[1]

在数字技术的影响下,行政机关在实施行政活动时运用数字技术以提高行政效率,但技术相对独立性的另一面则是技术的机械性,面对复杂个性的情况,算法模型等数字技术只能机械地依照设定的程序进行决策或决定,实际上无法实现比例原则的具体要求。

1. 技术机械有碍手段必要性

技术的机械性其实在智慧司法中便有体现,将算法等数字技术引入司法活动后,虽然能够节约司法成本,提高司法效率,剔除司法人员的主观性和随意性,实现司法公正,但是司法人员对案件事实和法律适用的判断并不仅仅依靠法条,也受相关文化经济政治等背景的影响,法官的智慧也是实现司法公正、实现实质正义的重要手段,[2]一味地依靠算法等数字技术,而忽视司法人员的主体能动性,其实并不能很好地贯彻必要性手段要求,即并不能真正选择一种于相对人利益侵害最小的手段。行政行为的实施过程亦是如此,算法等数字技术虽然节约了行政成本,但是技术的机械性却也为行政机关执法行权带来了阻碍。

健康码和行程码是新冠肺炎疫情防控的重要数字工具,其中收集存储有公民的个人基本信息、行程信息、健康信息和健康证明信息等,是公民将自己个人信息让渡给政府部门管理的一种载体。[3]考虑到公共卫生安全等公共利益,公民默许这种政府可能会借助诸如健康码这种工具对个人信息进行管控,但这种默许并不意味着行政主体通过健康码这种算法模型收集公民信息的手段是对相对人无损害的。在收集公民个人信息时,判断什么人的信息是必须收集的,什么种类的信息是必须收集的,是一件非常复杂的流程。技术模型为整合更多人的信息,不可能针对每个公民的具体特征进行细致的设计和分析,为了实现精准防疫,准确快速地对感染者及密接者的行程进行流调,行政机关利用健康码或行程码收集处理相对人信息时是比较“粗暴的”,几乎每个公民都要接受健康码对信息的收集。算法模型并不会像人工那样对收集手段进行调整,健康码

---

[1] 参见梅扬:《比例原则在行政协议中的适用》,载《哈尔滨工业大学学报(社会科学版)》2021年第4期。

[2] 参见徐娟、杜家明:《智慧司法实施的风险及其法律规制》,载《河北法学》2020年第8期。

[3] 参见鲍坤:《健康码数据常态化应用的比例原则限制》,载《电子政务》2021年第1期。

等技术程序其一经制定出来便自动运转,[1]不可能停止下来"特事特办",机械性不可避免。

前文提到,比例原则的必要性手段是指行政机关实施行政行为时,需要选择对相对人利益侵害最小的一个手段,但是在技术机械性的影响下,在行政机关利用算法等数字技术进行决策或作出决定时,很难达到必要性的要求。在新冠肺炎疫情防控期间,行政机关为了更好地监测疫情动态,会对感染者及密接者进行流调,在流调过程中势必会收集、处理和分析个人信息,再将信息予以公布,以让与感染者活动轨迹重合的人群及时上报,防止疫情扩散。[2]但利用技术模型收集个人信息时却会引发了一系列社会问题,行政机关利用技术模型收集、分析和公开收集到的个人信息,其实已经严重损害了公众的合法权益。[3]技术模型只是一串数据,它并不知道如何收集公布才对相对人损害最小,在可公布或可不公布、普通或敏感信息间没有区分标准,[4]许多相关人员因为一些敏感信息被公布而遭受网络暴力,都说明了算法等数字技术的机械性影响了必要性手段的实现,行政机关在技术机械性影响下作出的决策或决定有时很难采取对相对人权利损害最小的手段。

2. 技术机械有碍决策均衡性

均衡性要求是指行政机关实施行政行为造成的后果必须与所实现的目的保持均衡,是否符合均衡性要求应当从判断目的所实现之价值与被减损之公民法益间是否合乎比例着手。[5]在数字技术使用过程中,均衡性要求行政机关利用数字技术执法行权所期望获得的公共利益,与在此期间减损的公民个人利益之间是合乎比例的。

算法模型等数字技术被设计出来之后便有了相对独立性,在没有人员干预的情况下能够进行自动化决策,而随着时间的推移,社会已经发生了日新月异的变化,若仍按照之前的程序进行,其无法跟上时代发展的机械性局限会慢慢

[1] 参见查云飞:《行政裁量自动化的学理基础与功能定位》,载《行政法学研究》2021年第3期。
[2] 参见鲍坤:《健康码数据常态化应用的比例原则限制》,载《电子政务》2021年第1期。
[3] 参见陈禹衡、陈洪兵:《反思与完善:算法行政背景下健康码的适用风险探析》,载《电子政务》2020年第8期。
[4] 参见汪晓贺:《突发公共卫生事件中个人医疗信息保护的调整及制度完善》,载《中国卫生事业管理》2022年第2期。
[5] 参见刘权:《均衡性原则的具体化》,载《法学家》2017年第2期。

取代提高决策效率的自动化优势。比如,在新冠肺炎疫情防控期间,行政机关利用算法模型等数字技术对公民个人信息进行收集处理并不违反比例原则的均衡性要求,这是因为在彼种情况下,收集处理个人信息是为了迫切的公共利益的需要,[1]收集处理个人信息是为了更多人的生命健康权,二者对比下,孰轻孰重一目了然。

现如今疫情防控政策已进行了大规模的调整,新冠病毒已从乙类甲管变为乙类乙管,这是中央衡量疫情发展态势作出的符合客观规律的决定。但若从行政规制的角度研究过去三年中运用数字技术进行重大传染病预防的措施,也可得出技术机械性有碍决策均衡性这一结论。在之前防范重大传染病时,健康码作为一种技术手段被广泛应用,上文说到健康码等技术模型的应用本就是公民将自己权利让渡于公共利益实现的一种手段,随着传染病态势的变化,健康码是否还需要对各个地区的所有人群适用则成了问题。在过去的三年中,不乏这种现象存在,即在传染病形势不甚严重的地区,行政主体仍持续高强度、大范围地收集公民的个人信息,这就无法实现保障公共利益与公民法益减损间的均衡。[2]行政机关由于各种原因无法对健康码等技术模型进行改进,技术模型仍停留在传染病态势最为紧张的阶段,机械地对公民个人信息进行收集使用,这样的行政决策就无法实现造成的后果(公民法益的损失)与所实现的目的(欲保障的公共利益)的均衡,[3]无法达到比例原则的均衡性要求。

三、行政法基本原则的发展应对

在法治数字政府的建设过程中,传统行政法基本原则在数字技术的影响和冲击之下有了新的内容和表现形式。上文阐述了行政法基本原则在法治数字政府视域下的新挑战,当然,仅详细梳理二者融合后面对的新挑战是不够的,还应就如何应对这些挑战进行具体阐述,唯有如此才能使行政法基本原则在法治数字政府的建设过程中焕发出新的生机。

(一)以法律与责任保障合法行政

在法治数字政府的建设过程中,健全法律规范体系是应对合法行政原则中

---

[1] 参见鲍坤:《健康码数据常态化应用的比例原则限制》,载《电子政务》2021年第1期。
[2] 参见鲍坤:《健康码数据常态化应用的比例原则限制》,载《电子政务》2021年第1期。
[3] 参见项定宜:《个人信息处理必要性原则的规范体系研究》,载《北方法学》2021年第5期。

程序合法与主体合法挑战的前提。行政机关运用数字技术实施行政行为给程序合法和主体合法带来负面影响的主要原因,是数字技术给行政活动带来影响时,法律规范未能及时跟进并做出调整,旧有的法律规范不能完全规制数字技术影响下的行政活动,因此在保障程序合法和主体合法之前,首先要健全法律规范体系。其次,在数字技术挑战程序合法与主体合法中,主体合法面临的挑战比程序合法面临的挑战更加严峻,因为主体合法方面的问题往往牵扯相对人权益受损后的救济问题,唯有在主体合法的范畴内构建责任分配机制才能更好地保障相对人的合法权益。

1. 健全数字法律规范体系

在健全数字法律规范体系方面可借鉴的外国经验有许多。在法治数字政府建设过程中,许多发达国家通过健全完善数字法律规范体系,消解了运用数字技术对合法行政等行政法基本原则的冲击。在国际上,数字政府评估排名靠前的国家都出台有完备的数字政府法及其配套条例措施。以韩国为例,从 2013 年开始进行法治数字政府建设,先后制定了《电子政府法》和《电子政府法实施条例》,〔1〕在这两部基本法律的保障之下,韩国的法治数字政府建设取得了不小的成果,行政法基本原则在两部基本法律的支撑下,与数字技术的融合更加顺畅和完善。

但建立一部法律是一项非常复杂且周期长的工作,若将精力完全投入法律法规的制定,反而不利于法治数字政府的建设,在现有法律法规的基础之上,对数字技术运用过程中的问题进行法律补充,健全数字安全法律体系,也许会更快更便捷地解决问题。〔2〕在数字技术的影响下,行政处罚领域内的非现场处罚在实践中已经比较普遍,已经从简易程序逐步迈入普通程序,但是其适用的证明标准在程序中没有适时地发生变化,因此,在未来我国《行政程序法》的立法过程中对证明标准的规定进行完善和补充,从立法层面规定符合行政行为特点的行政证据制度,设置阶梯式的证明标准体系是很有必要的。〔3〕在行政主体合

〔1〕 参见陈畴镛:《韩国数字政府建设及其启示》,载《信息化建设》2018 年第 6 期。

〔2〕 参见郭一帆:《数字政府建设中的法律制度完善》,载《云南行政学院学报》2021 年第 1 期。

〔3〕 参见杨曦:《利用自动监控进行非现场执法的进路及规范构建——基于事实认定的视角》,载《行政法学研究》2022 年第 6 期。

法方面,也有学者提出将电子化行政等纳入行政法法典,[1]将数字技术影响下主导部分行政活动的自动化行政、算法决策以及电子化行政等纳入法律规范体系之中,赋予这些主体一定的法律地位,以保障相对人权益受损后的救济问题。

在应对数字技术给行政法基本原则带来的新挑战时,完备的法律体系是应对的基础,在法治数字政府法建设过程中,除数字技术给合法行政原则带来的新挑战之外,其他基本原则中也有许多问题亟须解决,如公民的知情同意权与陈述、申辩权的实现问题。[2]有完备的法律体系,才能更好地采取相应措施克服这些问题,也只有克服了这些问题,行政机关利用数字技术执法行权时,行政法基本原则才能真正达到控制权力滥用,保障行政相对人的合法权益的目的。

2. 构建责任分配机制

算法决策与电子化行政在现有的行政法律规范中尚无定性,以致其实施完成之时虽对行政相对人的利益产生了实实在在的影响,但相对人却尚无感知,更难以救济。这是数字技术影响行政主体合法带来的重要问题,因此在研究应对行政主体合法的挑战时,首先要构建公平合理的责任主体分配机制。

实践中,责任分配应当在行政机关与第三方企业之间衡量,因为无论是作为目标设计者且从运用数字技术中得益的行政机关,还是作为算法等数字技术的具体设计者的第三方企业,由它们为技术后果买单都是合理的。[3]虽说第三方企业作为算法决策或电子化行政的数据设计者,对技术行为给他人造成的侵害应负一定的责任,但是第三方企业并不能成为“公益”的代言人,行政相对人是由于对政府的信任才将自己的部分权利让渡给执法行权的行政机关的,[4]因此在这些数字技术影响下的平台或决策损害了行政相对人的权益后,最终应由行政机关承担责任。但是也有学者认为政府机构很少或根本没有实际参与系统的设计、实施或测试,对政府机构追责可能会削弱软件供应商投入

[1] 参见蒋银华:《行政基本法典编纂中电子化行政的主体定位及其制度路径研究》,载《行政法学研究》2022 年第 3 期。

[2] 参见王广辉、郭文博:《数字政府建设面临的多重风险及其规避策略》,载《改革》2022 年第 3 期。

[3] 参见王文玉:《算法嵌入政府治理的优势、挑战与法律规制》,载《华中科技大学学报(社会科学版)》2021 年第 4 期。

[4] 参见王文玉:《算法嵌入政府治理的优势、挑战与法律规制》,载《华中科技大学学报(社会科学版)》2021 年第 4 期。

更多成本以减少算法治理损害的动机,[1]这其实也是行政法领域容错机制的一种体现,[2]若一味地将责任分配给行政机关,那么行政机关在承担责任后难免会对数字技术的运用持过于审慎的态度,不利于科技创新。

但是就现实情况而言,将责任分配给行政机关是合理的,在外部责任分配中,由行政机关承担责任能更有效地保障行政相对人的合法权益,而在内部责任分配中若是第三方企业的过错,行政机关在对外承担责任后再向第三方追偿,这样既保障了行政相对人的合法权益,又不会减损科技创新的动力。[3]

(二)健全机制保障合理行政

健全监督和主体能动机制可以使数字技术的运用更符合合理行政基本原则的要求。事实证明,不论在任何领域,监督都是必须存在的,这是从权力约束的层面保障公民的权益必然选择。[4]强有力的监督能够使行政机关在利用数字技术进行行政活动的过程中更加谨慎,严防算法歧视对行政活动的影响,实现平等对待;并且在行政机关与企业技术合作的大趋势下,各方主体对行政机关的监督必不可少,行政机关对数字技术应用的监督也同样重要。主体能动机制在算法等数字技术缺少伦理性时则显得尤为重要,主体的能动性能够补足数字技术对人类价值判断的缺陷,从而使行政机关利用数字技术作出的行政活动更符合人类社会的理性要求。

1.健全监督机制保障平等对待

司法机关在监督行政机关执法行权方面发挥着重要的作用。司法审查监督是以诉讼审判的方式来对行政执法进行监督,人民法院在其中起到了关键的促进作用。[5]在行政机关利用数字技术执法行权时,技术歧视可能会使得行政机关不能平等地对待行政相对人,而行政相对人在此时为了获得救济向人民法院提起诉讼,人民法院就要客观公正地对事件进行调查核实,作为一种事后的

---

〔1〕 Crawfordk, Schultz J., *AI Systems as State Actors*, Columbia Law Review, 2019.

〔2〕 参见陈昭:《"众创"试验:理解中国政策创新的新视角——基于干部容错纠错机制演化的案例研究》,载《公共行政评论》2022 年第 1 期。

〔3〕 参见马颜昕、谢煌凯:《数字政府建设下政企合作责任承担机制研究》,载《学习论坛》2022 年第 2 期。

〔4〕 参见杨威:《浅议行政执法检察监督的制度构建与完善》,载《法制与社会》2016 年第 23 期。

〔5〕 参见崔建科:《论行政执法检察监督制度的构建》,载《法学论坛》2014 年第 4 期。

救济,对权力滥用进行制约。

除司法审查监督以外,许多学者主张构建检察监督制度对行政执法进行监督。检察监督被称为法治政府建设的护城河,[1]在法治数字政府建设时期,面临更加复杂的行政执法环境,检察监督应发挥更为重要的作用。2016 年 4 月 15 日实施的《人民检察院行政诉讼监督规则(试行)》第 13 条赋予检察机关在行政诉讼过程中的调查权。[2]在法治数字政府的建设过程中,行政机关往往利用数字技术实施行政活动,极易受到技术歧视的影响,作出一些对行政相对人来说不甚公平的决定,这时检察机关作为法律监督机关,应当对此进行监督和检察。[3]

同时,行政机关应当对第三方企业加强监督,以防止其在技术歧视下的权力滥用。企业在研发新型数字技术方面有着得天独厚的优势,行政机关在于其合作期间,会让渡部分权力由企业通过技术手段暂时行使,这些企业通常是某一个领域的"龙头"企业,具有全行业内强大的影响力和话语权。这些龙头企业拥有先进的数字技术,能收集最广泛的信息数据,行政机关与之合作,能提高行政效率,节约行政成本,但是行政机关放手给企业过大的技术空间也会带来企业垄断数据和滥用权力的风险。[4]

2. 健全能动机制满足理性要求

上文提到了数字技术在被行政机关运用过程中存在伦理性弱,无法替代人类主观价值判断的局限性,在法治数字政府的建设过程中,只有健全主体能动机制,发挥行政机关的主体能动性,才能使行政机关利用数字技术实施的行政活动更符合人类社会的理性要求,才能使合理行政原则落到实处。并且,法的生命在于实施,应然的法律要通过人的实施才能变为实然的法律。[5]一方面,只有在法律范围内发挥行政机关主体能动性,才能使数字技术在与行政法基本原则深度融合的过程中克服消极影响,发挥积极作用;另一方面,合理性原则也

---

[1] 参见朱狄敏、袁鸣:《行政检察监督:法治政府建设的"护城河"》,载《杭州》2022 年第 2 期。

[2] 参见付余、高蕴嶙:《行政执法检察监督的路径探析》,载《黑龙江省政法管理干部学院学报》2021 年第 1 期。

[3] 参见秦前红、陈家勋:《论行政执法外部监督中正式监督机关的确立》,载《行政法学研究》2022 年第 1 期。

[4] 参见王怀勇、邓若翰:《算法行政:现实挑战与法律应对》,载《行政法学研究》2022 年第 4 期。

[5] 参见杜运泉:《法律的生命和权威在于实施》,载《探索与争鸣》2013 年第 10 期。

要求行政机关在执法时,要符合公共秩序和善良风俗,这也是合理行政原则的理性要求。

健全主体能动机制的目的是发挥行政机关的主体能动性,也就是要强调行政机关在实施行政活动中的能动作用,[1]这是为了解决在行政决策中由数字技术占据主导地位的现象,如“电子警察”的抓拍处罚、[2]政府消费券自动发放,[3]这些决策模型的设计初衷是提高行政效率、更好地打击违法犯罪或是保障社会公平正义,但是由于数字技术缺少伦理性要素,利用数字技术决策的最终结果经常会与决策目的背道而驰,程序的最初意图不能实现,反而得出的结论是损害公共秩序和行政相对人合法权利的。

由此可见,在法治数字政府的建设过程中,单纯依靠数字技术实施行政活动是不可取的,人类社会是复杂的,个案的复杂是目前的数字技术无法理解和解决的,换句话说,有些行政领域不能完全依靠数字技术的自动决策,还是需要人的主观能动性来发挥作用,尤其是在与人类社会价值判断和伦理判断强关联的个案中。健全主体能动机制,充分发挥行政机关的主体能动性,是补足数字技术伦理性缺陷的重要法宝,也是充分落实合理行政原则理性要求的必要途径。

(三)完善技术解释制度实现正当程序

数字技术解释制度是现阶段争议较大的现实问题。有建构派主张通过立法赋予个人算法解释权,以此来纠正数字技术决策者与相对人之间信息不对称的问题,增强算法等数字技术的透明度,确保行政公开,[4]使正当程序原则在法治数字政府视域下得以真正实现。许多学者在研究国外数字技术的解释制度后,对数字技术解释制度本土化的可行性、可欲性和必要性进行了研究,随着数字技术的发展,行政机关利用数字技术进行执法行权的领域不断扩大,数字

---

[1] 参见陈飏、裴亚楠:《论自动化行政中算法决策应用风险及其防范路径》,载《西南民族大学学报(人文社会科学版)》2021 年第 1 期。

[2] 参见王贵:《算法行政的兴起、挑战及法治化调适》,载《电子政务》2021 年第 7 期。

[3] 参见王怀勇、邓若翰:《算法行政:现实挑战与法律应对》,载《行政法学研究》2022 年第 4 期。

[4] 参见雷刚、喻少如:《算法正当程序:算法决策程序对正当程序的冲击与回应》,载《电子政务》2021 年第 12 期。

技术的解释制度应当被重视。[1]

1. 保障相对人知情权

解释制度的完善在保障相对人知情权方面起到了非常重要的作用。在传统行政领域中,按照正当程序原则,行政机关作出对行政相对人有影响的决定或决策时,需要及时告知行政相对人,解释相应的决定或决策,使相对人能够参与其中,积极行使自己的知情权。但在数字技术融入行政活动后,这种参与被数字技术的自动化省略,也即忽略了告知相对人理由的必要程序,这使得数字技术的解释规则变得尤为重要。[2]

行政机关在利用数字技术进行执法行权时作出的决定或决策被称为算法决策,算法决策的自动化使决策转瞬即出,并没有进行解释和告知相对人的时间;或者行政机关合作利用数字技术的企业以商业秘密和商业利益为由并不对外公开算法决策作出的过程,这都使得行政相对人无法实现自己的知情权。这些问题妨碍了行政公开和公众参与,不符合行政法基本原则的要求。而数字技术的解释制度就是为了克服这种缺陷而存在的。欧盟《通用数据保护条例》序言第 71 条指出,数据主体有权要求算法控制者就可能对数据主体造成法律或类似重大影响的自动化决策的相关事宜作出解释,这被认为是算法解释权的权利雏形,可见数字技术的解释制度其实也是对相对人个人权利的保障。[3]

数字技术解释制度的内容大致可分为三个方面,即事前、事中和事后的解释。事后解释能够增强算法相对人对特定算法决策的了解程度,为相对人提出异议和申请救济创造条件;而事前和事中解释则可以增进行政相对人对算法决策的了解,增强自动化决策过程中数字技术运用对行政相对人的透明度,为算法等数字技术的决策决定可能造成的风险进行预警,不必等到相对人权利受侵害时才来亡羊补牢。[4]由此可见,优化算法等数字技术的透明度对于算法解释

---

〔1〕 参见李天助:《算法解释权检视——对属性、构造及本土化的再思》,载《贵州师范大学学报(社会科学版)》2021 年第 5 期。

〔2〕 参见雷刚、喻少如:《算法正当程序:算法决策程序对正当程序的冲击与回应》,载《电子政务》2021 年第 12 期。

〔3〕 参见丁晓东:《基于信任的自动化决策:算法解释权的原理反思与制度重构》,载《中国法学》2022 年第 1 期。

〔4〕 参见李天助:《算法解释权检视——对属性、构造及本土化的再思》,载《贵州师范大学学报(社会科学版)》2021 年第 5 期。

制度的构建是十分重要的，[1]数字技术的解释制度应当以保障算法透明的事前解释和事中解释为基础，以事后解释为辅助手段，这样才能更好地保障公民的知情权，在决策或决定作出前及作出时提出自己的意见，实现正当程序原则的要求。

2. 保障相对人陈述、申辩权

行政机关利用数字技术执法行权时无法保障行政公开，进而无法保障相对人的知情权，其最重要的原因就是算法等数字技术的不透明，[2]而数字技术的不透明与数字技术的可解释性之间有着千丝万缕的联系。[3]要想完善数字技术解释制度，提高数字技术的透明度至关重要，因为只有先提高透明度，才能保障相对人的知情权，相对人进而才能在知情的前提下参与行政活动，行使自己的陈述与申辩权。

数字技术解释制度的完善要求从多方面对行政机关利用数字技术执法行权的过程进行解释和说明，是在法治数字政府视域下保障行政公开的必要手段。上文阐述了算法等数字技术的不透明危及行政机关在利用数字技术执法行权过程中的主体公开、程序公开和内容公开。而解释制度的完善则可以从这三方面入手，保障行政公开的顺利推进。上文在阐述算法解释权时提到了欧盟《数据保护通用条例》，国内很多学者呼吁我国应效仿欧盟建立法律规范以构建数字技术解释制度，但也有许多学者指出，《数据保护通用条例》主要赋权给个人主体，以个体权益保护的切入，形成对数据控制者应用自动化决策的规制，其关注的不是决策，而是隐私，这种隐私视角扭曲了对《数据保护通用条例》规制算法决策方法的解释。[4]由此可见，要构建和完善本国的数字技术解释制度，并不能原封不动地将国外先进制度照抄过来，要立足本国国情。

在我国，要想完善数字技术解释制度，真正落实算法解释权的实现，不能仅依靠公民个人的努力，也要对行政机关利用数字技术执法行权的全过程进行治

---

[1] 参见苏宇：《优化算法可解释性及透明度义务之诠释与展开》，载《法律科学（西北政治大学学报）》2022年第1期。

[2] 参见赵一丁、陈亮：《算法权力异化及法律规制》，载《云南社会科学》2021年第5期。

[3] 参见丁晓东：《基于信任的自动化决策：算法解释权的原理反思与制度重构》，载《中国法学》2022年第1期。

[4] 参见陈亮、薛茜：《行政公开视域下行政决策算法化的法律规制》，载《理论月刊》2021年第3期。

理，因此我们对数字技术解释制度的完善和构建应确保有系统问责机制的内容。首先是关于决策主体公开上的解释，行政机关在利用数字技术进行执法行权时，不仅要亮明身份，也要将决策对数字技术的依赖程度进行披露；其次是对数字技术的保密不应该成为技术解释的阻力，一旦外界对算法决策等予以质疑或寻求解释时，行政主体或第三方企业不能以其技术不可公开为由拒绝说明。[1]

（四）构建法益评估机制落实比例原则

比例原则要求行政机关在实施行政活动时必须选择使相对人利益受到限制或损害最小的方式来行使，并且使其对相对人个人利益造成的损害与所追求的行政目的或所要实现的公共利益相适应。[2]其中，必要性手段又名为损害最小原则，是指在有助于实现目的的众多行动方案中，应当选择对合法权益损害最小的一种方案；[3]均衡性要求行政机关实施行政活动后的最终收益必须大于该行动造成的损害或成本，[4]可见比例原则的实现与行政相对人的权利保护有着密切联系，因此，在法治数字政府的建设过程中，构建法益评估机制是坚持比例原则调整数字技术运用的重要手段。

1. 促使手段与时俱进满足必要性

技术的机械性危及行政机关在实施行政活动中必要性手段的选择，技术的机械性体现在当社会环境已发生显著变化时，行政机关在实施行政活动运用的数字技术却没有与时俱进地进行调整。

构建法益评估机制是促进技术手段更新换代、与时俱进的重要手段，在法益评估机制的影响下，行政机关通过法益考量，自然会考虑到在社会的动态发展中，根据相对人在类似行政活动中合法权利可能受损害的程度不同，改进调整所运用的数字技术，使之更符合比例原则中必要性手段的要求。

---

〔1〕 参见梁振文：《算法解释权的构造与法治保障路径——以社会信用体系建设为场景》，载《吉首大学学报（社会科学版）》2021 年第 1 期。

〔2〕 参见鲍坤：《健康码数据常态化应用的比例原则限制》，载《电子政务》2021 年第 1 期。

〔3〕 参见兰磊：《比例原则视角下的〈反不正当竞争法〉一般条款解释——以视频网站上广告拦截和快进是否构成不正当竞争为例》，载《东方法学》2015 年第 3 期。

〔4〕 参见谢蔚、李文静：《比例原则视角下数据可携权之适用路径》，载《湖南大学学报（社会科学版）》2022 年第 1 期。

只有构建符合本国国情的法益评估机制，才能最大限度地保护行政相对人的权益，在此以新冠肺炎疫情防控期间行政机关实施的行政活动为例。随着新冠肺炎疫情态势的发展，部分地区"降级"为低风险地区时，行政机关就应当及时进行法益衡量，若继续使用健康码等数字技术应有区分地对公民的信息加以收集、处理与分析。此外，对法益的衡量也并不只局限于对行政机关运用数字技术加以分析上，也有学者认为可以从行政机关是否在行为手段的范围内尽到止损义务来对法益进行衡量与评估。[1]在行政机关利用数字技术对相对人的个人信息进行收集、处理与分析后，是否能在数字技术手段的支持下，尽可能地减少对相对人权益的侵害，比如，尽可能地在损害最小范围内对相对人的信息进行脱敏化处理，信息使用后及时删除等，这些都是构建法益评估机制的一部分。在法益评估机制的作用下，行政机关在法治数字政府建设过程中实施行政活动就能够与时俱进地运用数字技术，采取对相对人利益损害最小的手段，达到比例原则必要性手段的要求。

2. 促使均衡性要求的实现

行政机关实施行政活动所追求的公共利益与这一行为造成的相对人法益减损间要合乎比例。[2]在数字技术机械性的影响下，行政机关运用数字技术实施的行政活动往往无法实现比例原则均衡性的要求。然而，数字技术的机械性虽然促使了行政行为无法实现比例原则均衡性的要求，但行政行为的实施主体仍是行政机关。因此构建法益评估机制，充分发挥行政机关在法益衡量中的主体作用是非常有必要的。

以新冠肺炎疫情防控期间为例，不同地区，甚至不同场所受疫情影响的程度是不同的，行政机关应当在此种情况之下构建法益评估机制，对行政机关运用数字技术抗击疫情所追求的公共利益与这一行为造成的相对人法益损害之间进行评估。特别是在低风险地区，行政机关可通过法益评估机制对这些地区疫情防控过程中呈现的公共利益和相对人的法益受损进行衡量与评估，进而选择符合均衡性要求的数字工具和手段。

针对不同疫情防控要求的地区和场所，行政机关可运用法益评估机制对所欲实施的行政行为进行选择和取舍。上文说到技术的机械性使得行政机关在

---

[1] 参见鲍坤：《健康码数据常态化应用的比例原则限制》，载《电子政务》2021年第1期。

[2] 参见刘权：《均衡性原则的具体化》，载《法学家》2017年第2期。

运用数字技术对相对人的信息进行收集时并不加以区分，这样可能会损害相对人的隐私权，而通过构建法益评估机制，则可以将何种信息该收集处理，何种信息不宜收集处理进行法益评估。若为了公共利益需要收集、公开相对人此种信息，也要评估此种信息被收集、公开后给相对人带来的损失，只有在个体利益上追求均衡性结果，在整个疫情防控上才能实现比例原则的均衡性要求。

四、行政法基本原则的新发展

数字技术的融入使得行政法基本原则焕发了新的生机，甚至在新的发展趋势下派生出了具有数字特色的新型基本原则。实践中，高效便民原则在数字技术的影响之下有了新的发展，数字技术的运用使得传统政府治理模式焕然一新，行政机关利用数字技术进行自动化决策，自动化模式可以全天候运转，科学配置资源，极大地提高了行政效率，[1]也给行政相对人带来了便利，比如，行政机关运用数字技术搭建平台，将以往只能在线下进行的程序线上处理，使社会公众足不出户即可在网站上完成行政审批等程序，[2]极大地便利了当事人，这些都是高效便民原则新发展的深刻体现。同时，行政法的基本原则在法治数字政府建设实践中派生出了几种新的原则——智能高效原则、[3]协同治理原则和信息共享原则，[4]这些原则展现了政府治理与数字技术结合的新特色。

（一）智能高效原则

"智能高效"是国家对电子化行政即法治数字政府的客观评价和建设目标，"智能"二字是数字技术融入政府治理的显著特征，而"高效"则是我国法治政府建设过程中一直追求的目标，有学者提出，在法治数字政府建设过程中，智能高效原则应作为一项行政法基本原则纳入行政法中，该原则除彰显数字技术在行政法领域的作用外，将这一原则纳入行政法，也是电子化主体进入行政法领

〔1〕 参见王文玉：《算法嵌入政府治理的优势、挑战与法律规制》，载《华中科技大学学报（社会科学版）》2021 年第 4 期。
〔2〕 参见屈晓东：《数字政府视角下网上行政审批的特点、困境与突破策略》，载《理论导刊》2018 年第 12 期。
〔3〕 参见蒋银华：《行政基本法典编纂中电子化行政的主体定位及其制度路径研究》，载《行政法学研究》2022 年第 3 期。
〔4〕 参见高秦伟：《数字政府背景下行政法治的发展及其课题》，载《东方法学》2022 年第 2 期。

域的切入途径。[1]

其实智能高效原则与其他行政法基本原则具有密切的联系,其他行政法基本原则的内涵在智能高效原则之中也有体现。

首先是高效便民原则,当提到智能高效原则时,许多人都会想到与之有字词重复的高效便民原则,可以说高效便民原则是智能高效原则中"高效"的体现。在数字技术的影响之下,"智能"的"高效"是当今时代的趋势,行政机关利用数字技术执法行权,进而产生了自动化决策和算法行政,可以极大提高行政效率,节约行政成本。[2]

其次是比例原则,智能高效原则是"智能"与"高效"的结合,它并不是简单的技术与人工的结合,而是行政的人工化与智能化的有机衔接,二者共存,不可偏废,[3]这表明传统行政法要求的服务型政府治理的要求没有改变,智能高效原则的实践运用也要符合公共利益,目的正当、手段适当;而且当今社会发展速度十分之快,人与人之间,人与政府之间的矛盾和纠纷都有了新的特性,智能高效原则体现了行政机关在这一发展趋势下,利用数字技术的辅助作用更好地实施行政活动,依靠算法模型等对损害进行模拟,从而选择对相对人利益侵害最小的一个手段;均衡性要求行政机关实施行政行为的后果要与其所实现的目的保持均衡,在智能高效原则之下,算法等数字技术具有预测性和精准性等优点,能够对决策风险进行模拟并且在一定程度上可以做到精准对待,[4]这样的风险模拟可以对实施行政行为后可能造成的后果进行模拟和预测,如果无法与所欲实现的目的保持均衡就进行调整,完全符合比例原则的均衡性要求。

在法治数字政府建设过程中,政府治理模式发生了显著的变化,智能高效原则准确地概括了数字时代的特征和政府治理一直追求的目标,与传统行政法基本原则也有着密不可分的联系,是对当前社会形态和发展趋势的准确

---

〔1〕 参见蒋银华:《行政基本法典编纂中电子化行政的主体定位及其制度路径研究》,载《行政法学研究》2022年第3期。

〔2〕 参见屈晓东:《数字政府视角下网上行政审批的特点、困境与突破策略》,载《理论导刊》2018年第12期。

〔3〕 参见蒋银华:《行政基本法典编纂中电子化行政的主体定位及其制度路径研究》,载《行政法学研究》2022年第3期。

〔4〕 参见王文玉:《算法嵌入政府治理的优势、挑战与法律规制》,载《华中科技大学学报(社会科学版)》2021年第4期。

把握。[1]

(二)协同治理原则

在法治数字政府的建设过程中,政府行为模式发生了显著变化,从中央到地方各级政府都将数据驱动作用从政务服务拓展至社会治理领域,开展跨地域、跨领域、跨部门和跨层级的综合治理,这种行为模式上的转变用一个词可以概括,即"协同治理",[2]在数字技术整合影响下借鉴互联网思维,充分利用技术和信息优势,改变传统以专业分工、层级控制为特征的组织结构,突破了政府的组织、地域、部门等边界治理模式派生出了新的行政法基本原则,[3]即协同治理原则。

在法治数字政府建设之前,在一些行政管理领域如生态环境保护,已经率先开展了协同治理的实践,探索提出协同治理的基本路径,为我们理解法治数字政府建设下的协同治理原则提供了前瞻性的意义。比如,在黄河流域整体生态治理过程中,跨区域协同治理是整个工程的关键词,这也是根据现实因素而实施的治理模式,黄河作为中国的母亲河,跨越多个省份,唯有各地区勠力同心,才能彻底改善黄河流域的生态环境。[4]在法治数字政府建设过程中,现有技术手段创造了协同治理扩大的可能性,技术发展的现有问题也需要扩大协同治理范围加以解决,因此协同治理原则的出现和应用是必要和可能的。[5]

在法治数字政府的建设过程中,协同治理原则体现在多个方面。首先,针对算法歧视问题,协同治理原则体现在消费者、经营者、行业组织与执法部门之间的合作与协同:通过赋予消费者自动化决策拒绝权、经营者内部自我控制、赋予行业组织技术审查权以及完善执法部门的监管体系四方面的协同合作与政府治理的结合,有力地消解了算法歧视带来的负面影响。[6] 其次,在法治数字

---

〔1〕 参见蒋银华:《行政基本法典编纂中电子化行政的主体定位及其制度路径研究》,载《行政法学研究》2022 年第 3 期。

〔2〕 参见高秦伟:《数字政府背景下行政法治的发展及其课题》,载《东方法学》2022 年第 2 期。

〔3〕 参见高秦伟:《数字政府背景下行政法治的发展及其课题》,载《东方法学》2022 年第 2 期。

〔4〕 参见廖建凯、杜群:《黄河流域协同治理:现实要求、实现路径与立法保障》,载《中国人口·资源与环境》2021 年第 10 期。

〔5〕 参见黄璜、谢思娴等:《数字化赋能治理协同:数字政府建设的"下一步行动"》,载《电子政务》2022 年第 4 期。

〔6〕 参见成曼丽:《大数据时代算法歧视的协同治理》,载《中国流通经济》2022 年第 1 期。

政府建设的实践中,也有地区走在了协同治理的前列,以广东省为例,广东省采取"管运分离、政企合作"的建设管理体制,相关企业负责数字政府需求对接、系统迁移、数据融合、建设维护、系统运营以及标准制定等职能,[1]政府和企业间的合作实现了协同治理。

在法治数字政府的建设过程中,无论是各地区之间合作,还是政府各部门之间的合作,抑或政府、企业与个人之间的合作,都体现了深刻的协同治理原则,政府部门在协作治理原则的实践中起到了主导作用,协作使法治数字政府建设更完善。

(三)信息共享原则

在法治数字政府的建设过程中,信息共享成了协同治理的关键和基础。[2] 随着时代的发展,一些社会问题需要跨区域、跨部门解决,而这些社会问题解决的前提是问题信息要为这些区域和部门所知。在大数据的背景之下,要落实传统行政法基本原则的要求,就必须进行信息共享,比如,信息共享使得政府实行信息公开以贯彻程序正当原则的要求,而这里的信息共享,既包括各个政府部门之间的信息共享,也包括政府与公民个人、政府与企业间的信息共享。[3]

信息共享原则在抗击新冠肺炎疫情期间发挥的作用尤为突出。行政机关利用数字技术与企业合作搭建的健康码平台就是以信息共享为基础的,利用数字技术收集、处理并分析信息,将有疫情防控价值的信息在政府部门间共享,切实提高了风险人员识别的效率、有利于阻隔传染链条、方便基层社会治理。[4]在传统政府治理模式中,政府数据被作为一种"私有"财产往往由各部门自己保管,很难进行互通共享,而在数字技术的影响下,数据信息的互通已经不再是一种想象,政府基于业务需求将数据分门别类整合成有效的数据集,进而逐步拓展共享渠道,推动业务数据的跨部门交换,如广西壮族自治区人民政府办公厅在2022年1月28日发布的《关于建立健全政务数据共享协调机制 加快推进

---

[1] 参见高秦伟:《数字政府背景下行政法治的发展及其课题》,载《东方法学》2022年第2期。
[2] 参见高秦伟:《数字政府背景下行政法治的发展及其课题》,载《东方法学》2022年第2期。
[3] 参见沈费伟、曹子薇:《社会质量视角下数字政府发展的现实困境与优化路径》,载《电子政务》2022年第7期。
[4] 参见高秦伟:《数字政府背景下行政法治的发展及其课题》,载《东方法学》2022年第2期。

数据有序共享的实施意见》。[1]

在法治数字政府的建设过程中，逐步形成了政府各部门间、政府与公民以及政府与企业间的信息数据共享的模式。政府部门间的信息共享打通了跨部门之间的信息鸿沟，使得数字资源可以在政府部门间自由流通，有效提升了数字资源的使用效率；政府与公民间的信息共享保障了行政公开，有力地保障了公民的知情权，落实了程序正当原则的要求；政府与企业之间的信息共享推动了企业和社会主体对数据资源的增值开发和价值创造。[2]实践中，贵阳市立足信息共享原则的要求，建立了信息共享平台，打破了政府的“数据壁垒”，化解了政府“数据孤岛”等问题，目前平台已建立数据资源目录 18711 个，有 42 家单位利用数据共享交换平台调用数据，同时开放应用程序编程的接口——修改为——应用程序编程的接口（Application Programming Interface，API）接口免费向社会开放政府数据资源，覆盖生态、医疗、教育等 19 个民生服务领域，[3]真正做到了信息共享，为法治数字政府的建设提供了宝贵的经验。

五、结语

信息时代的来临，使得数字技术已渗透到了社会的方方面面，在法治政府建设过程中，数字技术也起到了非常重要的作用，二者的融合即如今广泛讨论的法治数字政府。在法治数字政府视域下，行政机关利用数字技术执法行权占据了法治数字政府建设的重要部分，行政法领域受到了数字技术的广泛影响，作为指导和规范行政立法、执法以及行政争议处理的行政法基本原则在数字技术的影响和冲击下有了新的发展和挑战。面对此种形势，我们要在面对新挑战和新发展的同时，积极采取措施应对这种新挑战，才能发挥好行政法监督公权力，保护私权利的规范功能。

---

〔1〕 参见沈费伟、曹子薇：《社会质量视角下数字政府发展的现实困境与优化路径》，载《电子政务》2022 年第 7 期。

〔2〕 参见胡业飞、孙华俊：《政府信息公开与数据开放的关联及治理逻辑辨析——基于“政府—市场—社会”关系变迁视角》，载《中国行政管理》2021 年第 2 期。

〔3〕 参见石庆波、黄其松：《我国政府数据聚通用的难点与优化路径——以贵阳市为例》，载《电子政务》2022 年第 3 期。

第五章　法治数字政府背景下多元主体关系的探讨与重塑

一、问题的提出

政府在应对信息革命发展浪潮之际，并非仅单纯地携"政府管理服务"跨入数字化情境，这一过程是总体性的体制机制转型和治理范式变迁，需要在法治轨道上运行，才能防止"技术利维坦"[1]，确保政府数字治理"不跳脱、不越距、不遁逃"。2021 年 8 月，中共中央、国务院印发《法治政府建设实施纲要（2021—2025 年）》，其中第 9 条明确提出"全面建设数字法治政府"的总体目标，并要求"坚持运用互联网、大数据、人工智能等技术手段促进依法行政，着力实现政府治理信息化与法治化深度融合，优化革新政府治理流程和方式，大力提升法治政府建设数字化水平"。从法治政府到法治数字政府，有关表述的变化并不仅仅意味着在法治政府建设的进程中简单地使用人工智能、大数据、区块链等数字化技术，而是反映出一种数字政府与法治政府双向融合的深刻转变。[2]这一关涉国家法治建设宏观话语体系的实现，一方面需要在中观层面的政府建设中实现数字化和法治化的协同发展，将数字化引领的"技术之治"整合于规范行政权力运行的"法律之治"中；另一方面需要微观层面考察"依法行政"如何在法治数字政府建设全过程中更好地发挥贯穿、引领和保障作用。

有学者指出，数字政府以电子化、网络化、非现场化、自动化、智能化等方式

---

[1] 算法进化的不确定性导致国家与社会行为从"技术机遇"滑向"技术利维坦"，国家会主动且自觉地建构有利于维持统治的"技术利维坦"，这是一种屈从既定技术的被动政治态势。

[2] 参见张鹏：《区块链赋能下的数字法治政府建设：内涵、关联及路径》，载《电子政务》2022 年第 7 期。

发挥行政作用，对传统行政方式、种类、效力带来了较大挑战〔1〕，近年来也有较多行政管理学界研究者眷注此间同类迭出问题。〔2〕公共行政改革常常带来行政法的变迁，对于“行政数字化”或“数字化行政”，既有的行政法理论体系难以证立或证否，现有的行政法规则框架难以直接套用或推导适用。行政法学者对此问题作深入思考时，或致力于数字行政法治整体性发展讨论，〔3〕或聚焦于新型行政方式的合法性和正当性论证，〔4〕或着眼于行政程序应对数字技术的连锁反应等，〔5〕但鲜有学者研究对传统行政主体理论造成的冲击、基于行政主体职权界定与运行而形成的行政组织法应该如何适用以及多元主体之间的协同如何达至数字治理效能的帕累托最优等问题。行政主体理论、行政组织法律制度本身应是行政法理论及规范中最为基础和重要的部分，但却是近年来行政法学研究中最为薄弱的一隅，也是行政法律规范中最为欠缺的一面，这一研究缺憾与规范遗漏也当然涵摄在了法治数字政府建设之中，需要给予更多的关切、思索与回应。

二、数字政府多元主体关系的发展变化

“数字政府”最初是电子政府或电子政务的同义词，〔6〕随着科技、信息技术以及管理理念与政府体制、机制改革与构建的深度互动，具有了全新的概念意义，逐渐发展并持续拓展成为一种新型治理模式。“信息技术应用于政府治理和公共事务管理的功能和意义，取决于政府和公共管理者对于信息技术和电子

〔1〕　行政自动化存在以下4个层面的挑战：一是行政自动化提高了行政管理的秘密性，与现代行政法所提倡的行政公开不相符；二是行政自动化使行政行为程序中的裁量转变为程序前的裁量，有违行政合理性原则；三是自动化设施错误控制、故障的行为性质认定的困扰；四是行政自动化设施故障而导致相对人损害，国家赔偿责任的缺失。参见朱建忠：《行政自动化中的法律问题》，载《广西政法管理干部学院学报》2005年第1期。

〔2〕　参见戴长征、鲍静：《数字政府治理——基于社会形态演变进程的考察》，载《中国行政管理》2017年第9期；徐晓林、明承瀚、陈涛：《数字政府环境下政务服务数据共享研究》，载《行政论坛》2018年第1期；王伟玲：《加快实施数字政府战略：现实困境与破解路径》，载《电子政务》2019年第12期。

〔3〕　参见于安：《论数字行政法——比较法视角的探讨》，载《华东政法大学学报》2022年第1期。

〔4〕　参见展鹏贺：《数字化行政方式的权力正当性检视》，载《中国法学》2021年第3期。

〔5〕　参见覃慧：《数字政府建设中的行政程序：变化与回应》，载《行政法学研究》2022年第4期。

〔6〕　也有学者认为，数字政府与电子政务没有区别，数字政府是电子政务的一个发展阶段，是从业务上网到服务上网。参见翟云：《改革开放40年来中国电子政务发展的理论演化与实践探索：从业务上网到服务上网》，载《电子政务》2018年第12期。

化政府概念的理解和赋予其什么样的意义"[1],从电子政务的信息化建设到数字政府的改革建设过程,完成了从办公工具意义上辅助手段到具有外部法律效果的程序改造,而后跃迁至行为主体行为机制的讨论。其中,对于参与主体关系的理解也随着对数字政府整体性认识的加深而逐渐变化。[2]

(一)电子政务探索阶段

在世界范围内融入"E 时代"、打造"E 政府"大背景之下,"各国政府充分利用各种先进的信息技术,不断改进信息发布和提供的方式,不失时机地运用网络技术移植政府职能,使政府与社会公众之间、政府部门之间通过网络相互沟通,面向社会公众开展高质量的政府电子化信息服务"[3]。1999 年我国也正式启动"政府上网工程",[4]进入电子政务的起步与探索阶段,各级政府和组织机构以办公自动化系统(OA)的应用和政务信息化建设为主。政务处理的电子化在应用范围上更多实现的是通过政府网站、政务微博等途径公布政府信息;在实现效果上,侧重于便民信息的发布、政民留言互动等功能的应用,政务服务

---

[1] 张成福:《信息时代政府治理:理解电子化政府的实质意涵》,载《中国行政管理》2003 年第 1 期。

[2] 意大利学者对政府数字化过程进行了分析,将这一过程分为 3 个阶段并提出转入赋权性法治议题的节点。(1)建立一个制度化的网站,通过网络进行运作,按照可接近原则,提高了可用性、获得性和残疾人友好性,在信息化、内部运行的,可靠和易于使用的。(2)进行双向的信息交流,但是不包括任何在线处理,没有与用户完整的互动。只是考虑了官员与用户的信息交流。服务提供仍然是传统的方式,即文件的方式。(3)处理和整体化是成熟的两个阶段,服务在线上提供,以大文件的方式进行信息通信技术的运行。这里出现了网络平台运行的数字程序,用精细的数据软件生产了可以形成法律关系的决策,包括支付罚款,复杂的可以包括许可或者给予福利。整体化更多地强调专门的组织性工具,追求完全的后办公室(back - office)实践的转型。它的意义在于,开始一个以公民为中心的新时代,而不是一个以行政官僚为中心的传统模式。前两个阶段仍然是信息化阶段,是新管理运动的伴随物,是"鞘里的剑",后面两个才是数字化。所以这是两个模式和两个时代。See Stefano Civitarese Matteucci, *The Rise of Technological Administration and Ragged Rout Towards a Digital Administrative Law*, in Domenico Sorace, Leonardo Ferrara & Ippolito Piazza eds., The Changing Administrative Law of an EU Member of State: The Italian Case, Springer Nature Switzerland AG and G. Giappichelli Editore, 2021, p. 132 – 133.

[3] 邵佳宏:《政府信息公开与"政府上网"工程》,载《情报科学》2002 年第 9 期。

[4] 1999 年 1 月 22 日,由中国电信和国家经贸委经济信息中心牵头、联合 40 多家部委(办、局)信息主管部门在京共同举办"政府上网工程启动大会",倡议发起了"政府上网工程",政府上网工程主站点 www.gov.cn 开通试运行。

仍多以线下流程为主,并未实现较高程度的公众服务电子化;在协同程度上,部门之间、系统之间数据共享不明显,绝大多数是一种政府部门线下信息的线上整合展示,是一种政务信息的单向网络迁移。

总之,"受制于当时信息化基础薄弱的客观条件,初期的制度建设主要聚焦于行政主导的信息化基础建设"[1]。可见,此阶段参与主体以政府为主,尚未过多涉及或者吸纳其他主体,且电子政务运作仍以传统科层制行政机关分级分类分部门分领域的分割职权为依托,分散管理、包办管理的弊端亦有体现,导致数据封闭运行、"管运一体"模式多现,互联互通、业务协同、资源共享等整体政府、系统政府的理念尚未见诸其中。

(二)"互联网+政务服务"发展阶段

在2015年3月召开的十二届全国人大三次会议上,李克强总理在政府工作报告中首次提出"互联网+"行动计划[2],2015年亦是开启"互联网+政务服务"发展的重要时间节点。随后国务院印发的《关于积极推进"互联网+"行动的指导意见》在"互联网+"益民服务部分专门提及"打通政府部门、企事业单位之间的数据壁垒,利用大数据分析手段,提升各级政府的社会治理能力。""一网、一门、一次"改革[3]是这一阶段的重点,其根本技术逻辑在于通过互联网平台,搭建跨区域、跨层级、跨部门的数据共享和交换体系,实现各业务数据的互联互通,推动线上政务服务,以数据的高频流动简化政务服务的繁杂程序,重塑政府服务流程,最终实现整体政府、系统政府的建立。以上逻辑的成立和展开基础在于要克服上个阶段因传统条块分割的政府组织结构而形成的"数据烟囱"和"信息孤岛",实现政府之间、政府各部门之间、政府与相关企事业单位之间的沟通配合与通力协作。从当时一些先行地区的实践情况看,基本都突破

---

[1] 马怀德主编:《行政法前沿问题研究》,中国政法大学出版社2018年版,第361~363页。

[2] 完整表述为"制定'互联网+'行动计划,推动移动互联网、云计算、大数据、物联网等与现代制造业结合,促进电子商务、工业互联网和互联网金融健康发展,引导互联网企业拓展国际市场"。参见《2015年政府工作报告》,载中国政府网2015年3月5日,http://www.gov.cn/guowuyuan/2015zfgzbg.htm。

[3] 国务院办公厅于2016年4月发布《推进"互联网+政务服务"开展信息惠民试点实施方案》,于2018年6月印发《进一步深化"互联网+政务服务"推进政务服务"一网、一门、一次"改革实施方案》,这两个重要文件对"一网、一门、一次"改革予以重点落实和持续推进。其中"一网"指的是"线上一网通办","一门"指的是"线下只进一扇门","一次"指的是"群众最多跑一次"。

了互联互通难、业务协同难、资源共享难的3个难题,在制度架构上逐步向着省内政务服务的整体式和平台化发展,如浙江省政务服务网的建设和运行。[1]但就业务协同与数据共享的程度而言,还不够深入和广泛,且大部分地区仍是一些政府常规业务的智能化操作以及部分高频政务服务涉及多部门审批事项环节的减少,一定程度上没有对传统行政主体之间的组织边界产生突破或者消除。

此外,相较于电子政务探索阶段的"政府信息的数字化呈现",此时的"互联网+政务服务"直接体现的是互联网创新成果与政府管理服务相融合的过程,旨在实现"政务服务的数字化供给"。为有效满足社会的政务服务需求,实现"管控分离",政府更加注重与企业之间的合作,[2]引入企业力量提供技术支持,虽还是行政主导,但参与"互联网+政务服务"供给端的主体更为多元。

(三)数字政府协同构建阶段

在2019年10月31日党的十九届四中全会通过的《关于坚持和完善中国特色社会主义制度　推进国家治理体系和治理能力现代化若干重大问题的决定》中,"数字政府"概念在党的重要文件中被首次提及,[3]其中将"建立健全运用互联网、大数据、人工智能等技术手段进行行政管理的制度规则""推进数字政府建设"明确列为"优化政府职责体系"的主要任务内容。随后,数字化建设先进地方政府探索先行,如浙江省、广东省、贵州省等地陆续发布关于"数字政府"建设的总体规划,积极推动本地数字政府建设。

综观中国政府数字化进程不难发现,"传统的行政主体是建立在分散的、独立的、专业的行政部门或组织基础之上的,这种部门之间泾渭分明、独立运行的设定,加剧了信息孤岛、专业壁垒和协同困难等问题,与整体政府下'一站式'

---

[1] 参见张丽丽:《新常态下推进"互联网+政务服务"建设研究——以浙江省政务服务网为例》,载《浙江学刊》2016年第5期。

[2] 2017年8月,国家发展和改革委员会印发《"十三五"国家政务信息化工程建设规划》,要求"打破理念束缚,充分发挥市场主体作用,鼓励采用委托代建、以租代建、BOT、服务外包等新模式,促进工程建设主体和服务方式的多元化;形成政务公开、数据开放、社会参与的常态化机制,实现由政府投资建设为主向政府与社会投资双轮驱动的机制转变"。

[3] 参见北京大学课题组、黄璜:《平台驱动的数字政府:能力、转型与现代化》,载《电子政务》2020年第7期。

‘去边界’‘无缝隙’地提供公共服务的改革实践不相适应”〔1〕,越来越多参与或关心数字政府建设的实务部门、研究学者等意识到,对这些现象与问题必须要对其进行再思考,再出发。数字政府构建阶段最重要的发展特征应是政府组织的数字化转型,应是行政协作方式的改进和拓展,更应是多元主体的互联互通、协作与共。

2022 年 4 月 19 日,中央全面深化改革委员会第二十五次会议召开,会议指出,“要强化系统观念,健全科学规范的数字政府建设制度体系,依法依规促进数据高效共享和有序开发利用,统筹推进技术融合、业务融合、数据融合,提升跨层级、跨地域、跨系统、跨部门、跨业务的协同管理和服务水平”〔2〕。这一建构逻辑更深层次上体现的是一种多元主体之间的整体、集约、有序、高效的“协同治理”,强调的是数字政府管理部门与各业务部门之间的统一规划、统一标准、统一实施等,注重的是政府各级部门与社会参与主体的互动、配合,打造的是平台驱动的数字政府,在打通“烟囱数据”之上建设集约化的公众支撑平台,并在此基础上引入丰富的政务应用。此时,这种从政府整体架构出发而搭建形成的行政组织体系,以及引入企业力量提供支持而形成的政企合作、多元共治的格局,已经为行政主体理论的重构、行政组织边界的重划以及协同治理的实现提出了一系列挑战。

三、数字政府多元主体的法律属性分析

作为一个统摄性概念,数字政府建立在电子政务发展、“互联网 + 政务服务”思维和技术融合的基础之上,是对先前发展成果的持续推进,涵盖领域更为广泛,参与治理主体也更加多元。〔3〕其中,党组织在各参与主体中位于“统领

---

〔1〕骆梅英:《面向整体智治的法治现代化》,载微信公众号“互联网法治研究”2021 年 11 月 29 日,https://mp. weixin. qq. com/s/pg_d6IROES89eP_FyBpGVg。

〔2〕《习近平主持召开中央全面深化改革委员会第二十五次会议强调　加强数字政府建设　推进省以下财政体制改革》,载新华网,http://www. news. cn/politics/leaders/2022 - 04/19/c_1128575366. htm。

〔3〕有学者认为,数字政府治理结构的主体由党组织、政府部门、公益部门、私营部门和公民这 5 个部分组成。参见王少泉:《系统权变视域下数字政府治理结构演进分析》,载《中共福建省委党校学报》2018 年第 1 期。

者”地位,发挥着“元治理”[1]功效。“一切主要和重要的问题,都要先由党委讨论决定,再由政府执行”[2],这同样是数字政府和法治政府建设的根本遵循,更是法治数字政府能够得到大力发展的政治基础,这需要从更宏大的视角去观察。本书仅从具体措施实施角度来探讨整体政府、电子平台以及参与企业在数字政府多元主体互动关系中所表征的法律属性。不同主体因法律属性的不同而扮演着不同的法律角色,承担着不同的法律责任,也只有按照实用主义和功能主义相结合的进路对数字政府多元主体的不同法律属性进行分析后,才能采取不同的规制路径,以此见诸“法治”的核心要义。

(一)整体政府

传统政府运行过程中,因部门职责与管理领域处于“条块”状态所造成的碎片化管理、割裂式管理一直是法治政府建设所致力改变的重点问题。国家和社会治理的复杂性决定了政府部门之间分工的必要性与合理性,其重点与难点在于部门之间的协调与配合。[3]数字技术的广泛应用深刻改变着传统的行政方式,将分散的数据汇合,分属的业务整合,进而将分立的组织融合,从政府内部组织上进行了整体性重塑。数字技术运行规则是一种以数据流动为引领的超越政府内部纵向层级与横向结构的“物理解构”,是对政府权责边界的“化学消解”和业务流程的“合成再造”。法治政府与数字技术二者统一于消除传统政府治理模式下的治理困境,实现公共服务无缝隙供给的目的。

1. 整体政府的实现路径

在数字政府多元主体中,政府仍是最主要的参与主体,其一体化程度是打破传统科层结构碎片化、职能冗杂交叉的关键要素,对数字政府和法治政府的建成均有举足轻重的意义。从数字政府和法治政府正向促进的角度分析,数字

---

〔1〕“元治理”是国外学者针对“治理失灵”提出的解决方法,是指“治理中的治理”,从通过各种措施为“自发的社会性”提供机会,到推进联络和协商,再到推进创新,提升制度的厚度。参见[英]鲍勃·杰索普、程浩:《治理与元治理:必要的反思性、必要的多样性和必要的反讽性》,载《国外理论动态》2014 年第 5 期。需要说明的是,不同于国外政府在“元治理”中扮演的重要角色,我国由执政党实现“元治理者”的角色担当,使用“元治理”机制进行各项“元治理”实践活动,由此不断提升治理能力和治理体系现代化,其中数字法治政府建设是当中关键一环。

〔2〕毛泽东:《毛泽东选集》(第 5 卷),人民出版社 1977 年版,第 95 页。

〔3〕参见何文盛、王焱:《超越碎片化:整体绩效观的源起、意涵和实现路径》,载《学海》2021 年第 6 期。

政府与法治政府因各自内涵所强调内容的不同,对实现一体化的整体政府所起的作用不同。就数字政府而言,一方面是整体政府要实现中央地方不同层级之间的纵切贯穿,运用数字技术突破“韦伯科层制理论”衍生的信息沟通障碍,实现纵向政府的扁平化、网络化和去中心化;另一方面要求不同职能的横向部门之间的平行贯通,以信息交互、业务融通取代单纯物理整合,通过内部业务的精简或联动实现对外“公共服务产品”提供的便捷与高效。就法治政府而言,强调政府从设立、职权划分、执法行为行使等都源于“法”的授予,与此同时在职能耦合及流程再造过程之中把民主、公开、公正、参与、效能以及精简等法治原则融于其中。从数字政府和法治政府相融合角度来讲,整体政府在理念上以职权、功能及资源整合为中心,坚持行政权力行使的合法性和正当性,以能否实现公共服务的优化提供和行政效能的明显提升为判断标准,依法、有序推进行政机构纵向和横向的有机整合。

2. 整体政府中的协同逻辑展开与法治基准探讨

从实现路径推演与具体实践可知,整体政府的建设与发展虽是数字技术的深层次应用,但还是置于政府内部从上到下的科层结构之中实施的。从中央到地方推动性文件和落实性规则等都提出了加强“跨层级、跨地域、跨系统、跨部门、跨业务”的协同治理要求〔1〕。提取“五跨”中的共性逻辑,其核心在于协同治理理论〔2〕的应用。为了将整体政府协同过程中在职能整合、流程磨合、数据统合等方面的不协调因素降到最低,需要提高协同的法治化、规范化程度,法治基准必须内嵌于纵、横向协同过程之中。

首先,就跨层级协同而言,这是一种纵向维度、基础性的机构整合,在传统科层制的影响之下,上令下从的等级命令理念根深蒂固,因而从中央到省、市和

〔1〕 如国务院《关于加快推进政务服务标准化规范化便利化的指导意见》提出“……加强跨层级、跨地域、跨系统、跨部门、跨业务协同管理和服务,充分发挥全国一体化政务服务平台‘一网通办’支撑作用……”《山西省“十四五”大数据发展应用规划》提出:“完善省、市两级政务数据资源共享体系,推进千项数据资源共享工程,推动政务数据跨层级、跨地域、跨系统、跨部门、跨业务共享和‘一源多用’。”

〔2〕 协同治理有广义、狭义之分,本部分讨论仅从狭义角度分析政府体制之内的协同,不涉及社会部门的广义协同。

各基层政府跨层级的协同动力[1]最强。协同动力与协同行动之间呈正相关关系,因此跨层级协同的完成程度也较高,全国范围之内各省均已基本完成省、市、县三级数字协同,部分地区已经先行达至省、市、县、乡、村五级数字协同[2]。《宪法》和已有的行政组织法也更为重视行政机关纵向关系的规范,对于中央政府的全局领导职能[3]、省市政府的枢纽职能以及基层政府的社会回应职能[4],包括各层级之间的法律职权和职责均有相应规定。

其次,就跨地域协同而言,其关注的是不同地域间各级政府如何实现信息互通、业务协同的问题,将分属于不同地域的政务数据资源共享、将分属的电子业务流程予以纵向或横向梳理。其中,对于同属一个省级行政区划内的跨地域协同可由统一的省级政府统筹规划,按照跨层级的协同逻辑得以实现;对于同一个省级行政区划外的跨地域协同,已有的区域经济间、自然流域间的协同等虽基于物理形态有共同认知基础,但对于权力地域边界、权责义务等问题更多的是靠区域会签文件等内部协商沟通机制,缺乏法治要素的规范输入。数字协同的"无形化"更添复杂因素,特别是数据权属、责任确定等基本问题尚未从法律层面明确。[5]

再次,就跨系统协同而言,这是将分散于各部门、各地区具有内部自洽性的数据系统、业务流程等加以重构组合,在整个协同实现上难度较高。传统行政组织架构中本就存在"条块分布式"格局,各系统主体自成体系,又因制度环境、利益保护等复杂因素更缺乏直接甚至间接沟通。借用"结构洞理论"进行深层原因剖析,这些协同主体之间在数据共享和业务协作上基本无直接联系,在协

---

[1] 根据柯克·爱默生等人对协同治理综合框架的论证,协同治理中的协同动力是一种联合协同动力,是不同协同主体一同产生进行行动的一种潜力。See Emerson, Kirk, Tina Nabatchi & Stephen Balogh, *An Integrative Framework for Collaborative Governance*, Journal of Public Administration Research and Theory, Vol. 22:1, p. 1 - 29(2012).

[2] 截至2021年,31个省级政府已构建覆盖省、市、县三级以上的政务服务平台,其中至少21个地区实现了省、市、县、乡、村服务五级覆盖。参见江小涓:《加强顶层设计　解决突出问题　协调推进数字政府建设与行政体制改革》,载《中国行政管理》2021年第12期。

[3] 如《宪法》第89条第4项规定,国务院"统一领导全国地方各级国家行政机关的工作……"

[4] 如《宪法》第110条第2款规定:"地方各级人民政府对上一级国家行政机关负责并报告工作。全国地方各级人民政府都是国务院统一领导下的国家行政机关,都服从国务院。"《地方各级人民代表大会和地方各级人民政府组织法》(以下简称《地方组织法》)也有相应落实规定。

[5] 部分内部行政已经产生了外溢的法律效果,如后疫情时代不同地区赋码政策不同而导致公民跨省后在目的地出行受限;异地身份证办理中受理机构以"必须回原籍办理"为由拒绝办理等。

同治理网络结构中就形成了“结构洞”〔1〕,因而跨系统数字协同的实现需要在组织法规范的推动,在不打破内部自洽高效运行的基础之上,对需要跨系统数字协同的事项、权责边界以及信息共享程度〔2〕等予以规定。

复次,就跨部门协同而言,这是不同职能分工部门在相关政策领域间的横向协作,在此过程之中将信息技术嵌于政府职责体系,重构部门间职能分开运行与业务独立开展逻辑,由过往以部门或以职能为中心转变为“以人民为中心”而进行的部门间同类或线性业务整体规划,从“办好一件事”的角度变层级节制的条块分割组织结构为扁平化的综合协同网络结构。此时,传统的治理组织结构、各部门权责配置以及相互之间的法律地位都产生了变化。但是,目前仅靠绩效激励机制促进的跨部门数字协同有较大的不稳定性,需要法治塑造长效、可持续的协同。

最后,就跨业务协同而言,作为数字政府建设中的根基式技术方式,业务协同是以上几个方面协同的必要承载路径,是整合后的行政职能再次实施的具体形式。跨层级、跨地域、跨系统、跨部门的数字协同程度最终都会外化为回应社会和公民的业务办理效能,落脚于各层面业务部门之间的协作效果。相应地,也只有达到层级通、地域通、系统通、部门通的效应,才能摆脱依靠上级权威进行个案整合的“人治”业务协同,〔3〕达到“法治”层面上的互联互通、数据共享和业务协同。

(二)电子平台

建设数字政府的前提是利用信息通信技术(ICT)为政府搭建起网络化的组织形态结构和数字化的政务运行系统,“创建共享平台、组件和可复用的业务功能”,实现“数字政府即平台”〔4〕。这种将组织、制度以及技术耦合而成的电子

---

〔1〕　[美]罗纳德·伯特:《结构洞:竞争的社会结构》,任敏、李璐、林虹译,格致出版社、上海人民出版社2008年版,第1~3页。

〔2〕　如公安机关布控的视频摄像头所记录的随街流动摊贩售卖视频影像能否作为城市管理部门进行行政处罚的事实依据等数据共享问题。

〔3〕　参见蒋敏娟:《法治视野下的政府跨部门协同机制探析》,载《中国行政管理》2015年第8期。

〔4〕　“数字政府即平台”是英国政府数字服务建设发展的重要经验,英国政府内阁办公室与政府各部门协商、牵头制定和提供一系列通用的跨政府部门技术平台,范围覆盖数据开放、数据分析、身份认证、网络支付、云计算服务等,以支持新一代政府数字服务的运行。参见张晓、鲍静:《数字政府即平台:英国政府数字化转型战略研究及其启示》,载《中国行政管理》2018年第3期。

平台并非简单等同于行政工具的数字化，有学者认为这是基于平台治理范式而形成的一种新的政府形态。[1]但现有的行政主体理论和行政机关基本活动原则和制度并没有将电子平台在行政过程中的主体角色加以界定。当外溢法律效果不断产生之际，[2]电子平台以何种法律地位出现在行政法理论体系中以及行政立法实践如何回应这一问题就必须慎重思考。

1. 电子平台纳入行政主体理论体系的适用性分析

目前法学理论研究领域对于电子平台行政主体是否可定义为独立的行政主体尚存分歧。传统的行政主体理论将行政主体认定为“政治活动中自然人的组合体，是自然人选择的管理组织形式”，作为“自然人的延伸，其存在的目的正是实现一般个人无法单独从事的事业。”[3]沿着此理性主义进路考察，很难将过往“人人”互动的传统行政方式与如今“人机”交互的数字行政方式直接进行行政主体角色转换。但行政主体从来都不是一个既定的、恒久不变的闭合性概念，必须站在实用主义立场加以观察。在20世纪90年代公共治理理论兴起之时，政府治理模式呈现结构性变革，为实现抽象化的国家治理体系同具象化的人际关系之间的协调统一，行政主体向多元化发展，原有的行政主体理论体系也随之松动，将为了适应利益诉求多元化和推动社会管理民主化而出现的非政府公共组织也涵摄其中。彼时的行政主体不仅在范围上发生了根本性的变化，其结构也从传统的“人本主义”主体观转向了“公共服务”主体观。也即对于行政主体的判断标准不再局限于人本逻辑，而是更为倾向于“公共服务标准”。如此，出于国家治理目的而提供公共服务的自然人、法人抑或组织等均可统合概称为行政主体。“电子化行政系统同传统行政主体一样，也是国家基于社会治理目的，按照公共事务处理分工差异而创设的某种功能性角色”[4]，在功能主义应对社会需求明显有效的基础之上，符合公共服务实施者角色定位，为适应

---

[1] 参见韩万渠、柴琳琳、韩一：《平台型政府：作为一种政府形态的理论构建》，载《上海行政学院学报》2021年第5期。

[2] 如在行政审批中的“秒批服务”、行政处罚中的“电子处罚”等，在行政实践中已被默认为具有外部法律效力。

[3] 薛刚凌：《行政主体之再思考》，载《中国法学》2001年第2期。

[4] 蒋银华：《行政基本法典编纂中电子化行政的主体定位及其制度路径研究》，载《行政法学研究》2022年第3期。

数字社会发展,对行政主体外延进行实践拓展的电子平台[1]理应在行政主体理论体系中加以探讨。

2. 电子平台引入行政法体系的适法性分析

传统行政主体与电子平台在本质属性上是发展与演进关系,换言之,二者具有异构同质性,但无论是传统行政主体科层制的层级关系和还是电子平台扁平化的运行状态,都应当于国家治理方式法治化图景中进行考量。电子平台也应符合行政法治的基本要求,也应是行政组织法、程序法以及救济法必须规范的对象,而以何种方式将电子平台与目前的行政法体系进行衔接是首要问题。有学者建议"引入'行政代理'概念,以连通起传统行政主体和电子化行政主体之间的法律关系"[2]。法治数字政府建设初期,在没有最新行政立法实践前,上述论证无疑是一条较为可行的路径。通过"行政代理"这一概念,应用"委托代理理论"[3],将传统行政主体作为电子平台的搭建应用者通过"委托"将某些具有高度羁束性、成熟且类型化的公共服务事项交由电子平台"代理"决策与执行,既符合"权责一致"的行政法基本原则,也为电子平台进入国家治理领域创造了适法性依据。

值得辨析的是,在公务员对于公共行政事务的个人代理模型中,"存在着代理人有可能不完全贯彻委托人意图,为追求个人目标利益而牺牲资本所有者目标利益的问题"[4],原因在于二者信息不对称,委托人很难知晓代理人是否能通过较高的努力达到预期成果,委托人需制定激励机制,促使代理人采取所希望的行动,最大限度地防止腐败问题。[5]所以,在传统行政体制下,受公务员独立个体性的限制,行政代理很难在国家治理体系中发挥有效能动作用,这也是

---

[1] 此处谈论电子平台只在治理功能和治理目标上具有行政属性的处理公共事务的数字平台,暂不讨论以实然形成"私权力"运行的大型商业平台。

[2] 蒋银华:《行政基本法典编纂中电子化行政的主体定位及其制度路径研究》,载《行政法学研究》2022 年第 3 期。

[3] 委托代理理论最早兴起于经济学领域,是 20 世 60 年代末 70 年代初一些经济学家不满企业"黑箱"理论而深入研究企业内部信息不对称和激励问题发展起来,其实质是研究在委托人不得不对代理人的行为后果承担风险的前提下,委托人和代理人之间关系和相互作用的结果及其调整。参见刘有贵、蒋年云:《委托代理理论述评》,载《学术界》2006 年第 1 期。

[4] 赵蜀蓉、陈绍刚、王少卓:《委托代理理论及其在行政管理中的应用研究述评》,载《中国行政管理》2014 年第 12 期。

[5] See Rose - Ackerman Susan, *The Role of the World Bank in Controlling Corruption*, Law And Policy in International Business, Vol. 29 (1), (1997).

造成“懒政”问题的深层原因。电子平台的整体代理模型不存在代理人为攫取个人私益而损害国家和社会公共利益的情形,这赋予“行政代理”更为广泛的应用空间。但电子平台是利用“决策支持系统”(Decision on Support Systems, DDS)而建立的,自动决策和执行背后所运行的是“算法逻辑”。从技术角度看,算法可以复杂到连设计者都难以明晰其具体运作过程的程度[1],需要重点防范与破解“算法黑箱”引起的法律责任,不能让“算法黑箱”掩盖数据权力的弊端。在公务员代理模型中,对于行政责任的发生,公务员个体也会在个人主观存在严重过错的情况下遭受责成于自身的不利性评价,但由电子平台代理模型承担否定性责任没有现实意义,无法达到惩戒和预防的功能。所以“采用算法自动化决策的机构有义务解释算法运行原理以及算法具体决策结果”[2],应更多地在立法层面关照到委托人的勤勉责任和行政相对人的算法解释请求权。

(三)互联网、数字技术企业

政府与互联网平台、数字技术企业等第三方合作,发挥它们的人才、技术优势,是数字政府、智慧城市建设的基本范式。互联网、数字技术企业通过公私合作模式,以矩阵式、协同化、生态化的组织定位,协助政府构建整体性的数字协作,是数字政府建设的重要支撑,也因此进入“数字公共治理”的场域。但“一个原先由国家履行的公共任务转由私人履行,国家固然因此免除其履行责任,然而国家对于该任务是否适切地被履行本身,却无法摆脱其责任,国家的履行责任因此转变为担保责任,结果国家遂必须对私人之履行该项公共任务加以管制”[3]。以何种形态进行有效协同和必要监管,则是应予以及时填补的法治空间。为实现“公私权利主体在责任分配下共同合作履行任务”[4],需要在“公私合作领域以概括方式进行法秩序的形塑”[5],其关注重心应是二者法律关系的探讨和法律界限的推演。

---

[1] See David Castelvecchi, *Can We Open the Black Box of AI*, 538 Nature 20, 20 - 23(2016).

[2] 王聪:《“共同善”维度下的算法规制》,载《法学》2019 年第 12 期。

[3] 张桐锐:《合作国家》,载翁岳生教授祝寿论文编辑委员会编:《当代公法新论(中)》,台北,元照出版有限公司 2002 年版,第 574 页。

[4] 李建良主编:《2011 行政管制与行政争讼:民营化时代的行政法新趋势》,台北,“中央研究院”法律学研究所 2012 年版,第 104 页。

[5] 詹镇荣:《公私协力与行政合作法》,台北,新学林出版股份有限公司 2014 年版,第 15 页。

1. 政府与互联网、数字技术企业的法律关系探讨

不同于传统意义上的政企合作关系，政府与互联网、数字技术企业之间的合作关系因数字社会的推动和数字技术的嵌套而呈现复杂样态，“展现了在政府主导的制度性参与渠道之外，公众参与不仅可以兴起于社交媒体领域，还能够发端于平台企业的客户端上，并成长于平台企业自行开辟的参与空间之中”〔1〕。如近年来，公共服务数字体验的最初推广就是通过微信、支付宝等已拥有大体量用户群的互联网企业平台，将社保、税务、交通、医疗等高频政务服务嵌入其中而实现的。随后各地方专事于政务服务的应用程序、政务平台等也旋即上线〔2〕，用户数量也因电子政务便捷、稳定及可靠等技术优势的显现呈指数级增长，更在后疫情时代释放了巨大的适用空间。在我国政务信息化建设过程中，政府从自建自营模式发展到政府采购服务模式，还有一些地区在此领域引入了政府与社会资本合作（PPP）模式〔3〕，其间政府也逐渐认识到在应对技术变革形塑社会状态的浪潮时，大包大揽式的行政模式已临失效，“契约型安排在行政法中兴起的缩影，是对像命令和控制这样传统规制方法的一种补充甚至是替代”〔4〕，此时，政府提供数据，互联网、数字技术企业提供连接、共享和应用能力，“数据凝聚力”的提升促成了共治语境下的“数智治理”合力。〔5〕数字政府领域的政企合作关系，无法简单划结为民事法律关系或行政法律关系。从更高综合维度讨论，政府旨在与互联网、数字技术企业建立内部和外部配合，二者处于一种指导与被指导的法律状态，二者关系是民事合作关系和行政指导关系的交织。对于民事合作关系，是从“依法用权”和“依法经营”的角度建立“清”

〔1〕 张欣：《数字经济时代公共话语格局变迁的新图景——平台驱动型参与的兴起、特征与机制》，载《中国法律评论》2018 年第 2 期。

〔2〕 如广东省“联合三大基础运营商和腾讯、华为两大企业，成功打造‘粤省事’移动 App 和‘广东政务服务网’一体化在线政务服务平台”。浙江省“联合阿里巴巴开发了‘浙里办’办公 App 和掌上办公‘浙政钉’”。参见蒋敏娟：《地方数字政府建设模式比较——以广东、浙江、贵州三省为例》，载《行政管理改革》2021 年第 6 期。

〔3〕 如 2019 年 3 月，广西贵港市平南县经济信息中心通过单一来源采购方式，引入广西中科曙光云计算有限公司作为社会资本方，成立项目公司开展建设运营政务信息化综合平台。参见马颜昕等：《数字政府：法治与变革》，中国人民大学出版社 2021 年版，第 189 页。

〔4〕 ［英］卡罗尔·哈洛、［英］理查德·罗林斯：《法律与行政》（下卷），杨伟东等译，商务印书馆 2004 年版，第 511 页。

〔5〕 参见马闯：《城市治理的“数智化”路径探索》，载《人民论坛·学术前沿》2020 年第 20 期。

"亲"的统一关系。[1]对于行政指导关系,则需要关注类型化的不同行政指导行为的特性,在法治数字政府建构初期优先适用较多的是规制性行政指导和调整性行政指导,具有服务性质的助成性行政指导补充适用。[2]

2. 政府与互联网、数字技术企业的法律界限推演

随着互联网、数字技术企业在数字合作治理之中的参与协作,"政府权力—私人权利"的二元局面已然演化为"政府权力—企业数字权力—私人权利"三方混合的新格局。由于各自角色定位不同,所代表的利益诉求难免冲突。具体到政企合作过程之中,政府和互联网、数字技术企业各自为自主性主体时,相互之间基于利益产生的博弈应是以法治为基础的规则博弈。理想的制度样态或许是关涉多元治理主体的授权性、禁止性、约束性的权力清单,发挥法律的区分功能,实现"政府的归政府、市场的归市场"[3]。但数字社会新形态下的虚拟现实交织叠加,通过"践诺协作、共享的精神,持续地打破各领域的原有概念和边界"[4],试图一次性在政府与互联网、数字技术企业之间划定一个绝对周延且互斥的权力界限是不可能实现的。这与政府的数字管理能力,互联网、数字技术企业的业务成熟度和数据自治能力密切相关,且会随着客观数字环境的不断变化而推移演变。既然界限无法推定,总要尝试寻找一个推演底线,即政府和互联网、数字技术企业在不同数字境况下的责任担当问题,既防止政府以"不具体运营"为由"甩锅"企业,又要避免互联网、数字技术企业出现非技术性错误时追责无人。对于政府的责任承担问题,已有的行政救济法律规范提供了多种解决方案。而对于企业的规制,西方早有学者注意到司法审查对企业行为的评判或因法律规范的真空状态而"缺席","私人力量担纲了传统公共职能的履行,却又可能摆脱司法对公权力运用的严格审查"[5],所以,企业参与的责任性应从整体行政立法实践与司法救济保障的角度充分思考。此外,在法治数字政府建设中,政府治理体系不仅"基于数字治理",还涉及"对数字本身的治理"[6],

[1] 参见彭向刚、马冉:《政企关系视域下的营商环境法治化》,载《行政论坛》2020 年第 2 期。

[2] 规制性行政指导和调整性行政指导具有权力规制代用物的特征,助成性行政指导具有服务性的性质。参见杨建顺:《日本行政法通论》,中国法制出版社 1998 年版,第 541 页。

[3] 杜辉:《面向共治格局的法治形态及其展开》,载《法学研究》2019 年第 4 期。

[4] See Orly Lobel, *The Law of the Platform*, Minnesota Law Review, Vol. 101:87, p. 89(2016).

[5] [美]朱迪·弗里曼:《合作治理与新行政法》,毕洪海、陈标冲译,商务印书馆 2010 年版,第 134 页。

[6] 鲍静:《全面建设数字法治政府面临的挑战及应对》,载《中国行政管理》2021 年第 11 期。

特别是在“处于重心驱动位置的数据掌握者,其数据财产权应被肯定”[1]的趋势下,数据财产权与数据主体人格权利会有冲突之处,此时对于企业的财产权和用户的个人隐私权利应该如何衡量,也是摆在政府面前的法律价值判断困境。当前我们似乎给了数据主体人格权利更多的保护,但这是否会影响政府和企业之间今后更为广泛的合作关系,尚值得商榷,需要回到数据效益背景之下进行更为细致的界分。

总之,互联网、数字技术企业际遇数字社会获得了前所未有的发展,为避免被淘汰也陷入了无限扩张的依赖路径,通过扩张来维持存在的价值和必要性,但又或许在扩张的同时消解自身的正当性和受认同性。如百度、腾讯、阿里三大巨头凭借其固有的互联网优势,掌握了大量的数据,但个别互联网巨头不愿配合监管分享数据。[2]为避免“极化困境”,不仅互联网、数字技术企业自身要形成社会责任意识,政府也要秉持包容审慎监管的理念去处理与政企之间的关系。

四、法治数字政府多元主体关系的检视

我国的数字政府建构演绎的是一种内在驱动型模式,发轫于政府对于新一代信息通信技术加速赋能公共治理的需要,总体呈现一种技术运用先于规则制定的状态。在政府数字化转型之初,这种治理方式的变革是否严格符合“法治”的内在机理或许并未成为决策实施者首要顾虑的问题。随着行政组织优化、行政流程再造不断带来的外溢法律效果,其中有积极进展亦有消极结果,被动促使理论研究者、政策制定者以及制度推行者甚或效果承受者思考数字政府中技术运用与法治政府中“依法行政”之间的契合问题。诚然,在大数据、云计算、区块链、人工智能(AI)等前沿技术的综合发展、融合运用之下,数字政府发展速度日益攀升,而法律规范若常处于或阙如或滞后状态,就不可避免地也陷入了“科

---

〔1〕 龙卫球:《数据新型财产权构建及其体系研究》,载《政法论坛》2017年第4期;龙卫球:《再论企业数据保护的财产权化路径》,载《东方法学》2018年第3期。

〔2〕 如百度、腾讯、阿里三大巨头凭借其固有的互联网优势,掌握了大量的数据,但个别互联网巨头不愿配合监管分享数据。参见《大数据产业遭垄断和孤岛:拿数据的多,贡献数据的少》,载人民网,http://finance.people.com.cn/n1/2016/1020/c1004-28792973.html。

林格里奇困境”[1],在理论研究中出现“步伐困境”,在立法实践上显现“规制断裂”等难题。[2]

(一)对行政主体理论的冲击

行政主体概念作为行政法教义学上的规范表达,是指“依法享有行政职权,独立对外进行管理的组织”[3]。作为舶来品,我国行政法引入行政主体概念的初衷是为铺开行政救济理论发展,将西方行政主体理论差异化的改造为针对本土内生问题适用的“诉讼主体模式”[4],也在适用之初为行政诉讼法相关条文提供了理论支撑,很好地解决了行政诉讼被告资格确认的问题,因此这一本土化后的行政主体理论也逐渐被行政法学界所广泛接受。但由于没有完全触碰到行政主体理论的精神内核,到20世纪90年代时,“治理理论”开始广泛运用,“公共行政”逐渐成为主流国家行政模式,行政主体的多元化理论发展喷薄欲出,我国的行政主体理论便遭遇了第一次适用危机。当时许多关注行政主体理论的专家学者撰文探讨,部分学者讨论的重点在于摆脱诉讼应用视角,从“行政分权”角度重构行政主体理论,建构多元的新型行政主体制度。[5]另有学者基于“组织—任务”配置逻辑,叙话多元行政任务下的新型行政组织样态。[6]如

---

〔1〕“科林格里奇困境”是由英国社会学家科林格里奇(David Collingridge)在其著作《技术的社会控制》中首次阐述:“一种技术的社会后果不能在技术生命的早期被预料到。然而,当不希望的后果被发现时,技术却常常成为整个经济和社会结构的一部分,以至于对它的控制十分困难,这就是控制的困境。”参见肖雷波、柯文:《技术评估中的科林格里奇困境问题》,载《科学学研究》2012年第12期。

〔2〕See Braden Allenby, *Governance and Technology Systems*: *The Challenge of Emerging Technologies*, in Gary Marchant etal. eds. , The Growing Gap Between Emerging Technologies and Legal – Ethical Oversight: The Pacing Problem, Springer, 2011, p. 3 – 18.

〔3〕《行政法与行政诉讼法学》编写组编:《行政法与行政诉讼法学》,高等教育出版社2018年版,第58页。

〔4〕章剑生:《反思与超越:中国行政主体理论批判》,载《北方法学》2008年第6期。

〔5〕参见黎军《行政分权与行政主体多元化》,载《深圳大学学报(人文社会科学版)》2002年第4期;石佑启:《论公共行政之发展与行政主体多元化》,载《法学评论》2003年第4期;薛刚凌:《多元化背景下行政主体之建构》,载《浙江学刊》2007年第2期;余凌云:《行政主体理论之变革》,载《法学杂志》2010年第8期。

〔6〕参见胡敏洁:《给付行政与行政组织法的变革——立足于行政任务的多元化观察》,载《浙江学刊》2007年第2期;郑春燕:《行政任务变迁下的行政组织法改革》,载《行政法学研究》2008年第2期。

今,数字政府所引领的新的治理模式,再次对行政主体理论提出了更为深刻和全面挑战。

回溯到行政主体理论的缘起之时,西方国家行政主体理论的内涵体现为两个方面:一是对个人主体地位的充分肯定,强调行政主体由个人组成,是个人的延伸。[1]通过不同范围、不同领域、不同层级的行政主体,公民可以实现对公务直接或间接的参与,参与决定与自己息息相关的公共事务以及影响此类事务的走向。二是行政权的分散,行政权内蕴高度聚合的特征,出自防范其过度集中于同一行政主体而导致"压制性权力结果"[2]的考虑,同时"基于监督、制约需要,往往对之加以适度分散"[3],类型化为行政分权和公务分权。起初,我国行政主体理论形成于具备司法面向的技术规则转换,既没有强调个人在行政管理中的主体地位,也不涉及行政分权,而是仅关注哪些组织有权对外行使管理职权。可以说,我国行政主体理论在当时停留在了表层化、实用化,但这也并不意味着西方行政主体理论仍普适于公共行政数字化的今天。

数字社会中,信息技术正在改变着私人生活和公共生活的形态,[4]信息技术在推动公众参与公共事务时发挥着巨大潜力,公共话语格局已然发生变迁,原本行政主体理论中对于个人主体地位的忽视随着我国从"服务型政府"到"人民满意的服务型政府"建设过程而得到修正,再到如今"满足人民对美好生活向往的数字政府"[5],政策的推动使个人主体地位得到持续的强化,这不是限定词的简单增加,而是价值导向的迭代变化。对于行政权的分散,用行政主体理论解释这种现象,赋予这些行使行政权的组织以法律上的主体地位是个中要义。按照分权的对象不同,行政分权可分为环节分权和事务分权,这与数字政府要求的整体化、协同化并不矛盾。其中,环节分权是随着公私行政发展而出现的,是指"决策和监督环节由国家和地方自治体负责,而决策的咨询实施、公务的提供等环节由社会广泛参与和承担"[6],这与数字政府"以公众为中心"

[1] 参见薛刚凌:《行政主体之再思考》,载《中国法学》2001年第2期。

[2] [美]E. 博登海默:《法理学——法哲学及其方法》,华夏出版社1987年版,第344页。

[3] 罗豪才、崔卓兰:《论行政权、行政相对方权利及相互关系》,载《中国法学》1998年第3期。

[4] 参见马长山:《智慧社会建设中的"众创"式制度变革——基于"网约车"合法化进程的法理学分析》,《中国社会科学》2019年第4期。

[5] 中央全面深化改革委员会第二十五次会议审议通过的《关于加强数字政府建设的指导意见》中指出,数字政府建设要"把满足人民对美好生活的向往作为数字政府建设的出发点和落脚点"。

[6] 薛刚凌:《多元化背景下行政主体之建构》,载《浙江学刊》2007年第2期。

的流程再造以及优化“公共数字职能”下的政企合作内在逻辑是相一致的。需要予以重点关注的是传统的事务分权所造成的行政主体分散性和独立性与整体政府、电子平台之间的不适应之处。按照事务分权在国家纵向、横向行政组织中所形成的“条块分割”“科层林立”的金字塔型治理结构，正是数字政府运行扁平化、去中心化的网状治理结构所致力打破的。各个行政机关的独立性强调行政机关是独立的主体，行政机关的内设机构、派出机构都是独立的主体，这与数字政府协同治理的内在要求相左。从这一角度来看，传统行政主体理论与目前的整体治理理念是疏离乃至对立的。需要说明的是，对于事务分权的挑战不等于对行政分权的否定，这只是行政权力运行结构的系统整合。

如果说，之前对传统行政主体理论的整体理解在于积极寻求与行政诉讼程序的契合，那么从现实的适用效果看，这一理论在解决行政诉讼被告资格认定的问题上也难以圆满，行政主体理论强调的是谁有权进行管理，具备何种资格才能享有行政职权进行管理〔1〕，强调“权”“名”“责”的对外性。而在数字政府参与主体中，享有行政权的行政主体与电子平台以及互联网、数字技术企业由于没有行政主体或者行政委托代理地位，不能在此问题上体现一致性，那么就会出现作出电子行政行为的主体和被告资格脱节的情况，甚者导致或追责无“人”或互相推诿的情境，加剧司法程序的适用难度。〔2〕

（二）行政组织规范体系的脆弱

被认为“健全组织法制是依法行政的基本条件之一，但行政组织法律体系却是我国行政法律体系最为薄弱的环节”〔3〕，而行政组织法作为内部行政法，“将行政机关作为其唯一的内容、来源、受众和范围”〔4〕，只针对公务人员且效力仅及于国家内部组织〔5〕。可以说，与行政行为法、行政救济法的成熟性和被

---

〔1〕 参见张树义：《论行政主体》，载《政法论坛》2000 年第 4 期。

〔2〕 如对于行政机关在政务平台上的回复意见究竟如何确定责任主体或有难以判断之处。详见许某祥与淮安市淮安区人民政府行政复议二审行政判决书，江苏省高级人民法院（2017）苏行终 1246 号行政判决书。

〔3〕 应松年：《论依法行政的基本条件》，载《国家行政学院学报》2008 年第 4 期。

〔4〕 See Gillian E. Metzger & Kevin M. Stack, *Internal Administrative Law*, Michigan LawReview, Vol. 115(8), p. 1239 – 1308(2017).

〔5〕 [法]莱昂・狄骥：《宪法学教程》，王文利等译，辽海出版社、春风文艺出版社 1999 年版，第 88 页。

重视程度相比，行政组织法仍停留在浅层化表达的边缘地位。当前，除《宪法》中有关行政组织的条款外，我国行政组织法仅有两部，即《国务院组织法》[1]和《地方组织法》[2]。这两部组织法的规定原本就比较原则，可操作性不强，对行政组织的许多法律问题语焉不详。一个现代化的国家治理体系，本质上讲是一个政府职能合理到位，政府权力边界清晰，公共权力不缺位、错位和越位的科学治理体系。[3]现行的行政组织法内容大多源于前数字化时代，"共享""平台"等新兴治理关键词使得职权配置、机构设置等组织实定法规范在应对上"捉襟见肘"；基于数字政府的数据性、整体性、协同性以及参与性等特定要求，现有行政组织法律制度对数字政府中行政组织的实践发展也"望尘莫及"，难以发挥应有的基础性引领和根本性保障作用。

1. 行政组织法律规范的"数字缺憾"

"行政组织规范是以有关行政机关设立的规定及该机关所掌管事务的规定为核心，进而包括规定行政机关关系的规范"[4]。基于数字时代、数字社会、数字政府的特性，行政组织法规范的形成应该按照"回应型法律秩序"的要求，在社会巨大变革时期，法律不是消极、被动地回应社会，而是积极、能动地回应社会。[5]但现有的行政组织法规范"数字缺憾"明显，只有《地方组织法》在2022年修改中增加规定："地方各级人民政府应当坚持政务公开，全面推进决策、执行、管理、服务、结果公开，依法、及时、准确公开政府信息，推进政务数据有序共享，提高政府工作的透明度。"其中"数据有序共享"是按照体系解释做保障行政相对人数据知情权方向的理解，还是按照扩大解释做与其他行政机关共享数据的职责方向理解尚值得商榷。此时需要指出的是，"数据使用和组织结构之间的不匹配很容易导致数据孤岛、数据重复、数据缺失、数据错误、责任不明确等问题，进而影响数据治理的成效"[6]。在数字政府构建中，数据共享阻力最大

---

[1] 1982年12月10日第五届全国人民代表大会第五次会议通过，至今暂未修改。

[2] 1979年7月1日第五届全国人民代表大会第二次会议通过，经历1982年、1986年、1995年、2004年、2015年、2022年6次修正。

[3] 金国坤：《国家治理体系现代化视域下的行政组织立法》，载《行政法学研究》2014年第4期。

[4] [日]盐野宏：《行政组织法》，杨建顺译，北京大学出版社2008年版，第5页。

[5] [美]P. 诺内特、[美]P. 塞尔兹尼克：《转变中的法律与社会：迈向回应型法》，张志铭译，中国政法大学出版社2004年版，第87页。

[6] 张涛：《数据治理的组织法构造：以政府首席数据官制度为视角》，载《电子政务》2021年第9期。

的并不是地方行政机关之间，而是地方业务部门与国家主管部门之间，特别是一些出于“命令—被命令”的思维惯性以及利益羁绊的狭隘考虑，它们之间的壁垒感、边界度都更为严重。在实践过程中以上问题的解决方式主要靠组织能力，这具有极大的地区或部门的不协调性和整体上的不稳定性，此乃缺憾之一。“根据民主和法治原则，任何行政机关的存在和运作，都必须有组织法的根据，有人民代表机关的授权。”〔1〕如今各地数字政府在实践中设立了专事数据管理和政务服务机构作为数字政府改革和建设的主管部门〔2〕，但这一重要机构的主体地位何在，权限何如，责任何定，均没有在组织法规范中有所体现，此乃缺憾之二。

2. 行政组织法律体系的“横向缺口”

行政机关间的相互关系，既包括纵向形成的上下级关系和横向排布的不相隶属关系，“还包括行政主体内部的监督关系、协议关系、咨询关系等”〔3〕。我国《宪法》和《地方组织法》规定了上下级行政机关之间的领导与被领导关系〔4〕，横向关系中有事务分权关系〔5〕以及部分合作关系。从形式上看，行政机关之间的横向关系可以概括为两类：第一，同一政府系统不同主管部门之间的关系，可简称为部际关系。第二，不同地方行政机关之间的关系，可称为区际关系。区际关系的构成判断不要求行政机关处于相同行政级别，仅要求行政机关间没有行政隶属关系，它不仅包括不同地方政府间的关系，还包括不同地方的行政主管部门间关系。〔6〕不同地方的行政机关具有不同的行政利益，比部际关系更为复杂。具体到数字政府语境中，不同部门之间的“数据共享”“业务协同”等需求，不同行政区划之间的“跨域协办”“互联互通”等要求都会因权力边

〔1〕 姜明安主编：《行政法与行政诉讼法》（第6版），北京大学出版社、高等教育出版社2015年版，第89页。

〔2〕 如贵州省数据发展管理局、广东省政务服务数据管理局、浙江省大数据发展管理局、安徽省数据资源管理局、山东省大数据局等。

〔3〕 ［日］盐野宏：《行政组织法》，杨建顺译，北京大学出版社2008年版，第13页。

〔4〕 《宪法》第3条规定国家机构实行民主集中制的原则。中央和地方的国家机构职权的划分，遵循在中央的统一领导下，充分发挥地方的主动性、积极性的原则。第85条规定了我国国务院的法律地位，第89条规定了国务院统一领导国务院各部门和全国地方各级国家行政机关工作的职权。《地方组织法》第73条规定了县级以上地方各级政府执行上级国家行政机关决定和命令的职责，以及领导所属各工作部门和下级政府工作的职权。

〔5〕 《宪法》第107条规定各级地方政府依法“管理本行政区域内”的各项行政工作。

〔6〕 参见叶必丰：《行政组织法功能的行为法机制》，载《中国社会科学》2017年第7期。

界和目标差异而加剧横向整合复杂程度，处理起来也更为棘手。[1]2022年修正的《地方组织法》第80条第1款规定："县级以上的地方各级人民政府根据国家区域发展战略，结合地方实际需要，可以共同建立跨行政区划的区域协同发展工作机制，加强区域合作。"虽然区域协同发展工作机制的规定是全国人大"贯彻国家区域协调发展战略，总结地方实践经验和做法"而新增的规定，[2]在推动行政组织法横向合作关系上确实是意义重大的一步，但其能发挥多大作用尚有待实践检验。[3]其建构的初衷和重点是区域间统一规划、资源共享以及优势互补，对于第四产业推动下的数字政府间区域协调和合作问题并没有特别明确，即使扩大理解为当然内容，但其仅是横向合作关系中的一个方面，行政组织法律体系的"横向缺口"依然亟待填补。

3. 行政组织法律制度中的"参与缺位"

行政主体理论研究的是行政组织在公共行政中的法律地位，如上文所述，受行政主体理论研究表层化的限制，行政组织法律制度研究也呈现极大的封闭性。与此相对应，与行政组织相关的许多重要法律制度问题没有得到深入、系统地研究，也没有与公共行政组织发展实践图景耦合共进。从国家管理到国家治理是一个动态变迁、包容并蓄的过程，治理理论强调"治理只出自政府、但又不限于政府的一套社会公共机构和行为者"[4]，而多元参与在数字政府所追求的数字治理中尤为重要。马克斯·韦伯曾指出，"任何官僚制组织都力求通过对知识和意图的保密来增加其专业上的优势地位""职业机密亦是官僚制的独特发明"[5]。传统官僚制组织的控制会产生对权力的妄想，这种控制欲容易遮蔽理性的取向，导致行政组织对民众的呼声反应迟钝，其信息系统缺乏对社会

---

[1] 参见刘冰：《"跨省通办"中数据共享的新挑战及协同治理策略》，载《电子政务》2022年第2期。

[2] 参见王晨：《关于〈中华人民共和国地方各级人民代表大会和地方各级人民政府组织法(修正草案)〉的说明——2022年3月5日在第十三届全国人民代表大会第五次会议上》。

[3] 江苏太仓市疫情防控指挥部一份紧急情况通报曾在社交平台流传。这份情况通报称，2022年4月23日晚10时37分接204国道太仓南郊卡口值班电话，有上海车辆行至太仓南郊卡口，放下28人后车即返回上海，事前没有任何沟通联系。鉴于此类事情近期频繁发生，太仓已与嘉定相关方面积极协调沟通，特将此事报备苏州疫情防控指挥部，恳请苏州市防指与上海方沟通，希望协调建立相应磋商机制，争取避免此类事情再次发生。这份紧急情况通报也引发了舆论的广泛关注。

[4] 格里·斯托克：《作为理论的治理：五个论点》，华夏风译，载《国际社会科学杂志(中文版)》2019年第3期。

[5] [澳]欧文·E. 休斯：《公共管理导论》，彭和平等译，中国人民大学出版社2001年版，第48页。

的回应性及环境的适应性，且受新公共管理的“企业家政府”理论模型的影响，部分政府信息私有化、信息竞争等思维较为严重，[1]新旧观念交织加剧了数据壁垒的形成。在数字政府中，不同于政府所掌握的其他传统资源，信息数据的价值在于流动，无论各种主体以何种方式参与或开展信息数据的开发与运用，其核心都是要推动这一新型资源的高效流动和有序利用，以便最大限度地挖掘释放其治理价值。在数字治理中，政府作为主要推动者的地位毋庸置疑，但对于数字治理中组织民主性不足的问题可以由社会组织去弥补，纯粹的科技问题可以由互联网、科技企业去解决。数字政府建构中，应当强调多元主体参与的制度意义，但现有行政组织法律制度并没有提及数字政府中的各类参与主体。

（三）“协同治理”法治困境的显现

治理理论明确肯定涉及集体行为的各个社会公共机构之间存在权力依赖，所谓权力依赖，指的是：（1）致力集体行动的组织必须依靠其他组织；（2）为求达到目的，各个组织必须交换资源、谈判共同的目标；（3）交换的结果不仅取决于各个参与者的资源，而且也取决于游戏规则以及进行交换的环境。[2]协同治理正是在现代政府治理发展新趋势之中寻索探究而成的治理理论新范式。数字政府的构建着眼于政府之间、政府部门之间、政府与社会公共组织之间、政府与数字技术企业之间的整体运作，强调各参与主体为了完成共同的数字治理目标而开展的整体协作，这一模式打破了传统行政管理的地域限制、时空限制，形成了多元化、超网络化的协同治理结构。但是随着“跨层级、跨地域、跨系统、跨部门、跨业务”协同实践在更深的治理层次高频展开，因法律关系不明晰、协同规则不完善以及利益协调规则缺略而产生了一系列法治困境。

1.“协同治理”的法律定性“困惑”

公共事务治理的交融性、复杂性决定了没有哪一个组织或个体能够拥有足够多的资源、信息和足够有效的手段、方法来独立地解决所有的问题。“协同治理”主张用联系的、全局的、系统的思维理念看待问题，强调治理主体的多元性，各个治理主体之间不是简单的分工合作，而是要形成相互依存、彼此互动、风险

---

〔1〕 参见王益民：《数字政府》，中共中央党校出版社2020年版，第140页。

〔2〕 参见格里·斯托克：《作为理论的治理：五个论点》，华夏风译，载《国际社会科学杂志（中文版）》2019年第3期。

共担、利益共享的合作局面，使系统实现从无序到良序、从失衡到新的平衡的演变。[1]作为一种制度描述性概念，"协同治理"尚未有可划归的法律概念谱系，存在定性困顿。其一，法学概念与其他学科的对应概念在外延上并不总是叠合，[2]"协同治理"与法学范畴中的"行政协助"概念是不能做平行领域间的同位语替代的。"行政协助"是指在行政主体无法自行执行职务或者自行执行职务会带来严重不经济时，基于公共利益的需要，向无隶属关系的行政主体提出协助请求。[3]"行政协助"在我国虽然只是作为学理概念的探讨，但在立法实践中也有所体现，[4]虽然责任有时会共担，但非常明确的行政协助是一种单向行为，产生的亦是单方协助效果，与"协同治理"不仅存在语义区别更有定性之差。其二，"协同治理"的本质是管辖权的委托与让渡，数字政府下的"协同治理"亦然。以往实践中那些行政任务一旦完成，委托关系即告消灭的委托，属于行政机关间的事务委托，在此间没有职权的转移，亦没有法律责任的转移。[5]而"协同治理"关注的不仅是事务委托，更多的是功能的整合，必然涉及职权委托，不仅是行政主体之间请求和提供协助的内部程序性行政行为，更主要是被请求协同的行政主体在与行政相对人之间产生了基于职权的外部行政法律关系，其运行正当与否必然给行政相对人的合法权益带来直接或者间接的影响。这种受实践理性支配的逻辑定位应该体现在"协同治理"的法律定性之上，"从行政组织的民主统制要求来看，是需要有法律明确表示的依据"[6]，"协同治理"在事关"职权委托"之时，是需要有法律依据的，进而才能延展出协同主体之间的法律关系界分、权力责任分担的规则。现有的"协同治理"法律定性不明必然会导致权利义务分配不够合理、责任主体认定和责任分割不够明晰等问题。

---

[1] 参见周丽娟：《无缝化与边界化：数字政府建设的安全悖论与超越》，载《求索》2022年第3期。

[2] [德]卡尔·拉伦茨：《法学方法论》，黄家镇译，商务印书馆2020年版，第552页。

[3] 参见黄学贤、周春华：《行政协助概念评析与重塑》，载《法治论丛（上海政法学院学报）》2007年第3期。

[4] 以《海关法》为例，其第12条第2款规定："海关执行职务受到暴力抗拒时，执行有关任务的公安机关和人民武装警察部队应当予以协助。"但仅单向赋予海关以协助请求权，而公安机关和人民武装警察部队的对应权利则未提及。

[5] 参见叶必丰：《行政机关间的事务委托和职权委托》，载《中国法学》2022年第3期。

[6] [日]室井力主编：《日本现代行政法》，吴微译，中国政法大学出版社1995年版，第281页。

2.“协同治理”的效果实现面临“困滞”

社会化大分工及科层制强调的职能或业务分工提升了治理效率,但也导致了条块分割的治理模块、不同治理领域间脱节等现象。现代社会的繁复庞杂和不确定性引发了社会风险的出现,呼唤社会管理向社会治理转型,而信息技术革命迎合了这一发展趋势,使得多中心、多主体协同共治成为可能。随着“连接”和“赋能”的深入发展与普及,对业务(信息系统)之间的关联以及对日益增加的大数据的综合使用需求,使得“协同”效果成为数字政府关注的重点。然而实践中,数字化协同的实现并非一帆风顺,各种阻力和掣肘因素一直存在,普遍存在“不愿协同”“协同不畅”“敷衍协同”等问题。深究原因,有数字政府与科层体制、属地管理、条块分割等之间的结构性冲突,[1]也有目标、权力、信任等功能性解释,[2]多重原因交织落地为协调源头推动力不足的问题。从纵向协同来看,随着组织结构的扁平化、网络化转型,上下级之间的信息流通渠道增多,但因传统协调模式的惯性使然,上之于下靠“命令”,常常并无阻滞,下之于上靠“协调”,单向沟通困难,“信息孤岛”纵向打破概率不高。就横向协同来看,更缺乏上下级之间的权威推进手段而显得重重困难,对各自数据和信息的独自占有或单独控制仍然被视为组织竞争力的重要构成因素,出于维护地域利益、部门权力观念而不愿共享共用,一些高频应用政务服务事项主要靠纲要、规划的宏观布局和相关绩效考核措施的反向督促,且考核指标不一,仅靠对“协同数字化”绩效评估并不能有效激励不同地域、不同部门之间真正实现“数字化协同”。[3]

3.“协同治理”规范“纾困”程度不高

有学者认为,“协同治理”的实质是超越现有的组织架构,将多个分散的部门职权进行同目的性整合,从而构造出对解决复杂问题或提供公众所需公共服务有意义的新型行政权力,因此,“协同治理”必须纳入法律控制框架。[4]另有

---

〔1〕 参见刘祺:《当代中国数字政府建设的梗阻问题与整体协同策略》,载《福建师范大学学报(哲学社会科学版)》2020年第3期。

〔2〕 参见鹿斌、金太军:《协同惰性:集体行动困境分析的新视角》,载《社会科学研究》2015年第4期。

〔3〕 典型的例子是各地政务信息“互不相认”,在疫情防控早期,各地只认本地健康码,导致每到一地都需要下载当地政务应用软件申请当地健康码,确为公众出行增加了不便。

〔4〕 参见彭贵才、娄金炜:《跨部门协同法治化:定位、困境与进路》,载《青海民族大学学报(社会科学版)》2021年第4期。

学者主张,数字政府中的协同更多涉及数据和信息的共享,在现有组织法无法全面整合之时,以不打破原先组织界限为前提,更多地靠协同原则推动。[1]笔者认为,数字政府中的“协同治理”是以数字技术驱动的行政职能的整合,倾向于行政效能的提升。在法治语境下,则必须超越单纯技术层面的要求,既要关注技术赋能又要关照技术赋权,这势必会触发现行行政组织的变革。巴纳德的系统组织理论认为,共同目标、协作意愿、信息交流是组织的三要素,是互不可分的整体,处在三位一体的动态关系中。[2]动态互动关系需要以“固根本、稳预期、利长远”的法治化形式予以确定,推促数字政府“协同治理”往常态化、长效化方向发展,必然论及组织规范、实体规范以及程序规范。当前我国不同层级之间、领域之间进行数字协同的治理依据多源于行政政策、内部(联合)规范性文件或者实践创新等,法律层面关于协同治理的零星规定也没有明确提供协助的数字化方式[3]。“协同治理”主体地位、权限的合法性问题研究对于数字政府下行政行为正当性的判断以及行政程序的协调运转和正常推进具有极其重要的法律意义。除上文分析的组织法规范缺失等问题外,数字“协同治理”还需要实体性规范来敦促协同有效形成,还需要程序性规范来消弭协同随意性,以提高行政相对人对协同行为的认同度,但目前看来此类规范也是处于阙如状态。如果仍处在现有的规范水平之中,难保此类权力的运行脱离监督、规范和引导,进入行政法治的规制盲区。

五、法治数字政府多元主体的重塑构想

电子政务在我国兴起之初,就有学者提出,“电子政务的实施应当以信息化基础的完备和制度实现方式的法律规制为双重前提”[4]。法治数字政府建设发起于数字技术改革,臻善于法治层面全要素规范,数字政府建设面临不少堵点、难点问题,尤其有些问题普遍存在、长期存在,高频出现、反复出现,仅靠完善数字服务体系或数字政府建设主责部门难以推动解决。技术的社会功能需

---

〔1〕 参见高秦伟:《数字法治政府背景下行政法治的发展及其课题》,载《东方法学》2022年第2期。

〔2〕 参见[美]C.I.巴纳德:《经理人员的职能》,孙耀君等译,中国社会科学出版社1997年版,第66页。

〔3〕 如《车船税法》规定,公安、交通运输、农业、渔业等部门应当提供车船有关信息,协助税务机关加强车船税的征收管理。

〔4〕 周汉华:《电子政务法研究》,载《法学研究》2007年第3期。

要在更为宽广的社会交往形式、社会结构和目标的脉络之中进行考察。当数字革命与治理转型同期叠加，既加深了政府数字化转型的紧迫性，也为国家治理探索前行提供了诸多可能。数字政府的治理逻辑当然也必然应在法治政府建设的进行中获得规范化展开，并通过先行实践不断为中国行政法治新发展注入源源不竭的动力。

（一）重构与数字政府相匹配的行政主体理论

行政主体理论在划定行使公共行政职能的组织范围、行政行为的成立或合法与否的判断、行政法律责任的确定、行政诉讼被告资格的认定等重大基础理论命题上都牵动着学者们的思考方向。正如上文所述，作为行政法理论起点的行政主体理论从自20世纪90年代就陷入理论旋涡，除较多学者主张的“行政分权”之外，还有“范式修补”〔1〕、“主体扩大”〔2〕等观点，目的都是解决我国行政主体理论浅层移植后所出现的研究阻滞。以上学说在当时的社会情境下皆言之有理，但无论是“修补”还是“扩大”抑或“改造”，谈论更多的是如何将肇端于西方的行政主体原初理论在传统行政体制中应用以更好地弥合理论和实践之间的紧张关系，但当遇到数字化造就的具有革命性意义的政治体制改革和法治文明变迁之时，或许“重塑”的要求比以往任何时刻都更为迫切。如若不然，还会重蹈“虽多有反思，但行政主体理论迟迟未改造，通说仍盛行”〔3〕的覆辙。重构一套符合数字法治时代需求的行政主体理论，要求不仅要重新审视中国的传统行政主体理论，还需要借鉴西方行政主体理论〔4〕中的科学要素，毕竟由互

---

〔1〕有学者认为行政主体范式因其在制度和学术研究方面的功能优于更早的行政机关范式而取代后者，但是，它同样存在功能局限，从而在理论上引起挑战。有些批评和质疑并未导致严重的范式危机，传统范式只需作适当的修补就可以回应。参见沈岿：《重构行政主体范式的尝试》，载《法律科学（西北政法大学学报）》2000年第6期。

〔2〕有学者建议将行政主体扩大到所有行使行政权力的机构和人员。“将行政主体扩大到受委托组织、行政公务人员甚至行政机关所属内部机构这一范围，以解决我国现有行政主体理论在理论上的缺陷和实践中的困惑。”参见杨解君：《行政主体及其类型的理论界定与探索》，载《法学评论》1999年第5期。

〔3〕曾祥华：《中国行政主体理论再评析》，载《甘肃政法学院学报》2019年第1期。

〔4〕当然，西方行政主体理论也在不断调整和完善。See John Mickleehwait & Adrian Wooldridge, *The Fourth Revolution*, Cato Policy Report, Vol. 36(4):7, p. 9 – 10(2014); Stefan Kadelbach, Unionsbürgerrechte, in: Dirk Ehlers (Hrsg.), Europäische Grundrechte und Grundfreiheiten, 4. Aufl. 2015, § 26 Rn. 75.

联网、大数据、人工智能共同驱动的第四次工业革命是一场席卷全球的社会性变革,任何一个国家都不会缺席其中。

行政主体理论应当是一个开放的,具有合理包容度的动态体系,首先需要明确的是出于理论对于实践的回应要求,数字化社会、数字化政府以及数字化法治中的行政主体理论一定是关照到多元主体利益的,是在多元利益框架内的发展构想。按照现在通行的行政主体概念,提取"享有行政职权""独立""对外"3 个关键限定要素,符合界定标准的行政主体主要有两类,即具有法定行政职权的行政机关和法律法规授权的组织,但这一范围显然是过于狭窄的,若要重构与法治数字政府多元主体相匹配的行政主体理论体系,笔者认为需要实现"三个转变":

1. 从"行政权力"到"行政利益"的转变

我国传统的行政主体理论关注的是行政权力,强调行政主体履行的是法律规定的行政职权。行政利益是西方行政主体理论的核心,"指社会利益共同体在公共行政方面所享有的权利和利益"[1]。显而易见,"行政利益"的涵摄范围要大于"行政权力",在某种意义上,"行政权力"仅能代表国家的行政利益,是一种法律化的政治利益,这就忽视了多元行政利益的存在。对于行政主体的界定标准如若实现"行政权力"到"行政利益"的扩展,首先,部门行政利益、地方行政利益等就不再因为行政权力的划分而仅体现为内部利益,此时就是整体行政利益的一部分,符合数字政府打破不同利益主体之间"数据壁垒"的要求;其次,诸如在电子政府网格结构处于最边缘触角的基层村民自治组织、社区组织等多元行政利益主体的法律资格也能得到确认;再次,参与数字政府构建的互联网、数字技术企业也能因一部分行政利益的享有纳入行政主体范畴,从而给予相应的规范约束和制度监管;最后,行政主体还应包括行政利益主体授权或委托的代理主体[2],电子平台也可获得政府行政利益代理人的代理资格,以妥善解决电子平台在发挥行政管理作用时面临的主体定位不明问题。此外,"权力—权利"强调行政主体和行政相对人之间管理与被管理关系,而"权益—权利"则更为温和,削减了行政主体的"权力本位"观念,以更好地为行政相对人

---

〔1〕 薛刚凌:《行政主体之再思考》,载《中国法学》2001 年第 2 期。

〔2〕 需要明确的是,委托和代理在法律效果上的不同,委托发生了行政权的转移,而代理并没有,最终的法律效果归属亦是被代理机关,规避了电子平台这种虚拟主体无法承担行政责任的情况。

提供数字公共服务。

2. 从限定“独立分工”到实现“整体协同”的转变

我国行政主体理论中的“独立”强调各级政府及其职能部门、派出机关等各自的独立名义;“分工”体现的是“工作的工序或者社会的功能被分成不同的部分”,所造成的因层级、领域、部门分割而产生的分散化、碎片化管理与数字政府中的相互协作的有机整体根本要求格格不入。行政主体理论必须实现从单纯意义上的“独立分工”到治理意义上“整体协同”的转变,跳脱“思维惯性”,规避过于关注独立而加剧的“条块分割”所带来的离散化效应,打破在独立性支持下而强化的层级、部门专业壁垒,降低因分工过于细化而导致的政策系统的复杂性,整合因不合理分工而不断被肢解的行政职能。理论的成熟或许不能彻底改善实践中的所有问题,但不可低估其认同以及影响效应。行政组织整体化和以公民为中心的服务供给是政府数字化的标志,[1]如此才能助力推动数字政府改变传统专业分工、层级控制的行政组织体制转向以节点、流程分工协作的网状结构,形成“网状结构”的共同管理,实现行政职能、功能的有效整合。

3. 从强调“对外名义”到注重“行政义务”的转变

我国目前行政主体理论的功能,主要限于行政复议和行政诉讼的救济作用,作为其本源的行政组织法意义并未发挥出来。[2]在我国行政救济制度推行初期乃至如今,强调行政主体“对外名义”的责任也确实起到了保障相对人救济权的积极效果,但对于普罗大众而言,要搞清纷繁复杂、权责不甚清晰的行政机关系统实属不易,最终还要以法院在认定被告资格问题上的态度起关键作用,虽然有很多实践中的被告资格司法认定问题饱受诟病,[3]理论原本的指导效果也因无法回应实践需求而大打折扣。当一种理论仅沦为技术规则判断标准甚或不足判断之时,在唏嘘之余更应该做深刻的反思。“实际上,运用法律技术是不能完全把握责任概念的”[4],从本源上理解,行政主体作为“一种人格化了

---

〔1〕 See Stefano Civitarese Matteucci, *The Rise of Technological Administration and Ragged Rout Towards a Digital Administrative Law*, in Domenico Sorace, Leonardo Ferrara & Ippolito Piazza eds., The Changing Administrative Law of an EU Member of State: The Italian Case, Springer Nature Switzerland AG and G. Giappichelli Editore, 2021, p. 132 – 133.

〔2〕 参见王敬波:《面向整体政府的改革与行政主体理论的重塑》,载《中国社会科学》2020年第7期。

〔3〕 如“开发区管理委员会”“党政融合的机构”的被告资格认定问题等。

〔4〕 冯军:《刑事责任论》,法律出版社1996年版,第9页。

的秩序共同体"[1],法律责任的主体与法律义务主体同一的朴素原理同样适用,行政义务应是行政责任的逻辑前提。按照上述思路,在多个行政机关协同、多个法律程序衔接的电子化主体所为之行为的对外法律效果出现时,无论使用何种名义,只要其行为属于某个主体"行政义务"范畴,此时就是责任主体,就应当在行政相对人要求实现救济权时接受司法程序的审查。这种"行政义务"实质性"归责"标准的运用,不再受制于究竟是以"对外"以谁的"名义"做出。只问"实"而不循"名"的回应路径,可以摆脱以形式标准为中心可能遭遇的法治困境,在法治数字政府建设中,在法律规范难免滞后或阙少的情况下更需要实质标准来应对。此外,"基于此国家运作原则,凡是法定化之'行政任务'都转变为法律学意义上之'行政义务'"[2],那么,之于数字法治时代,数字化行政实践也在探索中前进,行政权力的运作方式也不能僵化对待,以"半自动行政行为"或"全自动行政行为"同样可以符合"行政义务"的实现过程而纳入依法行政的正当性检视之中。

(二)完善与数字政府相协调的行政组织法律制度

行政法学因需面对快速变动的客观管制环境,尤其是科技、自然环境及经济社会的剧烈变动,所以有经常性进行改革之必要。[3]数字政府建设持续推向纵深,其中的公共行政组织权责配置以及参与主体协作互动都将成为常新命题。"重大改革于法有据"是法治与改革良性互动关系中的金科玉律。党的十九届四中全会提出"建立健全运用互联网、大数据、人工智能等技术手段进行行政管理的制度规则"。对公共行政领域变革的疏忽会使行政法在僵化固守的同时丧失生命活力,进而导致法律本身的"边缘化"。因为,任何法律归根到底都是社会生活的产物,要受其调整对象的制约,[4]行政组织法如斯是也。相较于行政行为法、行政救济法,行政组织法一直处于边缘地位,其本源意义并没有得到有效发挥,个中原因复杂交织,不予展开详谈,在此仅从适配协调角度讨论在法治数字政府建设过程中行政组织法律制度应如何及时跟进与尽力完善。

---

[1] [奥]凯尔森:《法与国家的一般理论》,沈宗灵译,商务印书馆2013年版,第159页。
[2] 赫然、亓晓鹏:《论行政责任的理论基础》,载《当代法学》2010年第2期。
[3] 参见林明锵:《德国行政法》,台北,五南图书出版股份有限公司2019年版,第1页。
[4] 参见杨欣:《民营化的行政法研究》,知识产权出版社2008年版,第2~3页。

1. 延展行政组织法调整的范围

组织与技术环境的交互作用早在20世纪60年代就有所讨论，组织结构的形成取决于外部技术环境的性质。[1]行政组织作为政府职能实施的载体，其自身运行形式必然随着技术发展而变化，传统的政府组织结构在数字政府时代已经发生了相较于历次行政体制改革都更为深刻的变化，传统治理的内在维度已经无法契合数字改革的外在维度。作为调整和规范行政组织的法，行政组织法应当作出必要回应，坚持包容并蓄原则，延展其调整范围，给予数字政府多元主体在组织法上的法律地位或引申其适用地位，根据“功能适当理论”，将其设置、职能、权限、参与模式以及与其他主体之间的关系等问题均纳入行政组织法的调整范围。考虑到我国行政组织法本身就较为薄弱，作出全面性修改尚不现实，建议制定长短期目标相结合的行政组织立法规划。首要的是对一些亟待解决的问题，行政组织法规范应予以概括规定，明确各级政府部门数据共享、协同治理的职责；对于基于数字政府参与主体而形成的委托代理制度予以回应；对于基于电子平台、流程再造而重塑的文件签署、批准，电子签章等制度予以吸纳。考虑到我国行政组织法发展本身就较为缓慢与滞后，大数据、云计算、区块链等数字技术又具有急速迭代等不稳定性特征，所以不宜作出全面的回应修改。可以针对性地制定、出台国家层面的政务数据共享条例等，明确部门间的权力边界，区分各自的共享责任，做到分工明确、权责清晰。同时及时公布新一批的数据共享责任清单，厘清数据共享的范围，深化数据共享的内容，并且强化共享清单的动态更新。

2. 赋予“政府数字管理部门”组织法地位

在我国，许多行政实践都有政策先行的特征，这些政策有时候表现为行政机关的内部规范性文件，各地专门的数字政府管理部门大都是以这种形式设立的。这样的职权来源不符合组织法定原则，欠缺组织法依据，但从实践效果来看，数字政府管理机构作为数字政府建设工作统筹协调机构，强化了区域范围内的纵向指导和横向协调的力度，在实现“多级纵向贯通、多域横向联通、全面互联互通”方面起到了积极效果，应该赋予其组织法地位以解决所面临的主体合法性质疑和行为正当性危机。但以何种组织形式才能最优发挥其统筹协调、

---

〔1〕参见[美]W. 理查德·斯科特、[美]杰拉尔德·F. 戴维斯：《组织理论：理性、自然与开放系统的视角》，高俊山译，中国人民大学出版社2011年版，第118页。

集约管理、合作共治的机构效用是需要理论证成和实际检验的前提性问题。有学者观察到，法定机构作为区域协同发展工作机制中管理型合作机构，是一种持续性运行的机构，〔1〕其具有对公众的行政职权，这种职权或源于授权或来自委托，在自贸区、高新技术开发区等区域协调和区域合作中已悄然发挥了重要的作用。〔2〕如若各地“政府数字管理部门”以法定机构的组织形式定义，那么很多问题便可迎刃而解。法定机构具有法人地位，“法律将行政职权植入作为非国家机关的团体，从而使得该团体一方面具有要求国家移交该职权的请求权，另一方面具有对其成员实施治理的权利”〔3〕，与政府数字管理部门所要发挥的组织功能内在契合，且组织机构具有对公众的行政职权，对外法律效果归属也符合“权责一致”的客观判断。既然《地方组织法》已将区域协同工作发展机制法定化，各地方可以此契机赋予“政府数字管理部门”组织法地位，把数字政府中行政组织自发、临时的实践规范化为稳定、持续的管理机构。

3. 开展“政府首席数据官制度”试点工作

数字治理时代最重要的特性莫过于数据资源的流动流通，各参与主体是围绕“海量而开放的关联数据”〔4〕而展开的各类交互关系，扁平化政府的纵横资源整合、整体式政府的打造、公私资源的良性互动、以公民为中心的公共服务产品提供都是围绕数据的收集、分析、保护、决策、使用以及共享等为基本运行逻辑的。良好的数据治理对数字政府的建构是必不可少的，但如上文所析，分散在不同公共部门的数据由于利益博弈、竞争效应等因素常常被设置各种或明显或隐性的障碍，“数据孤岛”问题依旧存在，限制了数据的有效流通。角色与组织是数据治理的核心要素之一，〔5〕传统的行政组织制度或架构应当作出相应变革或许才能有效破解这一关键难题。有观点提出，可以推进政府编制从“三定”增加到“四定”，即在“定机构、定职能、定编制”的基础上增加“定数据”，对部门数据进行确权定责，涵盖了数据采集、数据维护、数据管理、数据提供以及

---

〔1〕 参见[法]莫里斯·奥里乌：《行政法与公法精要》（上册），龚觅等译，辽海出版社、春风文艺出版社1999年版，第431页。

〔2〕 参见叶必丰：《论我国的法定机构》，载《中外法学》2022年第3期。

〔3〕 [德]格奥格·耶利内克：《主观公法权利体系》，曾韬、赵天书译，中国政法大学出版社2012年版，第235~236页。

〔4〕 See Janssen M., Estevez E. & Janowski T., Interoperability in big, open, and linked data: Organizational maturity, capabilities, and data portfolios, Computer, 2014-10, Vol. 47 (10), p. 44-49.

〔5〕 参见[美]桑尼尔·索雷斯：《大数据治理》，匡斌译，清华大学出版社2014年版，第9页。

数据使用等方面权责的明晰和确认。[1]也有观点建议先进行清单化管理，要求行政机关创建数据清单进行数据管理。[2]还有学者建议借鉴美国政府首席数据官制度，将其作为政府数据治理组织模式的创新载体。[3]笔者认为，首席数据官制度遵循了数字政府的整体性、全局性规律，契合数字协同治理的特征，与我国推行的政府数字管理部门在行政目标、行政职能、职责权限等方面有诸多相符之处，设置专业的“政府首席数据官”，并赋予其领导政府数字管理部门的权威地位，对我国政府数据治理能力的提升和“良善数据治理”的实现是大有裨益的，是值得探索开展的合适路径和具体形态。当然，一个全新行政组织制度的引入是一个大问题，还需要更广泛、更扎实的研究来支撑，还需要更多的实践材料来论证，任何凌空蹈虚的制度设想都不可行。可以考虑在部分政府数字管理部门运行较为成熟的地区开展“政府首席数据官制度”先行试点工作，如“成功落地”，再进行“顶层设计”，而后将可复制、可推广的成功经验在全国范围内铺开。

(三)提升与数字政府相适应的“协同治理”法治化水平

数字治理工具强大的数据互通能力，有助于消除行业间以及部门间“信息不对称”“行政体制惯性”“部门利益梗阻”等问题，推动以政府、企业、社会组织、公众、媒体等多元主体为中心的治理领域紧密相连，彼此作用并相互渗透，主体间及主体内部各个部门的交流逐渐频繁，不同客体间交集扩大，主体与客体之间的角色也开始逐渐模糊，进而实现各个主体基于事件或项目的无缝隙联系。与此同时，这一趋势也加剧了数字治理升级的法治化需求与协同固有缺陷之间的张力。“法治具备平衡利益、保障公正的功能，有助于塑造长效、可持续式的跨部门协同。”[4]协同治理的本质也应是依法治理，数字政府下的协同治理也要在法律框架下稳步推进，必须从规范化视角出发，明确协同的“职权委

---

〔1〕 参见孟庆国：《当前数字政府建设中的几个核心问题》，载微信公众号“清华大学国情研究院”2021年7月28日，https://mp.weixin.qq.com/s/ijEpwGUOHTYNxoHbgx6ERw。

〔2〕 参见张涛：《藏智于民：开放政府数据的法理基础与规范重塑》，载《电子政务》2019年第8期。

〔3〕 参见夏义堃：《政府首席数据官制度的核心要义与运行分析》，载《图书情报知识》2020年第1期。

〔4〕 彭贵才、娄金炜：《跨部门协同法治化：定位、困境与进路》，载《青海民族大学学报（社会科学版）》2021年第4期。

托"定位,除完善组织法依据外,还可从以下几个方面提升数字"协同治理"的法治化水平。

1. 更新"数字协同"观念

协同治理着眼于政府部门之间、政府间的整体运作,强调完成共同目标而开展协作。[1]不同于其他的因素(自然资源、经济等)推动的原有协同治理类型,数字政府是以数字化赋能的数字治理协同,其中无论是作为原有协同网络信息升级的"协同数字化"还是基于新的协同网络形成的"数字化协同",虽有不同应用场景,但都应立足于并实现于构建新的治理模式的理念和目标。[2]算法、算力、数据作为数字时代的"三驾马车",曾因各种交杂因素在数字浪潮中三起二落。在数字政府建设中,算法、算力是技术性范畴,需要的是"技术制衡技术"[3]的监督理念。而数据的共享与交换是参与数字协同的机构之间达成一致、互为支撑的前提。数字"协同治理"要打破的就是"数据壁垒",以此推动行政"流程再造"、行政"模式更新",所以更新数字协同理念至关重要。数字政府共同体是一种超网络结构,超网络结构是一个主体异质性和功能多重性的耦合结构,超网络的节点和边数的最优规模决定着共同体的最优边界。[4]最大限度地实现政务数据的流通,使分散的政务数据资源集中起来,使断续、不连贯行政服务行为协同起来,需要更新数字协同的理念,有意识地将自身置于数字协同所需求的场域,最大限度地铺陈协同观念,这是稳定、持续的法律制度予以实施的前提,是提高数字政府"协同治理"法治化的起始环节。

2. 完善"数字协同"的程序法依据

法律程序所体现的价值不是人所主观臆断的,它取决于其承载的规范对象所追求的目的。"效率"是行政的核心问题,数字政府"协同治理"的运行动力同样是以信息技术为手段对行政效率的追求。立法和实践说明,行政程序法对行政效率的提高大有裨益。行政协助制度是行政程序法中体现行政

---

[1] 参见孙迎春:《现代政府治理新趋势:整体政府跨界协同治理》,载《中国发展观察》2014年第9期。

[2] 参见黄璜、谢思娴等:《数字化赋能治理协同:数字政府建设的"下一步行动"》,载《电子政务》2022年第4期。

[3] 季卫东:《数据、隐私以及人工智能时代的宪法创新》,载《南大法学》2020年第1期。

[4] 参见锁利铭:《面向共同体的治理:功能机制与网络结构》,载《天津社会科学》2020年第6期。

效率的具体制度[1],不少域外国家的行政程序法都对此有规定,尤以德国最为成熟。[2]虽然"协同治理"的请求侧与被请求侧没有明显的限定,但借鉴行政协助的单向规定进行双向改造也是可以实现的。在行政协助中,"通过法律的形式将被请求主体的行政协助义务强度按'应当、可以、不得'进行明确规定,有利于避免被请求主体对属于自己职责范围内的协助义务进行推脱,也能够使被请求主体拒绝提供不属于自己职权范围的协助事项具有法律依据,使职权法定原则在行政协助法律关系中得以有效体现"[3]。同理,对于"协同治理",可通过程序法规范明确协同的适用条件、协同事项、协同内容、协同标准以及应达到的协同程度,还要考虑到不同领域、不同地区的协同具有差异化的程序要求,因此程序设置密度不宜过大,以此为不同任务背景下的程序安排提供弹性空间。但需要注意保持对部门职权边界的高度敏感,即对于权力范围、权力运用方式等相关内容,还是应采用效力层级较高的组织法方式进行规范。

3. 设置"协同失灵"归责原则

"协同治理"的实现不可能完全依赖于职务权威和部门自觉,特别是横向协同还是在彼此间无隶属关系的政府部门间展开,因此,法律责任条款是不可或缺的,[4]需要根据协同治理的关系和分工,明确责任链条的分界点与衔接点等。目前一些有关"协同治理"权责关系的法律条款都有具体的适用情形,适用范围本就窄小,更无法有效达至数字协同应用的归责情境。应从更为整体的层面出发,对数字政府"五跨"协同时一般权责关系作出抽象化、普适化的适用原则。具体的数字协同情形可发生在"决策""服务""管理"环节,归责的原因可分为请求方过错与被请求方过错,如请求方分享或提供的数据信息不实,造成被请求方作出的行政行为违法,或者被请求方应当分享或提供数据而故意不协同等。但本就复杂的具体情节和特定境况会因数字技术的隐

---

[1] 参见马怀德:《行政程序法的价值及立法意义》,载《政法论坛》2004年第5期。

[2] 德国《联邦行政程序法》(1997年)第4~8条为职务协助条款,规定了职务协助的请求机关、协助机关、条件,可以请求职务协助的情形、不允许提供职务协助的情形、无须提供职务协助的情形、不提供职务协助的理由、职务协助的法律适用、法律责任和费用。

[3] 黄学贤、周春华:《行政协助概念评析与重塑》,载《法治论丛(上海政法学院学报)》2007年第3期。

[4] 参见金国坤:《行政协作法律机制研究》,载《河北法学》2008年第1期。

蔽性、不可知性可变得更为矫糅杂错,责任判定更为困难。"运用法律技术是不能完全把握责任概念的"〔1〕,更何况协同责任在推来置往过程之中更显模糊。所以,从归责的严密性考虑,可将"协同失灵"的归责分为基础要件和因素要件。达到基础要件的原则性要求一定是违反了协同义务,是判定是否应当承担责任的第一步,对于无过错的一方,需要免除其责任承担。而划归于因素要件的则是具体在交互方之间划分行政责任时应考虑的"细节颗粒",如考虑"协同失灵"发生在哪一环节,各方与协同失灵的结果之间构成的因果关系程度,各方在协同过程中的主观态度、过错程度等。需要注意的是,对于无法进行过错界定的责任划分,可以按照平等分担原则处理,不能转嫁于行政相对人。

(四)培育与法治数字政府相契合的履职能力

科层制下行政资源的有限性与行政任务繁复和扩张性间日益显现的矛盾,为以提升行政效率为导向的行政方式技术化变革持续提供着契机与动力。〔2〕信息技术的发展不断地将行政机关及其工作人员从繁重的行政任务中解放出来,改变了过去单纯仰赖人力投入(无论是数量还是智识抑或能力)解决问题的做法。行政机关在行政过程中借助信息技术和电子设备完成行政行为,甚至是利用人工智能技术实现决策自动化,由真正意义上的机器来完成完整的行政行为已经成为现实。〔3〕困顿于繁杂行政事务的公共行政管理人员虽然卸下了担子,但其岗位胜任能力〔4〕也出现了新的需要。习近平强调:"领导干部要把对法治的尊崇、对法律的敬畏转化成思维方式和行为方式,做到在法治之下、而不是法治之外、更不是法治之上想问题、作决策、办事情。"〔5〕具体而言,即为各级

---

〔1〕冯军:《刑事责任论》,法律出版社1996年版,第9页。

〔2〕参见展鹏贺:《数字化行政方式的权力正当性检视》,载《中国法学》2021年第3期。

〔3〕参见覃慧:《数字政府建设中的行政程序:变化与回应》,载《行政法学研究》2022年第4期。

〔4〕"胜任力"概念最早由美国社会心理学家戴维·麦克利兰(David McClelland 1917年—1998年)提出,是指将某一工作中有卓越成就者与普通者区分开来个人深层次特征,它可以是动机、特质、自我形象、态度和价值观、某领域知识、认知和行为技能等任何可以被可靠测量或计数的并且能显著区分优秀与一般绩效的个体特征。

〔5〕《习近平强调:领导干部要把对法治的尊崇、对法律的敬畏转化成思维方式和行为方式 依法治国要抓住领导干部这个"关键少数"》,载中国共产党新闻网,http://cpc.people.com.cn/n/2015/0203/c87228-26495327.html。

干部在履职尽责中,要善于运用法治思维和法治方式想问题、作决策,用法治眼光审视发展问题、用法治思维谋划发展思路、用法治手段破解发展难题。可以说,不论数字技术发展的势头迅猛程度如何,法治数字政府的实现程度最终靠的是公共行政管理人员。

首先,要有“先行入脑”的数字法治思维。技术与法律问题应从更宏观的角度去认识,当中蕴含基于不同价值整合判断、维护“共同善”等根本性问题的哲学性思考,将法治思维积极融合进数字政府的新环境、新常态、新文化,创新服务思维,保持法治理性。在“以人民为中心”的公共服务产品提供中,公共行政管理人员是扁平化行政组织中网状结构边缘结构中的关键“触点”,是信息数据的最初的进口,是复杂性、关键性数字行政决定的审核端,是数字协同效果的推动者,也是数字行政行为司法救济的连接点,理应强化数字法治思维,塑造全新行政生态。

其次,要有“外化于行”的数字法治能力。“数字赋能”不等于“数字万能”,在法治数字政府中起关键性、基础性、决定性作用的终究还是运用技术的“人”,公共行政管理人员的数字法治能力在其中起到了关键性作用。数字政府毕竟是“科学技术与政府治理手段的融合,其目的不仅在于行政活动中‘使用层面’技术性软硬件的投入,而是指向‘行政—公民’沟通意义上的行政模式改造”[1],需要同时满足技术效果的可实现性和“依法行政”标准的检验。公共行政管理人员无论是在低阶的基础操作与管理时,还是中阶的数据分析挖掘时,抑或高阶的数据辅助决策能力和创新能力运用时,所为之事都应当符合“依法行政”的要求。

最后,要有“内化于心”的数字法治底线。数字治理应在法治的轨道上和框架内运行,信息技术的工具理性——“胜任”应当与法治的价值理性——“负责”结合起来。可以肯定地说,数字治理并非完美的治理模式,其不当使用也可能造成治理低效甚至衍生社会风险。作为掌握技术性和创新性管理工具的公共行政管理人员应当在此间牢固树立数字法治底线。如时下有些确诊病例流调信息在信息媒介上的传播,或许与掌握此类信息的有关工作人员不无关系。

---

〔1〕 Vgl. Gabriele Britz, Elektronische Verwaltung, in: Wolfgang Hoffmann - Riem/Eberhard Schmidt - Aßmann/Andreas Voßkuhle (Hrsg.), Grundlagen des Verwaltungsrechts, Bd. Ⅱ, 2. Aufl. 2012, § 26 Rn. 2, 7.

对"数字授权"的同时应当对"数字负责",处在数字政府法治尺度丈量之下的"人"同样需要监督与被监督并行。

六、结语

法律最本质的特征,即"深度不学习"[1],数字技术最前沿的特征,即"深度学习",保持法律的钝感,维持法律的边界,或许是我们应对新技术的一剂良方。先贤亚里士多德认为,"法治"是优于"人治"的另一种秩序形态,这一观点在经历了技术变革、时代变迁的今天,仍闪耀着真理的光辉。信息革命果真打破了"上帝"给定的物理空间,[2]给人类带来了双重生活逻辑,延展了人类的活动空间,但或许也带来了无所适从的压迫感。为避免"技治"陷入"工具主义"的泥淖,需要"法治"的"航向理性"。具体到法治数字政府建设中,数字政府更加凸显以数据为驱动的特征,更加关注技术应用的广度和深度,突出智能化取向;外延上不仅涉及政府本身的变化、数据驱动的政务服务,同时包含社会治理、城市治理等政府职能履行的数字化、智能化。[3]可以明确的是,数字政府并未改变政府的根本任务,而是政府运用数字技术更好地进行履职尽责的过程,用信息化驱动提升行政效能的过程,在这过程中给既有的行政理念、治理结构、组织架构、业务流程等带来了深刻的变革,但无论数字政府如何因技术的新变革而发展,都应当以"法治"作为其棱镜和尺规,所以行政法面对数字技术引发的政府变革也应当有所回应。在德国,越来越多行政法学者认为,行政法必须从一个"趋向于法律适用的解释科学"走向"法律实施导向的行为和决定科学",作为一个调控科学而存在。[4]诚然,由于大数据、互联网和人工智能等新型数字技术的应用具有越来越强的去中心化趋势,加之数字行政活动的复杂性,传统行政主体关系以及行政组织法律制度也已发生变化。或许数字化中出现的一些新的法律问题有可能通过技术发展得到化解,但当物理形式的现实政

---

〔1〕 余成峰:《法律的"死亡":人工智能时代法律功能危机》,载《华东政法大学学报》2018 年第 2 期。

〔2〕 参见马长山:《迈向数字社会的法律》,法律出版社 2021 年版,第 1 页。

〔3〕 相关的新技术,参见 Jeremy Swinfen Green & Stephen Daniels, *Digital Governance Leading and Thriving in a World of Fast - Chang - ing Technologies*, Routledge, 2020, p. 231 - 246。

〔4〕 Vgl. Schmidt - A mann, Verwaltungsrechtliche Dogmatik: eine Zwischenbilanz zu Entwicklung, Reform und künftigen Aufgaben, 1. Aufl. 2013, S. 18.

府与数字形式的虚拟政府边界逐渐消失之时,其中的治理或参与治理的主体作为被调控主体,便更有法治化构造的价值与意义,需要给予更充分地关切和更积极地回应,且应该作为法治数字政府建设以及数字行政法系统化进程中的重要基石性问题去关注与思索。

第六章　数字政府时代重大行政决策机制优化研究

一、重大行政决策的基本含义与现有程序

（一）重大行政决策的基本含义

行政决策是重大行政决策的上位概念，故只有在充分把握行政决策内涵的基础上，才能充分理解重大行政决策的概念。关于行政决策的内涵，理论上主要存在以下几种学说：第一，“行为说”，即把行政决策当做一种行为，如茅铭晨认为：“行政机关在职权范围内对国家或地方行政事务和社会公共事务所要解决的问题进行识别、对未来目标进行定位、对解决问题和实现目标的方案经过分析作出选择、对实施方案的行动进行设计而作出的政策性决定或法律性决定的行政行为。”〔1〕第二，将行政决策当做一个“过程”，即过程说，如刘莘认为：“行政决策是国家行政组织为了实现行政目标，依据既定政策和法律，对面临要解决的问题，拟定并选择活动方案的行为过程。”〔2〕叶必丰教授认为：“除了行政决策系行政学上的表达和沟通语言，强调过程和效率，行政行为系行政法学的表达和沟通语言，强调法律效果和法秩序外，行政决策与行政行为几乎没什么区别，都指向同一现象。或者说，每项行政决策最终都导向一个决定，每个行政行为都存在决策过程。决策系行政行为的一个过程或程序。”〔3〕第三，有学者从“决定”的角度进行定义，如“行政决策，即国家机关发挥行政管理职能作出处理国家公共事务的决定”〔4〕。针对以上“行为说”“过程说”“决定说”，笔者

〔1〕　茅铭晨：《“行政决策”概念的证立及行为的刻画》，载《政治与法律》2017年第6期。

〔2〕　刘莘主编：《法治政府与行政决策、行政立法》，北京大学出版社2006年版，第77页。

〔3〕　叶必丰：《行政决策的法律表达》，载《法商研究》2016年第2期。

〔4〕　黄达强、刘怡昌主编：《行政学》，中国人民大学出版社1988年版，第147页。

认为“行为说”更为合理，主要有以下几点原因：第一，根据统计表明，大多数地方行政程序规定都把行政决策作为除规章以外的抽象行政行为的上位概念，即与规章并列的一种抽象行政行为类型。[1]此种观点已经被实践所接受，而且理论研究中也积淀了较为丰富的成果，“行为说”以及行政决策作为一个法学概念愈加获得认可。第二，将行政决策定性为行政行为后，根据行政行为的分类学说，对不同类型的行政决策进行分类，纳入已有的行政行为理论体系中进行讨论，既节省了立法成本，又不会冲击现有的行政法体系。综合以上各种学说，笔者认为：行政决策是行政机关于职权范围内为了解决国家或社会存在的问题，实现行政目标，依据既定的政策和法律所做出的影响社会公众的行政行为。

上文对行政决策基本概念的梳理，有利于我们准确把握重大行政决策的内涵。有学者认为：“对于重大行政决策的‘重大’的理解是指具有全局性、长期性、综合性等特点的事项，或涉及决策相对人较多，成本或金额较大，对公共利益或公民权利义务影响较深刻的应属于重大行政决策。”[2]另外，2019 年修订的《广州市重大行政决策程序规定》第 5 条指出，“本规定所称的重大行政决策是指由政府依照法定职权对关系本行政区域经济社会发展全局，社会涉及面广，与公民、法人和其他组织利益密切相关的重大事项所作出的决定”。相对于一般行政决策，重大行政决策是国家或地方行政决策中事项重要、影响重大、涉及面广的行政决策。总结上面的论述，笔者把重大行政决策定义为：重大行政决策是行政机关在法定职权内，为了实现行政目标，对影响重大、涉及面广的国家和社会存在的问题，经过分析作出的行政行为。重大行政决策既可能是涉及不特定对象的决策，即属于抽象行政行为，也可能是涉及特定对象的决策，即属于具体行政行为，此时应根据具体情况判断该行政决策到底归属到何种行政行为的范畴，然后再按照抽象行政行为或者具体行政行为的具体规定去作出以及执行重大行政决策。

（二）法定程序

严格的程序规定是确保重大行政决策合法性、科学性、民主性的核心。《重大行政决策程序暂行条例》（以下简称《行政决策暂行条例》）针对决策草案形

---

〔1〕 参见叶必丰：《行政决策的法律表达》，载《法商研究》2016 年第 2 期。

〔2〕 曾哲：《我国重大行政决策权划分边界研究》，载《南京社会科学》2012 年第 1 期。

成过程中的公众参与、专家论证和风险评估程序作出了具体规范，体现出发挥专家专业意见的科学理性和民众民声民意的社会理性，设置了防范重大行政决策风险的程序要求。之前，我国关于重大行政决策程序的法律十分缺乏，只有《环境影响评价法》《国有土地上房屋征收与补偿条例》《国务院工作规则》等少数法律法规涉及有具体的重大行政决策程序问题。[1]《行政决策暂行条例》的出台解决了地方作出重大行政决策程序不统一的问题，有利于保障决策本身的合法性。同时，“行政决策程序立法可以建立制度化的途径和渠道，使得行政知识、生活知识、技术知识、法律知识和价值知识都能充分地进入决策过程，形成基于多种知识的综合理性，提高科学决策的水平”[2]。

根据《行政决策暂行条例》规定，作出重大行政决策的法定程序为：决策启动、公众参与、专家论证、风险评估、合法性审查、集体讨论决定和决策公布。上述程序可以进一步划分为三个过程：决策草案的形成过程、合法性审查、集体讨论决定。首先，在重大行政决策草案的形成过程，主要规定了公众参与、专家论证和风险评估程序。但是这三个并不是法定的必经程序，并不是所有的重大行政决策都需要全部社会公众参与，也并非所有的公众参与都是必要的和有效的。[3]依法不予公开的事项，不应公开听取公众意见；再者只有当决策事项具有较强的专业性和技术性时，才应当组织专家或专业机构进行论证。重大行政决策实施可能影响社会稳定、公共安全等方面，应当组织风险评估。其次，明确合法性审查和集体讨论决定为必经程序。重大行政决策草案必须进行合法性审查，且经审查合法后，才能提交决策机关进行讨论，并且明确了审查需要的资料、时间以及审查的内容，要求负责合法性审查的部门及时提出合法性审查意见并对意见负责，再交由决策机关进行调整或补充。规定决策草案应当经决策机关常务会议或者全体会议讨论；在坚持行政首长负责制的同时，要求行政首长末位发言，拟作决定与多数人意见不一致时应当说明理由；集体讨论决定情况应当如实记录并与责任追究挂钩。最后，《行政决策暂行条例》对重大决策程

---

[1] 参见韩春晖：《国家治理体系现代化的制度样本——评析〈重大行政决策程序暂行条例〉》，载《行政管理改革》2020 年第 1 期。

[2] 韩春晖：《国家治理体系现代化的制度样本——评析〈重大行政决策程序暂行条例〉》，载《行政管理改革》2020 年第 1 期。

[3] 参见刘淑妍、朱德米：《当前中国公共决策中公民参与的制度建设与评价研究》，载《中国行政管理》2015 年第 6 期。

序进行规定，有利于增强决策的可执行性，以程序合法助推实体合法的实现，“程序不是次要的事情，随着政府权力持续不断的增长，只有依靠程序公正，权力才可能变得让人能容忍”〔1〕。程序使相对方更容易接受某一重大行政决策，增强了决策的可行性。

(三)数字技术应用到行政决策的具体呈现

目前，大数据、区块链、物联网、云计算、人工智能等数字技术已经广泛应用到“服务型政府”的建设当中，这些数字技术将进一步应用到重大行政决策的作出过程，是全面建设数字政府的重要内容。数字政府时代，云计算为数字社会提供基础，数据为数字社会创新提供新动力，物联网与5G让城市治理更敏锐，人工智能让公共治理更加智慧。〔2〕《行政决策暂行条例》提出重大行政决策要实现科学化、民主化以及法治化，将科学、民主、法治的要求贯穿于作出重大行政决策的全过程，提高重大行政决策的质量和效率。“民主决策要求公民个体充分参与行政决策过程，以保障决策结果具有最广泛的民意代表性，这是科学决策和依法决策的基础；科学决策要求借助于现代先进科学技术，解决社会经济生活的难题，是决策行之有效的关键，在三者之中居于主导地位；依法决策的价值则具有双重性，符合最低限度形式合法性的依法决策是民主决策和科学决策的保障，而民主决策和科学决策的目标是要最终实现行政决策的实质合法性。”〔3〕数字技术的运用，于以下几个方面有助于实现民主决策、科学决策、依法决策。

第一，数字技术中的大数据具有以下几个特点：一是大数据的数据规模涉及的领域广和数据量庞大；二是大数据突出强调相关关系而非因果关系；三是大数据的核心就是预测。在大数据时代，人们最大的思维转变就是从关注事物之间的因果关系转向关注相关关系，决策者的思维也从经验层面上升到逻辑层面，这些转变能为决策方案思路的确定提供更加科学的依据。〔4〕

〔1〕［英］威廉·韦德：《行政法》，徐炳等译，中国大百科全书出版社1997年版，第94页。

〔2〕参见李季主编：《数字政府蓝皮书：中国数字政府建设报告（2021）》，社会科学文献出版社2021年版，第17～18页。

〔3〕湛中乐、高俊杰：《作为“过程”的行政决策及其正当性逻辑》，载《苏州大学学报（哲学社会科学版）》2013年第5期。

〔4〕参见谢治菊：《大数据优化政府决策的机理、风险及规避》，载《行政论坛》2018年第1期。

第二,有研究以冲突预测为例指出,大数据的兴起及其分析技术的应用实现了现实冲突进程的实时监测与即时预测,进而重塑了传统的理论认知。[1]首先,"大数据不仅可以在问题出现阶段识别潜藏在民意中的社会问题,还可以预测公共危机的爆发,如自然灾害、工业污染、疾病暴发等城市中的公共安全问题"[2]。因此大数据会为重大行政决策的作出提供翔实的数据,其再通过对大量相关数据进行分析,可以更容易、更科学、更准确地把握将要进行决策事物发展的规律,并且大数据把算法运用到海量的数据上可以对未来可能发生的行为和事件进行预测,增强重大行政决策的前瞻性,防患于未然,进而提升重大行政决策的可行性、有效性、准确性和科学性。其次,数字技术的运用可以节省重大行政决策的时间成本,前文对数字技术如何具体运用到重大行政决策形成的5个程序进行了论述,由此可以得知数字技术的运用能够提升决策作出的效率。

第三,大数据能够实现对数据之间的逻辑相关和内在联系提供最优化的决策方案。网络大数据分析遵循"数据—信息—知识—智慧"(DIKW)的逻辑,它能为参与决策的各方和最终决策者提供更加智慧化的决策方案。一方面,运用大数据分析技术可以捕获现有关于重大行政决策事项的网络大数据,通过对这些数据进行挖掘与发现重要决策价值的信息,这些信息被进一步加工后,会形成可视化的知识图谱、因果模型等,将其进行整合形成报告后就可以为决策提供方案参考;另一方面,当不同参与主体之间产生分歧,即因科学、民主与法治的价值指导下的意见分歧,可以通过大数据的博弈模型算法提供最优的决策方案。[3]

第四,数字技术能够打破传统的信息在各行政机关内部流转的格局,大数据可以增强构建决策机关之间的联动体系,提升决策的科学性。并且,与传统技术相比,行政机关运用数字技术能够快速收集、处理信息,发挥信息的最大价值,减轻决策机关的负担,提升决策的效率。

---

[1] 参见董青岭:《大数据安全态势感知与冲突预测》,载《中国社会科学》2018年第6期。

[2] 石婧、艾小燕、操子宜:《大数据是否能改进公共政策分析?——基于系统文献综述的研究》,载《情报杂志》2018年第2期。

[3] 参见李进华:《基于"大数据+区块链"技术应用的重大行政决策模式变革研究》,载《大连干部学刊》2021年第8期。

二、数字技术应用在重大行政决策中的优势

“大数据等数字技术对决策者的意义表现在决策的3个过程上：事前预测、事中感知、事后反馈。”[1]数字技术的应用贯穿重大行政决策始终。决策草案的形成过程：一是数字技术能够扩大公众参与的范围，保障重大行政决策公众参与程序的顺利、有序运行。二是数字技术的运用能够促进专家参与重大决策草案的形成过程。三是在风险评估过程中，数字技术的运用可以分析评估重大行政决策可能引发的社会稳定风险及其概率，提出风险化解措施。此外，数字技术的运用能对传统的合法性审查机制进行优化，从而确保决策的合法性。综上，把数字技术运用到重大行政决策的形成程序中，能够促进重大行政决策实现科学化、民主化和法治化。

（一）推动决策程序完善

需要明确一点，行政机关治理和服务社会的最终目的就是要为社会创造公共价值，重大行政决策是行政机关治理社会的一种手段，因此重大行政决策的根本目的就是为社会创造重大公共价值。在数字政府时代，社会民众对行政机关的管理效果有了更高的期望，行政机关也因此面临更大的挑战。有学者认为：“数字政府治理寻求的公共价值至少包含三个维度：增进民生福祉、改善公共服务、提升治理效能。”[2]所谓的增进民生福祉就是以人民为中心，是指在作出重大行政决策时，应当保障人民的权利和权益；改善公共服务就是建设更加完善的“服务型政府”，提升治理效能就是提升行政效率和治理能力。数字政府时代，重大行政决策进行评估时，关注社会公平、民主、回应性，以“价值导向”为评估标准，以能够最大限度地实现公共价值。总体来说，重大行政决策在运用数字技术时，要始终坚持以人民为中心，以建设“服务型政府”为理念，以提升人民幸福感为目的，力求创造更大公共价值。

有学者提出公共价值具有4个属性：行为性、公民性、服务性和社会性。行

---

〔1〕 孙强、张雪峰：《大数据决策学论纲：大数据时代的决策变革》，载《华北电力大学学报（社会科学版）》2014年第4期。

〔2〕 刘银喜、赵淼：《公共价值创造：数字政府治理研究新视角——理论框架与路径选择》，载《电子政务》2022年2月。

为性是指政府在积极履行公共责任的过程中，为获得良好的政府绩效和公共产出最大化所采取的行为，反映的就是公共机构的公共价值追求过程。可以通过5个指标来测量，这5个指标分别是：行政效率、行政成本、政府透明度、政府回应性以及各级政府的协作关系。公民性是指决策政府在追求公共价值的时候应保障公民的权利和权益，以及公民在参与社会公共价值创造的过程中努力提升自身的品格，可以用公众参与、公众自我发展、公众信任3个指标进行测量。服务性指的是向公民提供"服务"，使其享受公共价值。社会性是指政府追求公共价值是对社会资源进行的一种最优分配。[1]

运用数字技术作出重大行政决策契合行政机关治理社会所寻求的公共价值。首先，大数据以及算法的运用，必然会提升决策的效率，节省行政成本，提升政府的回应性，增加社会的透明度，且数字技术提升了政府机关及各部门的协作关系。其次，数字技术的运用增加了公众参与决策的方式和范围，普通民众能够及时地表达意见，使决策更切合人民群众的利益，从而使公众更信服决策。最后，政府使用数字技术能够给决策受众提供更优质和快捷的服务，且能够使决策更符合社会现实，对资源的分配也更加合理。因此运用数字技术作出的重大行政决策会更快、更准确，有利于社会治理，能最大限度实现重大行政决策的理性并创造更大公共价值。

（二）促进公众民主参与

重大行政决策要符合广大人民的普遍利益，其作出是为了法治社会的建设。民主是法治社会实现的前提，民主能确保决策符合人民的利益，精准高效的重大行政决策离不开对公众意见的收集和采纳。近年来，公众参与重大行政决策的意愿明显提升，但从实际效果看公众参与程度并不高，根本上还是因为民众参与渠道不够畅通，政府对重大行政决策的公开程度不够。[2]公众参与就是决策机关听取公民的意见，一方面是指公民有权利参与重大行政决策的形成过程，另一方面是指当对重大行政决策不满时，可以进行陈述、申辩。公众参与

---

〔1〕 参见张丽、陈宇：《基于公共价值的数字政府绩效评估：理论综述与概念框架》，载《电子政务》2021年第7期。

〔2〕 参见李进华：《基于"大数据＋区块链"技术应用的重大行政决策模式变革研究》，载《大连干部学刊》2021年第8期。

可以弥补决策需要的智慧和信息不足,进而使决策者提前洞察决策制定过程中可能存在的缺漏,增加公众对决策内容的正当性与科学性的信任,进而减少决策执行过程中可能遇到的阻力。公众参与在西方又被称为“利益相关者参与”,包括“可能受到有利影响的”、“可能受到不利影响的”以及“可能对决策施加影响的”等所有与重大行政决策可能产生关联的个人或组织。[1]数字技术的运用改变了行政机关与公民、企业和其他社会主体的关系,有利于不同主体参与决策的形成,有利于民主的实现。

实质化的公共参与才能反映真实的社情民意,才能让重大行政决策更加符合民心和社会需要,数字技术于以下几个方面保障重大行政决策公众参与制度的顺利、有序运行。第一,重大行政决策数据主要源于公众,且内容多元;这些数据涉及社会的各个方面,行政机关借助这些数据能够深入了解社会现实情况以及社会普通民众的利益诉求,民主的效果也因此实现。第二,网络和大数据的迅速发展使普通民众获得信息的渠道更宽、更快,与行政机关的沟通和联络也更加方便、快捷。一方面,互联网的开放性使数量庞大的网民和各种社会群体可以在网上方便快捷地发表观点,这使得网络舆情的数据量急速增长。多媒体的发展使网络舆情的数据形态既有文本,又有图片、音频、视频等,呈现多样化的特征。[2]能及时对重大行政决策议题提出意见和建议使决策集思广益,从而更符合民众的切身利益,更能反映民生。另一方面,互联网的匿名性还使得参与主体以一种更为平等的身份参与公共活动,决策的民主性也在一定程度上得到了拓展。第三,数字技术的运用,扩大了公众参与决策的主体范围,互联网上,不同职业、年龄、民族、学历的人都可以参与其中,如拥有与决策相关知识和经验的专家、学者和民众,他们利用自己的专业特长,通过互联网参与决策的形成,决策的咨询范围得以扩大,决策的科学性也因此得到提高。第四,数字技术的运用,增加了公众参与的方式,传统的听证会、座谈会、协商会等继续发挥作用,网上征求意见、社会基层访谈等新的参与方式的出现,扩大了公众参与的范围,使决策参与主体扩大到包含社会普通民众在内的最广泛大众,使自上而下的主动式、内部决策转变为民众参与式、公共决策。第五,数字技术的出现,使

---

〔1〕 参见江国华、梅扬:《重大行政决策公众参与制度的构建和完善——基于文本考察与个案分析的视角》,载《学习与实践》2017 年第 1 期。

〔2〕 参见唐涛:《基于大数据的网络舆情分析方法研究》,载《现代情报》2014 年第 3 期。

公民参与决策所花费的时间成本、金钱成本降低，提升了公民参与决策的积极性。第六，重大行政决策作出后，通过数字技术，公众可以快捷、高效的针对决策存在的疑问进行陈述、申辩，决策机关对合理的意见，应予以采纳或部分采纳，并在决策中予以体现；对不合理的意见，则应决定不予以采纳，但同时要将不采纳的结果告知相关公众，而且还要向他们说明不予采纳的理由。[1]综上，与传统的行政机关内部决策相比，数字技术的运用使其向公共决策转变，提高了利益相关者参与决策的积极性，有利于决策实现民主化。

（三）全面实现风险评估

重大行政决策往往涉及公共利益，决策失误会减损公共利益，为了维护社会的稳定，2019 年出台的《行政决策暂行条例》规定了风险评估为重大行政决策作出的前置程序，对重大行政决策的作出有着极为重要的意义。风险评估的内容包括公众参与、专家论证和合法性审查，风险评估对于维持社会稳定，确保决策的科学性和合法性以及顺利实施决策具有重要的意义。重大行政决策的风险评估是指行政机关在制定作出重大行政决策之前，对可能影响社会稳定的风险进行预测、识别、分析和评判，制定风险应对预案和措施，并将评估结论作为决策依据，在决策事项实施过程中妥善处置社会稳定风险的过程。以河南省为例，《河南省重大行政决策程序规定》第 31 条规定了风险评估的内容：社会稳定风险、公共安全风险、生态环境风险、财政金融风险、舆情风险和可能引发的其他风险。传统风险评估方法就是通过问卷、访谈等实地调查的方法，掌握决策受众的想法，汇总归纳后，再通过公开听证、专家论证等对风险进行识别，确定风险的级别，但这一过程容易受到专家和决策者的经验、理论、假设等思维的影响，甚至可能会遭到人为因素的干扰。数据的局限性和“经验性”思维容易造成决策的不科学和片面性。与传统的风险评估方法不同，大数据时代中数据的广度、深度和时效都得到极大的提升，运用算法对挖掘海量数据蕴含的隐性信息和核心价值，能够提升风险评估结果的准确性、科学性和权威性。

---

〔1〕 参见江国华、梅扬：《重大行政决策公众参与制度的构建和完善——基于文本考察与个案分析的视角》，载《学习与实践》2017 年第 1 期。

大数据和算法的迅速发展，为数字技术应用于风险评估奠定了基础。[1]决策机关在作出重大行政决策的过程中离不开对大数据的使用，因此风险评估过程也离不开大数据。“大数据语境下，评估政府决策质效的工具，也必须要嵌入大数据特征和功能，助推评估工具模式创新。”[2]大数据时代，基于分类算法的原理和社会稳定风险的各项构成要件特征，围绕决策相对人的意愿，采用算法将社会矛盾分类至特定风险模型中，可以分析评估重大行政决策可能引发的社会稳定风险及其概率，提出风险化解措施，能够增强风险评估的民主性和风险治理工具的功能，避免重大行政决策引发社会冲突特别是群体性事件的发生。[3]

有学者认为，风险不仅源于社会，更源于我们作为集体或者个人做出的每一个决定，每种选择，以及每次行动。[4]风险评估根本上就是对所有决策受众的意见和诉求分析，只有决策符合所有受众者的利益，并且需要受众者的利益在整个决策实施过程中保持稳定，就不会造成风险。但是实践中，决策风险的不确定性和连锁反应趋势加剧，且人的心理具有易变性，风险评估结果难以准确和可靠。随着互联网、手机的普及，我们每个人的体重、身高、消费记录、饮食习惯等都会被大数据所收集，正如有学者所言：“自己每一次点击鼠标，包括上传一张照片、转发一则笑话或在短片下面点一个‘赞’，都是在为建立与自己相关的庞大数据库添砖加瓦，而其揭示出的人格特质真实得让人恐惧。”[5]大数据收集了我们的个人信息，而算法通过对大数据进行分析可以得出我们身份、社会属性、真实的人格等。行政机关对重大行政决策进行风险评估时，凭借大数据、算法能够了解相关利益者的身份、社会属性、利益诉求，判断重大行政决策是否符合相关利益者的诉求。若满足，该决策不会造成不良影响；若不满足，既可以重新制定重大行政决策，也可以通过制定风险发生和化解方案，防范

〔1〕参见王祯军：《算法应用于社会稳定风险评估的可行性、法律问题及对策》，载《法治研究》2022年第2期。

〔2〕邹东升、陈昶：《数据式社会稳定风险评估：困境、逻辑与路径》，载《情报杂志》2020年第5期。

〔3〕参见王祯军：《算法应用于社会稳定风险评估的可行性、法律问题及对策》，载《法治研究》2022年第2期。

〔4〕参见杨雪冬：《全球化、风险社会与复合治理》，载李程伟主编：《公共危机管理：理论与实践探索》，中国政法大学出版社2006年版，第46页。

〔5〕[瑞典]大卫·萨普特：《被算法操控的生活》，易文波译，湖南科学技术出版社2020年版，第4页。

对社会造成不良影响。现如今，我国数据基础已经逐渐做大，为风险评估提供了可靠的分析前提，这些数据能够反映相关利益者的真实心理、态度和立场，通过“数据参与”可以提高风险评估结论的科学性和民主性。

（四）优化专家咨询论证

《行政决策暂行条例》明确规定了专家论证属于重大行政决策的程序之一，是科学决策的重要一环。专家论证也能够防止重大行政决策的随意性，促进政府与公众互动。“专家论证是指在重大行政决策过程中，专家群体，依照其专业知识或经验，对相关问题提出意见，供决策者参考的过程。”[1]而重大行政决策中的专家论证是指在重大行政决策形成过程中，决策组织拥有专业化、技术化知识的专家学者，对决策的可行性、合理性等内容客观发表自身看法和建议，从而提升重大行政决策的科学性。“科学决策理论认为：科学决策是指按照一定的科学理性程序，依靠认识意义上的权威（专家）运用现代科学方法和先进技术进行决策。”[2]这就意味着科学决策要求专家咨询和专家论证。重大行政决策专家论证对确定决策方案和手段尤为重要，具有更多的技术色彩，能够提升决策的科学性。[3]另外，“决策咨询专家是指在公共行政过程中，拥有专业化、技术化的知识，掌握政策分析和咨询方法及工具的个体或者集团”[4]。作为某一行业领域的专业人员，其论证可以弥补决策机关专业知识欠缺等问题，进而提升决策的科学性，与此同时，专家参与重大行政决策时所具有的独立性以及中立性，能够在一定程度上监督决策机关，并且从某种意义上来说，专家论证属于广义的公众参与，其能代表部分公众的意见，以及充当政府和公众之间的沟通桥梁，从而减少决策的随意性，提高决策的科学性。

“设计专家论证的目的就是通过在重大行政决策过程中搭建一个专门化、规范化的制度平台，让专家能够以一个专业的、中立的角色参与到重大行政决

---

[1] 贾梦嫣：《浅议贵州省重大行政决策专家咨询论证程序制度构建》，载《贵州市委党校学报》2011年第6期。

[2] 胡肖华、龙亮：《行政决策专家论证制度的反思与重构》，载《吉首大学学报（社会科学版）》2017年第5期。

[3] 参见栗燕杰：《行政决策法治探究》，中国法制出版社2011年版，第156页。

[4] 王锡锌：《我国公共决策专家咨询制度的悖论及其克服——以美国〈联邦咨询委员会法〉为借鉴》，载《法商研究》2007年第2期。

策当中,从而为重大行政决策的制定提供专业性、技术性的政策意见,确保重大行政决策的科学化。”〔1〕

重大行政决策的专家论证程序因数字技术变得更加丰满,更能保障决策的科学性。主要体现为以下3点:第一,网上视频论证会的出现,可以打破地域限制,邀请全国各个地方的专家参与论证,使专家论证更具权威。与此同时,建立全国统一的专家库成为可能,基于大数据的发展,可以对专家学者所研究的领域进行更细致的分类,进而在某项重大行政决策需要专家论证时,可以挑选出更加专业权威的专家学者,使专家论证更加充分合理,提升决策的科学性。第二,传统对参与论证的专家的干预也因为数字技术的成熟变得更加困难,主要有两方面的原因。一方面,互联网等数字技术的使用,可以使整个论证过程得以记录并永久保存下来,再加上《行政决策暂行条例》规定专家对其意见负责,更能确保专家在论证过程中始终保持中立性和独立性。另一方面,专家库建立,其中包含的专家数量众多,专家遴选具有保密性,且由算法自动选择,使得参与论证的专家具有极大的不确定性。第三,针对重大行政决策涉及面广、影响重大,如果参与论证的专家知识背景过于单一、结构失衡,专家意见就可能失去其合理性。但是大数据以及算法等数字技术可以分析该决策所涉及的各方面专业知识,从而在进行决策时,挑选各个专业的专家进行论证,避免专业专家意见的局限性,提升决策的合理性与科学性。

(五)健全决策合法审查

重大行政决策合法性审查是实现决策科学化、民主化、法治化的关键,也是建设法治政府的核心环节。首先,以决策类行政规范性文件为例,其合法性审查要同时满足重大行政决策和行政规范性文件的要求。其次,重大行政决策往往涉及面广,涉及多方面公共利益,因此在进行合法性审查的过程中,重大行政决策法治化不仅需要对决策的事项进行合法性审查,更要对形成重大行政决策的每个过程是否符合法律规定进行审查,要对决策主体权限、是否符合上位法规定等合法性问题进行审查,也要对其合理性、必要性以及可行性进行审查。传统的合法性审查在以下几个方面存在缺陷:一是审查能力不足。首先,法治政府的建设,导致重大行政决策进行合法性审查的次数增多,并且重大行政决

〔1〕 江国华、梅扬:《论重大行政决策专家论证制度》,载《当代法学》2017年第5期。

策涉及的法律规范数量众多与政府审查机构人员力量不足之间存在紧张关系，其次，重大行政决策往往涉及社会的多方面，存在内容复杂、利益交织、专业性强的特点，对审查人员的知识水平提出了更高的要求，但是审查人员的能力素质参差不齐，专业性知识相对欠缺。二是审查衔接尚不顺畅。重大行政决策涉及5个程序：公众参与、风险评估、专家论证、合法性审查、集体讨论决定。风险评估的内容包括公众参与、专家论证和合法性审查，所以风险评估能够为重大行政决策合法性审查提供方向，且在合法性审查过程中可以就专业性问题向专家进行咨询，但是目前重大行政决策各个程序间是一种割裂独立的状态。

数字技术的运用将改变现状，对合法性审查机制进行优化。如针对审查机构人员力量不足的问题，通过法律大数据平台，不仅审查部门可以将有待审查的草案与之对照，而且实现了决策事项与更大范围的法律法规进行比照，毫无疑问减少了审查机构的压力，推进了合法性审查的智慧化展开。运用数字技术对重大行政决策的每个过程进行监管，对行政机关的权力有一定约束作用，对事前事中事后出现的法律问题进行及时反馈，有利于合法性审查过程中指导审查人员的审查方向。数字技术使合法性审查过程中变得公开透明，使普通民众、法律专家以及学者能够及时发现重大行政决策形成过程中的问题事项，及时提出意见，以上都能减少决策违法性，提升重大行政决策法治化的程度。同时，数字技术中的区块链技术具有不可篡改、可追溯、公开透明的特点，这一技术的使用可以对决策过程中参与者的行为如实记录，确保了决策的合法性。[1]

（六）动态监管决策执行

近年来，各地区响应党中央、国务院关于“互联网＋监管”工作的部署，稳步推进各项工作，目前省级“互联网＋监管”系统主体功能基本完备，充分运用云计算、大数据、人工智能等技术，对市场重点领域、重点行业、重点企业进行全程动态监督。从注册登记、事前审批到事中事后监管全过程对企业进行综合分析、精准画像，为部门开展信用评级、信用监管、精准监管、风险预警等提供有力支持。

将“互联网＋监管”运用到对重大行政决策执行状况进行监督的情况下，由

---

〔1〕 参见谷志军：《重大决策责任追究的三重逻辑——基于行政决策要素的案例分析》，载《新视野》2021年第2期。

于大数据、物联网、视频监控、卫星遥控等数字技术，能够对决策执行进行实时的精准的非现场监管，强化了事中事后监管，有效提升精细监管、智能监管水平。因此在重大行政决策作出阶段，可以对决策机关进行全过程监督，防止其为了私益而作出不合法的决策结果。在重大行政决策的执行阶段，大数据可以通过紧密的跟踪，对决策作出和执行过程中出现的偏差进行及时干预和纠偏。[1]当发现决策事项有所偏离时，能够及时进行调整，防止对社会造成重大损害。另外，社会监督因数字技术的运用变得更直接、更有力，使得每一个利益相关者都能随时对决策执行情况进行监督并反馈给决策机关。综上，我们可以说"互联网 + 监管"提升了重大行政决策的合法性、民主性和科学性。

三、重大行政决策利用数字技术所存在的难题

(一)决策机关数字能力欠缺

首先，决策机关的数字技术意识淡薄，实践中存在许多"四拍惊奇"现象：拍脑袋决策，拍胸脯保证，拍大腿后悔，最后拍屁股走人。凭借直觉和经验的决策风险很高，很可能全社会都会因此付出沉重的代价。而数字技术中的大数据、算法等技术，使决策机关的"经验意志"向决策利益相关人以及专家的"普遍意志"转变，这意味着决策向更民主、更科学的方向发展，同时能避免决策人过于情感化，合理运用大数据等数字技术对决策有一定的保障意义，如果思维上不进行转变，不懂得发挥数字技术在行政决策中的优势就难以提升其在重大行政决策的质量。其次，尽管有些决策机关已经慢慢认识到数字技术的重要性，但各种数字技术作为新兴的高科技技术，对决策人员使用和掌握这项能力提出了很高要求，仅掌握决策涉及领域的相关知识是不够的，还需要掌握数字技术的工具能力。我国政府对大数据等数字技术的重视程度尚不足够，即使建立了数据库等基础设施，也多处于闲置状态。此外，目前许多政府部门将相关的数字技术外包给第三方处理，为了防止第三方企业在决策过程中实施不法行为，政府部门还需付出额外的成本和精力。唯有行政机关内部培养出兼具数字技术和决策技术的人才，才能确保决策安全，节省决策成本。

---

[1] 参见罗彪：《重大行政决策的逻辑转换及其法治化策略：基于大数据思维》，载《重庆科技学院学报(社会科学版)》2021 年第 2 期。

(二)数字技术自身的局限性影响决策质量

2020年3月30日,中共中央委员会、国务院发布了《关于构建更加完善的要素市场化配置体制机制的意见》,规定土地、劳动力、资本、技术、数据为五大生产要素,至此数据在政策意义上被列为社会生产要素之一。2021年国家颁布《数据安全法》,数据作为一种新的生产要素,国家为保障其安全专门出台了一部法律,这展现了当今时代数据的重要性。但是目前大数据应用到重大行政决策的过程还存在许多现实问题急需解决。

1.大数据的质量水平不高

当前,各行各业对数据资源的使用,对数据采集的丰富性、准确性和及时性,以及数据精度、更新频次等都提出了更高的要求。与此同时,大数据的质量会影响决策质量,甚至导致决策方向偏离。产生这一现象主要有以下原因:第一,现有的数据资源一方面源于政府系统内部日常的行政活动,另一方面源于网络和互联网企业的搜集整理。然而,源于网络和互联网企业的大数据无可避免存在人的主观性,可能会存在人为的、有倾向性的主观信息,误导重大行政决策形成的方向,甚至可能由于公众参与决策的形成过程,使得社会公众受到其他因素的裹挟,影响政府作出偏向于特定利益群体的行政决策。第二,有些数据的时效性差,不能反映出当今社会以及未来社会发展的趋势,难以对决策起到支撑作用。第三,虽然大数据体量庞大,但是却不能涵盖社会的方方面面,一些"数据低洼"领域,比如在残障人士、老人、小孩等因身体、年龄等因素无法形成或使用数字信息的人群中,行政决策往往会忽视这一部分人群的利益诉求,因此如何扩大数据的收集范围是一个值得深思的问题。第四,大数据的特征之一是量大,海量的数据中必然存在一些毫无价值或者价值低的数据,数据的筛选环节也将消耗大量时间,此时如何剔除毫无使用价值或者低价值的数据是一个必须的考量。第五,尽管《数据安全法》规定数据的搜集方式应当合法、正当,不得窃取或者以其他非法方式获取数据。但是数据的收集程序并没有相关法律规范予以规定。未经法定程序确认、验证、使用的大数据,或者未采用法定手段收集的低质量数据最终必然会影响行政决策的作出和后续执行。[1]

---

〔1〕 参见孙丽岩:《行政决策运用大数据的法治化》,载《现代法学》2019年第1期。

2. 数据未完全做到开放、共享

决策机关一直致力于数据开放、共享，"大数据的价值在于其能够流通共享，不能流通共享的数据就只能是一堆数字或符号"[1]。但是数据的开放过程并不是一蹴而就的。

首先，在政务数据共享方面，尽管中央部门政务信息已深入开展整合，部门间信息系统已经实现互联互通，数据共享程度得到极大提升，数据"孤岛"问题基本消除，数据共享取得了良好的效果，但是地方的数据共享系统尚未完全建立，严重影响了全国数据整合，不利于决策机关运用大数据作出跨地域的重大行政决策。一是中央与地方数据对接困难，中央垂直管理部门与地方资源共享存在阻碍，同时，中央向地方提供政务信息资源、数据等缺乏法律依据和标准，地方业务协同发展困难，跨部门跨地域信息资源共享难，地方缺乏政务信息系统整合共享积极性，导致中央层面整合共享水平高，地方层面整合共享水平低。二是各地数据系统建设、管理标准不一，造成了地方之间的数据割裂，且各个地方受地理位置、历史因素的影响，导致各个地方的数据有属地性这一特征，一个地方的数据可能与另一地方相关的数据存在显著的区别，故造成数据"孤岛"是不可避免的。三是地方政务信息系统虽已经建立，但在许多地方利用率不高。一方面是因为信息化、智能化水平不够高，缺乏相关管理制度；另一方面是因为决策层的数据意识薄弱，重视政务信息系统的建设而轻实际使用。[2]其次，政务数据、公共数据和社会数据之间未能完全融合，导致决策机关作出重大行政决策时往往只依赖其自身的政务数据，而政务数据本身难免具有一定的局限性。

3. 大数据的安全问题

大数据本身有助于预测风险，但其本身的安全风险也会给决策带来隐患。重大行政决策涉及社会的经济、文化、秩序等方面，因此其作出过程中所依据的数据一定是涉及国计民生的关键数据，具有一定的战略安全性，如天气、交通、矿产资源、科技创新等。如果技术平台对这些数据的保护不足，一方面，可能会

---

[1] 罗彪：《重大行政决策的逻辑转换及其法治化策略：基于大数据思维》，载《重庆科技学院学报（社会科学版）》2021年第2期。

[2] 参见李季主编：《数字政府蓝皮书：中国数字政府建设报告（2021）》，社会科学文献出版社2021年版，第10～11页。

造成黑客入侵发生大量秘密数据丢失的情况，若不法分子利用秘密数据从事不法活动，将会威胁到国家安全，给国家和社会造成巨大损失，不利于社会稳定；另一方面，若黑客故意篡改数据将导致数据失真、决策失误，损害利益相关人乃至整个社会的利益。许多国家都将大数据视为国家财产的一部分，甚至提出了数据主权这一概念，认为数据主权是国家主权的一部分，网络数据安全直接影响数据安全。[1]这一表述在当时的背景下听起来虽有些夸大其词，但是随着数字时代的发展，数据会越发重要，所以对数据的保护至关重要。目前，我国网络安全预警机制不完善，数据平台对防范网络攻击的意识不强，网络安全运营的规范和标准尚未建立，关于大数据的风险防控和保护是一个亟需解决的问题。

（三）数字技术抬高公众参与门槛

1. 数字鸿沟所引发的公众参与问题

"数字鸿沟是指在数字时代因地域、收入、教育水准和种族原因而形成的在数字化技术掌握和运用方面的差异，以及由此导致的不同群体在社会中面临的不平等现象。"[2]进入数字政府时代，数字鸿沟对公民参与重大行政决策的影响越发明显，具体表现为以下几个方面：一是如老人、残疾人等群体因为不能够或者不会使用互联网技术而丧失了获取决策信息和参与决策的机会。二是由于互联网用户之间的信息获取能力和甄别能力有所不同导致其获得的信息时效性有所不同，由此引发公众参与决策的机会、能力和意识有所分化。三是互联网媒介中的信息传播很容易受到个别权力机构和大型商业公司的控制和操纵，信息观点的多样性难免受到损害——那些不符合主流价值或商业利益的内容很可能会遭到限制或无法大范围传播。[3]概括来说，数字鸿沟的存在使得熟练掌握互联网等数字技术的人能更及时、高效的参与决策和影响决策，而那些不能运用数字技术或者使用数字技术能力差的人无法实质性的参与决策并对决策产生影响，这种差距会严重威胁决策民主的实现，进一步影响社会的稳定。

---

〔1〕参见齐爱民、祝高峰：《论国家数据主权制度的确立与完善》，载《苏州大学学报（哲学社会科学版）》2016年第1期。

〔2〕王法硕：《公民网络参与公共政策过程研究》，复旦大学2012年博士学位论文。

〔3〕参见郝龙：《互联网会是挽救"公众参与衰落"的有效力量吗？——20世纪90年代以来的争议与分歧》，载《电子政务》2020年第6期。

2. 数字技术引发公众参与决策的情绪化

相较于传统媒体，互联网等数字技术更为自由、开放，尽管绝大多数公众在参与重大行政决策的形成过程中，都抱着使决策变得更好的心态，但是其在互联网上的意见时常会受非理性情感要素的影响，表现出一些情绪化的冲动和发泄，这是无法避免的。这主要由以下几个方面所导致：第一，由于信息的纷繁复杂，人们在获取信息时往往处于一种“走马观花”的状态，缺乏对事物的整体思考，以片面局部的认识来左右自身意见的形成。第二，青少年是互联网数字技术使用的主力军，然而青少年的人生观、价值观尚未成熟，缺乏社会历练，独立思考能力较差，容易受到外界的影响，从而发表的言论易极端和情绪化。针对情绪化、非理性化的言论，决策机关在进行决策时如何筛选公众意见是一个复杂且需要解决的问题。

3. 公众参与遭到舆论绑架

公众网络参与重大行政决策，会出现沉默螺旋效应。“所谓的沉默螺旋效应即指人们在表达意见和观点时，如果看到自己赞同的观点，并且受到广泛的欢迎，就会积极参与进来，这类观点越发大胆地发表扩散，形成压倒性意见；而对于少数人持有的观点，即使自己赞同它，也会选择沉默。意见一方的沉默而另一方意见的增势，循环往复形成一方的声音越来越强大，另一方越来越沉默下去的螺旋发展进程。”[1]由于网络参与发表言论的极端化和情绪化，持与主流意见相反观点的网民顾虑其可能会受到大多数人的怀疑和批评，从而对主流观点屈从，选择沉默，进一步强化这种观点并导致其向更大范围扩散，促使这一观点在网络形成压倒性意见。主流观点并不一定都是正确观点，主流观点的形成可能存在人为诱导，诱发公众对决策机关的决策施压，从而最终导致公众参与重大行政决策受到舆论绑架。

（四）数字技术引发歧视和不平等

“公平正义是行政决策必须恪守的价值遵循，任何行政决策的内容制定与方案实施都不能背离社会公正性的规范要求。”[2]这意味着运用数字技术实施

---

〔1〕 王法硕：《公民网络参与公共政策过程研究》，复旦大学2012年博士学位论文。

〔2〕 赵友华、蔡振华：《人工智能时代行政决策体制优化的技术范式与风险因应》，载《理论月刊》2020年第2期。

的重大行政决策也不能突破公平正义底线。虽然数字技术的运用为重大行政决策的作出提供了便利,但是大数据和算法的运用也容易引发歧视和不公平的问题。

其一,决策过程中运用到的大数据的收集过程并非完全客观中立的。“无论何种数据其实都是表征主体样态特征的数据化标签,能够将社会交往空间中的偏见、某些群体的弱势地位以及权利不平等等信息带入行政决策信息系统,并在智能决策的过程中进一步固化这种非公正性的社会状态。”[1]

其二,以往的实践中,人们总倾向于认为算法是一种独立公正的技术,不会失之偏颇。但由于“算法是由人设计出来的,这本身就有可能具有偏见性和错误性”[2]。算法对社会现实中既存的社会偏见、歧视观念、歧视文化、歧视制度等“知识”予以结构性学习,创造出集团属性的片区(segment),继而将个人精准归类(categorize)至特定的片区中去,形成“基于‘集团’属性而歧视个人的情况”[3],如果算法应用产生的偏见和歧视性问题不能很好地解决,那么基于算法所形成的重大行政决策可能会造成社会不平等,影响社会的稳定。如在美国,算法通过种族分析形成了错误的集团性判断,导致黑人获得额外护理的比例仅为17.7%,如果系统不存在集团性的歧视,那么该比例将为46.5%。[4]

(五)决策活动对个人隐私产生侵扰

首先,决策机关运用数字技术作出重大行政决策存在侵犯个人隐私的风险。数字政府时代,人们的一言一行都在被电子数据记载、储存着,决策机关在运用大数据作出重大行政决策时,由于大数据技术的内在本性是从一切事物中提取尽可能多的数据,特别是关于个人特殊信息的数据,[5]决策机关在使用大数据过程中不可避免地会收集、储存、使用个人数据,不可避免地会在一定程度

---

[1] 赵友华、蔡振华:《人工智能时代行政决策体制优化的技术范式与风险因应》,载《理论月刊》2020年第2期。

[2] 迪莉娅:《大数据算法决策的问责与对策研究》,载《现代情报》2020年第6期。

[3] 转引自雷刚、喻少如:《算法正当程序:算法决策程序对正当程序的冲击与回应》,载《电子政务》2021年第12期。

[4] 参见转引自雷刚、喻少如:《算法正当程序:算法决策程序对正当程序的冲击与回应》,载《电子政务》2021年第12期。

[5] 参见董淑芬、李志祥:《大数据时代信息共享与隐私保护的冲突与平衡》,载《南京社会科学》2021年第5期。

上侵犯个人的隐私。大数据时代，大数据的价值是由开放共享所实现的，大数据的开放共享程度与其价值是一种正相关的关系，数据的开放共享程度越高，其价值越高，数据的开放共享为人们的生活带来了便利，也会侵犯个人的隐私，数据共享与隐私保护一定程度上存在冲突。

其次，在决策机关运用算法作出重大行政决策时，如利用算法进行风险评估，算法会对决策利益相关者的心理和行为倾向进行分析，而此分析必然需要相关利益人的数据，为了运用算法尽可能地分析出各种风险，必然会对个人的数据进行深层次的分析，让评估主体对数据尽可能地采集更多、存储更久、分析更彻底，这就会更容易侵害到个人隐私。[1]

最后，"一味追求数据搜集和算法设计而不顾及个人的隐私，或者对个人同意收集的个人数据疏于管理，必然导致个人隐私被侵犯，不仅会使公众不愿意提交自己的数据信息，而且如果出现大规模侵犯个人隐私的情况，很可能会因为引发民怨，与重大行政决策可能引发的风险叠加而威胁社会稳定"[2]。尽管理论和实践都认为在进行数据利用时，需要平衡信息共享与隐私保护，在合理维护个人隐私生活的基础上，享受大数据开放共享所带来的便利，但是决策机关在作出重大行政决策时如何保护个人隐私是一个值得深究的问题。对于如何平衡决策与个人隐私保护之间的法律边界，怎样确保决策机关在收集、分析和使用个人信息时都能够保护个人的隐私，应出台具体措施将对隐私的保护延伸到信息收集、存储、处理和发布的每一个环节。

（六）决策后果承担归属不清

尽管运用数字技术能够对未来进行预测，然而预测与未来并不可能总是一致。原因有以下几点：第一，存在舆论绑架行政的可能，大数据的收集无法避免人的主观性，甚至可能会存在人为的、有倾向性的主观信息，误导重大行政决策形成的方向，人为引发群众对决策不满，影响政府作出偏向于舆论引导的行政决策。大数据的特征不仅在于其数据量大，还在于数据来源的混杂性和时效

〔1〕参见张欣：《从算法危机到算法信任：算法治理的多元方案和本土化路径》，载《华东政法大学学报》2019年第6期。

〔2〕王祯军：《法治视域下大数据应用于社会稳定风险评估的作用、问题及路径》，载《理论学刊》2021年第3期。

性，如何从收集的大数据中选取出对作出决策有正向意义的数据是一个难题。第二，当今社会处于一个迅速发展的时代，数字技术对未来的预测是基于当下，而当未来发生巨大改变时，现有的数字技术不一定能够及时应对，基于对大数据的分析而产生的预测是一种不能肯定其必然发生的现象。因此当下的预测与未来的现实会产生冲突。

决策机关对其作出的重大行政决策"负责任"是依法行政的必然要求，且决策责任追究机制的构建，有助于监督和防范决策失误的发生。传统重大行政决策中，包含了法律拟制的行政主体和行政公务人员两大部分，当行政组织体因行政违法或不当触发行政责任时，往往是根据相关法律规定由行政组织体承担责任，再由行政组织体向存在故意或重大过失的公务人员追究责任。[1]《行政决策暂行条例》第五章规定了违反决策程序的责任承担问题，规定对决策机关行政首长、负有责任的其他领导人员和直接责任人员依法追究责任，同时规定了"终身责任制"，但对决策机关运用数字技术如何承担责任没有进行详述。《数据安全法》仅就国家机关不履行数据安全保护义务、监管机构不履行监管义务承担责任、以及有关组织机构、个人违反数据管理制度承担责任。但是重大行政决策运用大数据等数字技术所产生的责任承担尚有制度空白。决策机关运用数字技术作出重大行政决策的结构复杂，包括决策机关和各种数字技术管理者和所有者。套用传统的行政追责模式，重大行政决策失误或者违法首先由决策机关承担行政责任，再向数字技术的所有者和管理者追究责任。但是这一路径会存在一些突出问题：一是决策机关运用大数据时滥用了个人数据，此时如何认定其责任。二是如果出现决策失误，此时该如何认定是技术因素还是人为因素所导致的，如果因为技术因素所引发的决策失误，决策机关、数字技术的所有者和管理者的责任又该如何划分。三是由于决策机关在运用数字技术作出重大行政决策时，对数字技术运用具有审慎注意义务，当这个审慎注意义务达到何种程度才不追究决策机关的责任，这需要进一步深究。

此外，当前行政机关主要以外包和政府采购的形式获得技术支持，这也为责任配置提出了新挑战。第一，关于行政责任的承担，由于技术因素导致的决策失误，此时决策失误是由决策机关承担责任，还是由负责承包事项的机关承担责任。第二，由于技术因素导致的决策失误，追究行政机关的责任之后，需要

[1] 参见王怀勇、邓若翰：《算法行政：现实挑战与法律应对》，载《行政法学研究》2022年第4期。

判断科技公司是否存在故意或者重大过失,若存在,必然要继续追究科技公司责任,但是,由于第三方科技公司研发的数字技术运用到了重大行政决策的形成过程中,科技公司也因此在一定程度上介入了行政管理领域。而行政法的基本认识是“外部行政法律关系主体一方必然是行政组织”[1],所以此时科技公司所应该承担的责任类型值得深究。

四、重大行政决策融合数字技术的法治化路径

(一)强化决策机关数字技术思维

建设有活力、有潜力的数字政府,需要牢牢掌握关键技术与培养高素质人才,要想提升决策机关运用数字技术作出重大行政决策的能力,需要从以下两个方面进行努力:一方面,当前决策机关运用数字技术作出决策的思维还未成熟,传统的思维模式还未完全转变,因此急需强化数据技术思维,充分认识到数字技术在重大行政决策中的作用。这就要求决策主体要主动去了解、接触数字技术,体察数字技术的优势,掌握运用数字技术作出决策的方式方法。决策机关要树立“数字治理”的理念,以数字技术驱动决策作出模式代替传统的主观经验决策模式,实现政府治理由“传统决策”向数据决策和指挥决策转变,实现“随机样本治理思维”到“全量数据治理思维”的转变。[2]另外,由于算法等数字技术的设计和运行具有高度的专业性和客观程序性,具有很强的工具理性特征,但算法“是由人设计出来的,这本身就有可能具有偏见性和错误性”[3]。所以要经常开展数字技术以及数据安全培训学习,培养决策人员运用数字技术与传统经验决策相结合的思维模式,保障重大行政决策安全可靠。

另一方面,当前我国数字政府的建设急需高素质信息化人才,需要坚持技术合作和人才交流并举,加强与业界同行在数字政府关键技术以及前瞻技术方面的交流合作,提升数字政府技术自研能力,重视自主创新,实现核心技术独立;制定适应数字政府发展要求的人才战略和措施,加强人才力量的建设,切实推进数字技术与重大行政决策的融合创新。最终的目的是实现重大行政决策

---

[1] 罗豪才、湛中乐主编:《行政法学》,中央广播电视大学出版社2010年版,第20页。

[2] 参见逯继明:《论数字化对社会治理的空间重构及其思维变革》,载《国外社会科学前沿》2021年第12期。

[3] 迪莉娅:《大数据算法决策的问责与对策研究》,载《现代情报》2020年第6期。

同时符合科技、安全和法治的要求。

面对技术难度较大的数字技术问题,决策机关可以以政企合作的形式寻求专业技术科技公司的帮助,但是在此过程中决策机关应加大监督的力度,对可能出现的风险事先予以规制,出现风险时能及时拟定解决方案,确保所运用的数字技术安全可靠。并且,技术决策过程中的监管措施要兼具智能性和专业性,尽可能避免决策风险的发生。

(二)数字技术自身完善措施

首先,大数据的质量由于各方面的原因导致其质量难以保障,影响了重大行政决策的及时科学作出。解决数据质量问题要从以下几个方面着手:第一,区分主观性数据和客观性数据,主观性数据是受人的主观性影响而存在的数据,客观性数据是指社会、自然资源数据,不因人的主观意志改变而改变。客观性数据的收集,一般不需要进行筛选,但是要确保其时效性,针对无使用价值和低使用价值的数据进行剔除。第二,主观性数据的收集较为烦琐,人为的、有倾向性的数据的存在是无法避免的,针对那些妄图控制数据来源进而影响行政决策方向的行为应予以惩戒。同时应培养数据收集机关敏感度,在收集数据阶段,能对人为捏造的虚假数据保持警惕,从而确保数据的质量水平。第三,一方面,数据收集要确保其广泛性,将老人、儿童、残障人士等特定群体产生的数据囊括在内;另一方面,当作出的重大行政决策涉及老人、儿童、残障人士等特定群体时,仅仅运用数字技术是难以保障这些人的利益的,因此决策时应该秉持以人为本的理念,多拓展服务渠道保护特定群体的利益。第四,社会发展日新月异,即使是同一领域的数据当前的也会与过去的发生变化,因此决策可能也会因为利益相关人观念的改变而偏重方向不同,所以应建立数据生命周期管理体系,根据时代的发展,收集最新的数据,不断剔除无用的数据,及时更新数据库,从而提升数据资源的质量。第五,《数据安全法》只是笼统的规定了数据的收集程序应该合法正当,顺应数字技术的迅速发展,应当及时出台法律、法规或者规范性文件细化对数据收集的程序规定。

其次,大数据如何做到最大限度地开放共享是一个急需解决的问题。开放共享程度越深,其价值才能最大限度地得到实现。针对政务数据尚未完全融合,应推进政务数据资源整合共享、开放和开发利用,其具体举措有以下几点:第一,推进各地方数据库的建立以及鼓励各地作决策时运用数字技术,努力构建政府数据采集、使用、管理和共享标准,搭建统一的数据开放平台,促进不同部门数据共享;扩大部门间数据共享范围,建立一个涵盖全国范围内所有数据的大数据库,以保障政务数据融合。同时需要出台相应的法律规定推进数据库的建立,保障其安全。第二,政务数据、公共数据和社会数据的融合程度不高,这主要是因为政府、企事业单位把数据看作一种"私有化"财产,其应该认识到数据在开放、流动、共享中会带来更大的价值,健全数据要素交易制度,保障数据交易市场的公平和安全;加强政府与企业间的数据共享,建立健全相关合作制度,在保障数据安全的前提下充分发挥数据的经济价值;鼓励不同主体间进行数据共享,如政府机构和企事业单位、政府机构和社会群众、科研院所和社会群众之间的数据共享,探索建立惠益分享机制,实现数据价值的最大化。另外,跨界合作是消弭数字鸿沟的重要途径。政府只有不断打破原有知识的边界,通过跨领域、跨学科的知识整合,才能够更好地将数字化技术和知识转化为治理的重要手段,实现知识的共存和共享,不断提升治理能力的提升。〔1〕第三,以立法先行促进大数据的开放共享程度,针对以上论述制定相应的原则及法律,如"开放是原则,不开放是例外"的基本原则,确立"谁拥有,谁负责""谁开放,谁受益"的理念,〔2〕更好地促进大数据的开放共享。

再次,大数据的建设利用,要始终坚持安全底线。坚持数据安全发展理念,是促进数字政府健康安全发展的重要前提。第一,要确保核心设备和技术自主可控,如数据库、物联网、区块链技术和超级计算机等设备。完全可控的核心技术和设备是确保数据主权的关键所在。第二,要建设协同有效的网络数据安全管理中心,使数据保护成为一种常态化工作;建立网络安全监测平台,保护数据安全,同时降低软硬件故障率、提高防病毒软件覆盖率以及补丁升级率,确保软件的安全。第三,可以从身份管理、访问控制、授权管理、统一认证、数据审计、数据加密和备份等方面完善数据安全防范措施。同时建立外部监管机构,监管机构的专业能力较强,对数字技术的理解远高于个人,以及人力、物力、调查及执法能力远高于个人,能及时发现运用数字技术进行决策技术方面存在的问题。第四,《数据安全法》第 21 条第 1 款规定:国家建立数据分类分级保护制

---

〔1〕　参见杨阳:《政府治理数字化的时代课题探讨》,载《理论探索》2022 年第 1 期。

〔2〕　参见罗彪:《重大行政决策的逻辑转换及其法治化策略:基于大数据思维》,载《重庆科技学院学报(社会科学版)》2021 年第 2 期。

度，根据数据在经济社会发展中的重要程度，以及一旦遭到篡改、破坏、泄露或者非法获取、非法利用，对国家安全、公共利益或者个人、组织合法权益造成的危害程度，对数据实行分类分级保护。国家数据安全工作协调机制统筹协调有关部门制定重要数据目录，加强对重要数据的保护。大数据的分类分级保护，对于大数据的安全保障有着十分重要的意义。并且该条第2款和第3款还规定：关系国家安全、国民经济命脉、重要民生、重大公共利益等数据属于国家核心数据，实行更加严格的管理制度。各地区、各部门应当按照数据分类分级保护制度，确定本地区、本部门以及相关行业、领域的重要数据目录，对列入目录的数据进行重点保护。以上法律规范只是进行了较为笼统的数据分级规定，但是关于数据分级的标准以及对各类各级数据如何进行保护管理都没有进行细化，导致数据分类分级制度实施起来困难重重。因此，根据《数据安全法》和《网络安全法》，各地政府部门应就数据分类分级保护制度出台规范性文件，如建立负面清单制度和数据安全管理责任和考核标准，确保重大行政决策所运用数据的安全。同时就涉及公共利益、个人隐私、商业秘密的数据，应当明确公开标准。

最后，大数据的质量、开放、共享、安全是一个系统问题，应该始终以数据安全为前提，以开放共享为目标，以数据质量为核心，以确保决策机关在运用大数据作出重大行政决策时的科学性、民主性。

（三）数字时代公众参与的拓宽路径

首先，尽量缩小数字鸿沟，但是需要明白的是完全消除数字鸿沟是不现实的。可以从以下几点尽量缩小数字鸿沟：第一，互联网等基础设施是公民网络参与重大行政决策的前提，针对城乡之间、东西部地区之间的数字技术差距，政府应该采取倾斜政策，加大资金投入，加强在欠发达地区互联网等数字技术的基础设施建设。第二，针对公民获取信息和甄别信息的能力不同，应当提供人才支持，普及互联网等数字技术，培养民众获取信息、识别信息和参与决策的能力，使更多民众能够利用网络及时获取信息并加以利用，从而更好地参与决策形成过程。第三，提升政府网站水平，有利于公民及时获得重大行政决策的信息进而参与决策。与此同时，决策机关应加强网络回应，决策机关的回应能够提升公众参与重大行政决策的积极性，与公众参与形成一个良性循环。

其次，针对非理性、情绪化的公众参与意见，决策机关应当积极引导公众评议，准确识别多数人的意见倾向，避免虚假民意。同时，运用数字技术对公众意见进行准确分类，进一步审查其是否属于公民合理诉求，剔除不合理的诉求后，确保公众意见的整体合理性。

最后，需要明确认识到，互联网等数字技术仅仅是一种工具，其能否持续稳定地对外输出正面影响，根本上还是取决于人如何利用互联网等数字技术。一方面，可以从法律层面上加以规制，加强相关方面的立法，对公民如何使用互联网等数字技术予以规制，加强对公民使用互联网等数字技术的监管，防止公民、企业组织滥用互联网等数字技术无序参与决策，避免持少数意见者发表评论后遭到“网暴”，增强持少数意见的社会主体参与决策的信心。另一方面，应塑造公民利用数字技术参与重大行政决策的基本行为规范，政府积极宣传倡导公民理性发表评论，营造积极健康的网络环境，使网络道德深入人心。由此会使公民利于数字技术的理性增加，从而使其参与决策所发表的意见更加客观、更具有代表性，进而有力促进公民参与重大行政决策的质量。

（四）确保决策结果平等公正的措施

大数据和算法是人工智能应用的两大基石，数据资源与算法架构中潜藏的歧视是驱使智能决策，造成非公正性社会结果的主要原因。所以，加强数据与算法偏见治理，革除技术嵌入行政决策体制时的各类歧视性标签，以数据正义和算法正义，实现人工智能应用背景下的行政决策公平。

针对数据存在的问题，应该从以下几个方面进行完善。第一，需要使决策涉及的数据更加全面，这就要求在数据收集方面需要加大时间、金钱、精力的投入，并需要及时更新数据库，提升数据的代表性和覆盖面。第二，采用算法监测的技术治理手段。如“字节跳动研发中心通过对此类歧视性数据结构的观察和分析，设定出相关的监管算法，能够在一定程度上对其予以识别和矫治，这也是比较实用可行的技术策略”〔1〕。

针对上文算法的潜在问题，首先，应当对算法研发人员进行伦理道德与法律教育，使其在设计算法时能够尽可能规避主观价值倾向，以一种公平公正的身份去设计算法，提升研发人员在设计过程中的公共意识。其次，应当对算法

---

〔1〕 赵友华、蔡振华：《人工智能时代行政决策体制优化的技术范式与风险因应》，载《理论月刊》2020年第2期。

进行有效监督。第一，构建以算法风险评估机制为代表的事先监管机制，对算法进行有效监督，即应当由具有中立性、专业性的专门机构对算法进行评估。由于此类算法既涉及信息技术，又涉及伦理、制度，因此机构应同时吸纳法学、计算机科学、伦理学等跨学科专家参与其中。同时，为避免潜在利益冲突对算法决策审查评估的公正性产生负面影响，在专家遴选方面，宜建立完善的利益声明机制，以确保算法审查评估委员会的中立性。第二，为了减少算法本身所具有的歧视性，应当在设计算法时，尽量将伦理道德与正义观念以编码的形式设计进去，将行政公平原则以代码的形式呈现，从而在评估时直接运用。最后，建立以算法问责制度为代表的事后监管机制。当算法设计人员所涉及的算法以一种隐蔽的形式严重违反公平原则，并对社会造成一定程度的危害时，追究其责任。

（五）构建科学的决策责任追究机制

科学良善的责任追究机制能督促各机关在进行重大行政决策时尽职尽责，能避免经由数字技术作出重大行政决策时所产生的重大失误，能确保重大行政决策的科学性、民主性和法治性。因此急需建立一个科学、合理、良善的责任追究机制。

首先，需要明确行政机关对外由谁承担责任，传统的行政法理论认为“谁做出，谁承担”，笔者认为应当继续按照传统的行政法理论，即决策相对人在其权益遭受侵犯后，无须判断决策由于谁的过错导致，即可直接向作为法律关系相对方的决策机关主张责任，决策机关必须承担和履行相应的责任，之后再追究内部责任。原因如下：第一，由于经由数字技术作出的重大行政决策涉及多个主体，包括决策机关、数字技术管理和所有机关、科技公司，若作出的重大行政决策导致相关利益人遭受损失后，由相对人在权利救济之前清晰的了解责任主体是不现实的。第二，第三方科技公司、数字技术管理和所有机关所享有的权力可以看作决策机关的一种“授权”，其根本任务仍然是为决策机关作出重大行政决策而服务的，因此对外而言上述主体的责任均应由决策机关来承担。

其次，当对外作出重大决策的行政机关承担责任后，需要进一步细化内部责任的分配，当数字技术问题引起决策失误时，由于数字技术负责主体对数字技术的运用负有审慎注意义务，此时应追究其责任；若决策机关相关负责人存在故意或重大过失，存在明显问题导致决策重大失误，而负责人没有发现，则应根据过错程度承担全部或大部分责任;若相关负责人不存在故意或重大过失,仅仅是因为客观形势变化使得数字技术失效,则应就算法行政系统的"非理性"情况承担监督不力或干预不足的责任,[1]对此应当建立适当的容错机制,不追究负责人的责任,给相关负责人一个改正的机会。此外,若数字技术支持采用外包形式实现,数字技术问题引起决策重大失误时,因为发包机关在选定第三方服务主体时对其资质能力有审慎的审查注意义务,若数字技术被采用之前存在有重大缺陷而未被发现的,此时外包机关负责人也应承担相应的责任。

最后,关于外包科技公司的责任问题,应当延续行政法基本理论,不应由科技公司来承担行政责任,以确保行政法内在的体系自洽和逻辑一致。但是若因科技公司的主观故意或重大过失,继而影响到重大行政决策的作出,其应该承担相应的民事责任或刑事责任。在订立外包协议时,相关行政机关应就相关的权利义务条款和违约责任条款与科技公司协商确定,若因其故意或重大过失导致决策失误,行政机关可根据协议约定向科技公司追究相应的违约责任,必要时将该技术提供者纳入失信联合惩戒机制,确保追责的威慑性。若是其故意给国家、社会公众利益造成巨大损害的,依法需要承担相应的刑事责任。

五、结语

数字政府时代,运用数字技术作出重大行政决策能够很大程度上提升决策的科学性、民主性、法治性,但与此同时带来了一系列难题,如决策机关技术意识薄弱及缺乏专业的技术人才、数据来源存在的一定安全风险、个人隐私保护、责任归属等问题。基于此,一方面,决策机关应更多地考虑如何从法律规范层面合理设定运用数字技术作出决策。同时,在作出重大行政决策时,始终坚持以人为本,以人民利益为出发点这一根本原则。另一方面,要提升重大行政决策的效率,追求行政机关的数字化治理。如此,建设数字化政府才能实现重大行政决策所追求的价值目标。唯有将重大行政决策运用数字技术纳入法治化轨道之中,才能提升决策的科学性、高效性、精准性。

---

[1] 参见王怀勇、邓若翰:《算法行政:现实挑战与法律应对》,载《行政法学研究》2022年第4期。

第七章　数字政府背景下自动化行政研究

一、引言

随着人工智能、互联网、大数据、区块链、5G通信等新兴科学技术向社会各个领域的渗透，世界各国均加快了信息化建设步伐，相继提出了以“建立在互联网上、以数据为主体的虚拟政府”为目标的战略发展计划，推动政府行政体系朝着数字化、自动化、智能化的方向发展。目前，我国正处于数字政府建设的关键时期，深化政府行政程序变革、实现国家治理体系和治理能力现代化是当前工作的重中之重。而作为行政程序变革的重点领域——自动化行政，则实现了与人工智能、互联网、大数据等科学技术的完美结合。国家各级行政机关借助“互联网+”行动计划，在政务系统搭建、政务信息整合、公共数据开放等环节全面发力，不断优化行政执法活动的流程与方式。

二、自动化行政的基本范畴

（一）自动化行政的内涵

自动化是指机器设备、系统或过程（生产、管理过程）在没有人或较少人的直接参与下，按照人的要求，经过自动检测、信息处理、分析判断，从而实现预期目标的过程。简单来说，这是一个“去人性化”的过程。自动化技术广泛应用于工业、农业、商业、医疗、教育和家庭等各个方面。行政则是指作为国家机关的行政机关依照法律行使职权、管理国家事务和社会事务的活动。[1]将自动化技术应用到国家各级政府的行政管理活动过程中，即形成“自动化行政”。

但何为“自动化行政”，学界至今尚无统一定论。不同领域的专家、学者基

[1] 参见姜明安主编：《行政法与行政诉讼法》（第7版），北京大学出版社、高等教育出版社2019年版，第1~6页。

于对其本质、特征、适用范围以及应用方式等各方面的认识形成了自己的观点。美国前副总统戈尔(1993 年)最早提出"运用信息技术再造政府"的观念,他认为将信息技术运用至行政领域就是"自动化行政"。[1]张顺彬认为"行政自动化是对一些规范化的行政事务以自动化设备代替人来处理,实现由传统政府管理手段向现代政府管理手段的转变"[2]。敖双红认为"自动化行政是一种由人工智能参与、以大数据为基础、以信息网络为传播媒介,部分或完全取代行政主体参与,并对行政程序进行变动的行政行为"[3]。马颜昕认为"自动化行政是人工智能在行政领域中的具体运用,是行政程序中的特定环节或所有环节均由人工智能代为处理而无须人工的个别介入,从而实现部分或者全部无人化"[4]。胡敏洁认为"自动化行政并非规范意义上的概念范畴,而是一种描述性用语,意味着行政决定、程序等内容的图示化和智能化,借此指通过人工智能、大数据等科技手段展开的行政活动"[5]。秦梅玉认为,"我们可以借助行政的通识性定义将自动化行政界定为国家行政机关或其他特定的社会公共组织为实现公共利益,并借助人工智能、大数据等信息技术对公共事务进行组织管理的活动及其过程"[6]。由此可见,目前我国学者对于自动化行政的含义都持有基本相同的见解,即在形式上认为自动化行政是以自动化技术或人工智能技术为媒介,并以数据信息为基础实施的行政行为。综上所述,笔者认为,自动化行政是行政行为方式的更新和发展,是人工智能、互联网、大数据等数字技术不同程度应用于传统行政行为的结果,并未突破行政行为的本质。

另外,基于特定的时代背景与技术背景,自动化行政逐渐显露出以下 3 个特点:一是自动性。传统行政行为是建立在行政机关工作人员按照法律规定的程序逐级参与到行政活动的每个环节中而作出的行为,可能会经材料审核、事实认定、告知听取陈述申辩等复杂的人为处理过程。而在自动化行政过程中,则更多地表现为自动化系统自主审查后作出的行政行为,即自动化系统可承担

[1] 参见秦梅玉:《自动化行政的兴起及其法律挑战》,载《社会科学动态》2021 年第 2 期。
[2] 张顺彬、孟然、李博:《对行政自动化的再思考》,载《辽宁经济》2005 年第 2 期。
[3] 敖双红、雷金晶:《论自动化行政及其法律规制》,载《湖南警察学院学报》2017 年第 1 期。
[4] 马颜昕:《自动化行政的分级与法律控制变革》,载《行政法学研究》2019 年第 1 期。
[5] 胡敏洁:《自动化行政的法律控制》,载《行政法学研究》2019 年第 2 期。
[6] 秦梅玉:《自动化行政的兴起及其法律挑战》,载《社会科学动态》2021 年第 2 期。

行政程序的部分或所有环节，无须人工介入，[1]仅根据行政相对人输入的信息数据就可自动识别并输出结论或作出行政行为。自动性是自动化行政区别于传统行政最显著的特征。二是算法性。传统的行政行为主要表现为主体性，通常是由行政主体的具体工作人员在客观因素和主观因素的共同影响下自由裁量作出。但随着算法决策的深度应用，行政机关的行政效率与工作人员的行政管理活动能力都得到了大幅提升，从行政相对人的数据输入、到自动化系统的识别分析、再到输出决策结果，整个算法决策过程极其短暂，完全超越了人类大脑的思考速度。如网上办事大厅、人脸识别系统等自动化平台就是充分运用算法决策作出行政行为的科技成果。三是单方性。在传统的互动行政活动过程中，需要双方当事人围绕行政行为建立法律关系，[2]即“行政主体—行政相对人”的行政法律关系。如在行政许可中，不仅需要公民、法人或其他组织的事前申请，还需要行政主体进行依法审查，再作出是否允许其从事特定活动的决定。[3] 但在政府机关运用自动化系统作出行政行为的过程中，实际上只需要行政相对人按照系统的提示要求输入信息和相关材料即可办理所求事项。

（二）自动化行政的分类

自动化行政的类型划分研究，对准确认识自动化行政行为具有重要意义。但自动化行政产生的时间较短，以自动化行政为研究对象的著作还不够全面，无论是学术界还是实务界，都没有成熟的类型界定。笔者通过网络检索，查找到的目前已发布的学术著作中涉及自动化行政类型划分内容的同样凤毛麟角。其中，张顺彬认为“行政自动化分为完全自动化（不需要人为辅助）和部分自动化（需要人为辅助）”[4]。查云飞认为“电子行政行为分为两大类，一类为行政机关借助电子技术和设备但在行政程序过程中仍需人工介入的半自动行政行为，如电子告知或送达、电子申请或申报等；另一类则为真正意义上的机器行政行为——全自动行政行为，即狭义上的电子行政行为，如交通信号灯、网上申报

---

[1] 参见马颜昕：《自动化行政的分级与法律控制变革》，载《行政法学研究》2019 年第 1 期。

[2] 参见姜明安主编：《行政法与行政诉讼法》（第 7 版），北京大学出版社 2019 年版，第 5～6 页。

[3] 参见《行政许可法》（2019 年修正）第 2 条规定：“本法所称行政许可，是指行政机关根据公民、法人或者其他组织的申请，经依法审查，准予其从事特定活动的行为。”

[4] 张顺彬、孟然、李博：《对行政自动化的再思考》，载《辽宁经济》2005 年第 2 期。

纳税等"[1]。马颜昕认为"根据行政活动自动化的程度和深度,将自动化行政精细的划分为五级,包括无自动化行政、自动化辅助行政、部分自动化行政、无裁量能力的完全自动化行政、有裁量能力的完全自动化行政"[2]。

在上述第一种类型的划分中,学者根据在行政活动中运行的自动化系统是否需要人为辅助,简单地将自动化行政进行了分类。在第二种类型的划分中,学者同样是以是否需要人工介入为根据,将自动化行政分为两类。其中归于半自动行政行为的电子告知、送达等,实则也是行政机关的工作人员通过电子网络的形式完成告知和送达,他们并未使用或运用人工智能、算法等自动化系统。在第三种类型的划分中,学者应用了在自动化领域中分级最为成熟的自动驾驶领域的分级思路,即"首先对需要完成的任务进行具体化和类型化;然后依据特定部分任务上人类与人工智能系统的分工进行第一轮分级;接着再依据适用场景的不同进行第二轮分级"[3]。虽然具有一定的可借鉴性,但未必对所有行政领域的自动化行政行为同等适用。笔者认为,可以根据人工智能、互联网、大数据等科学技术在行政行为中的应用程度作为类型划分的依据。

第一级为无自动化行政,即在行政活动中运用的电子网络技术没有任何人工智能、大数据、云计算等新兴科学技术的应用,所有行政活动全部或主要由人工完成,其依赖于行政机关工作人员的执法动作,只简单实现了无纸化办公,属于传统意义上的行政活动。

第二级为初级自动化行政,即在行政活动中已经应用了人工智能、大数据等科学技术,但该技术的应用尚未深入,或者应用的人工智能等科学技术只是起辅助作用,办公系统并不真正拥有独立的自主意识。此时的人工智能等科学技术只是能够独立完成某一项特定行政任务的部分环节,在该部分中不需要任何人工的干预,完全由自动化系统完成。目前实践中的自动化行政大多数都是此种类型。

第三级为高级自动化行政,即行政活动不再需要工作人员的干预,完全由人工智能、大数据等科学技术独立完成。此时的自动化系统具备了人的思维能力,可以独立做出判断,形成了"自动化系统—行政相对人"的格局。在行政活

[1] 查云飞:《人工智能时代全自动具体行政行为研究》,载《比较法研究》2018 年第 5 期。

[2] 马颜昕:《自动化行政的分级与法律控制变革》,载《行政法学研究》2019 年第 1 期。

[3] 马颜昕:《自动化行政的分级与法律控制变革》,载《行政法学研究》2019 年第 1 期。

动领域具体表现为：当行政相对人输入数据时，人工智能机器运用算法逻辑进行系统设计，并通过分析之前留存的海量信息数据，输出相应的结果或作出相应的行政行为，在此过程中完全排除工作人员的干预。（见表5）

表5　自动化行政的分类

级别	类型	人工智能等科学技术的应用程度	行政主体的参与方式		能否独立完成某一项特定行政任务的部分环节	实例
			人	自动化系统		
第一级	无自动化行政	无任何应用（零应用）	全程参与	无参与	不能	无纸化办公
第二级	初级自动化行政	已经应用但程度较浅或仅起辅助作用	部分阶段参与	部分环节参与	能	网上申报系统、交通违章识别
第三级	高级自动化行政	完全应用	无须参与	全程参与	能	秒批

（三）自动化行政的适用标准

目前，自动化行政是数字政府背景下行政程序变革的重点领域，推动了行政工作的规范化、体系化、制度化发展，既减少了行政机关工作人员单调重复性工作的时间人员成本，也提高了行政活动的效率与效能；既减少了政府人员徇私舞弊等职务犯罪的发生，也简化优化了行政执法程序。在科技实践中，自动化行政的运作原理可以归结为：将大量相同或相似的行政行为类型化，[1]然后将行政活动所基于的事实要件、所适用的法律规范以及二者之间的对应关系编写成可识别的程序语言，植入自动化系统，最后通过系统的自主决策来批量处理行政事务。笔者认为，在法律层面上，这可以看作法律适用的"三段论"逻辑推理过程。但在科技层面，作为自动化行政中法律适用主体的"自动化系统"仍然难以脱离"物"的属性，缺乏对所涉及的法律规范进行法律解释的能力。因此，在运用数字技术推动政府转型的整个自动化过程中，如何最大限度地发挥科技的自然理性而又不突破法律的界限，界定自动化行政的适用标准就显得尤为重要。

〔1〕 参见卢荣婕、赵静波：《论自动化行政的法律规制》，载《长春理工大学学报（社会科学版）》2020年第3期。

1. 自动化行政的形式标准

根据法律适用的演绎推理三段论，即以法律规范为大前提，具体的案件事实为小前提，然后运用两个前提中的共同概念把案件事实和被适用的法律规范联系起来从而得出正确结论。在自动化行政方面，其适用的形式标准也集中体现在三个方面：第一，行政主体（包括自动化系统）和行政相对人必须具有明确具体的行政权利与义务内容，此为自动化行政的前提要件。第二，在行政机关运用自动化系统进行行政执法活动的过程中，大前提必须是法律、行政法规等一系列规范性文件，以确保行政活动的权威性与规范性；处理的小前提也必须是已经被自动化系统类型化的事实要件，违法事实清楚、证据充分，且可以按照以往的标准进行批量处理。第三，如果是可以当场作出的行政行为，即可依据自动化系统的算法决策自主输出结果或作出行政行为，则无须进行特别说明，也无须听取意见和举行听证。

2. 自动化行政的实质标准

根据人工智能、互联网、大数据等科学技术在自动化系统中的应用程度，我们应当考虑自动化行政的实质标准。首先，对于一些涉及"价值判断"的复杂行政事务，如理解不确定的法律概念或需要寻求个案的公平正义等，[1]行政机关所应用的自动化设备难以按照系统中的已知类型或既定程序进行准确分析，也无法识别相应的构成要件，无法将案件事实与法律事实联系起来，这时应该及时由行政机关的工作人员替换自动化设备来开展工作。其次，在现实生活中，每个公民对于计算机网络的掌握程度不同，尤其是偏远山区等一些经济较不发达地区，互联网技术普及不够均衡，大多数人并不会通过操作手机、电脑等自动化设备来满足自己的需求。因此，为了避免因行政活动的不可及性而使得一部分行政相对人被排除在互联网政务服务之外，行政机关在处理特定事项时应允许公民进行服务手段的自由选择，以保障公民的基本权利。当然，基于高效便民、节约成本等因素，行政机关也可以对特定的行政事务实行强制自动化管理。

三、自动化行政的应用实践

随着人工智能、互联网、大数据等科学技术与传统行政活动的深度融合，行

[1] 参见卢荣婕、赵静波：《论自动化行政的法律规制》，载《长春理工大学学报（社会科学版）》2020年第3期。

政审批、行政处罚、行政征收、政府信息公开、政务数据互联等重点领域的行政方式和行政流程逐渐发生变化,自动化改革特征较为突出和明显。

(一)行政审批数字化

行政审批是行政审批机关(或有行政审批权的其他组织)作为行政主体对行政相对人实施的具体行政行为。在传统行政审批过程中,行政相对人必须要以书面形式提出申请,再由行政审批机关的工作人员对申请人所提供的申请以及附加材料等纸质文件进行形式审查,如材料全部齐备且符合法定要件,即可正式受理,然后行政机关需在受理的基础上对材料进行实质审查,〔1〕并作出批准或拒绝批准的决定。与行政许可相比,行政审批的适用范围较宽,各级行政机关(包括非行政机关)都可以设定审批事项,法律并无严格的限制;行政审批的对象也十分宽泛,除公民、法人和其他组织外,还包括行政机关本身。换言之,行政审批兼顾行政机关的内部事项和外部事项,行政许可仅是其中的一部分。

自进入到以"互联网+政务服务"为核心的行政审批改革阶段,国务院办公厅印发《关于深入推进审批服务便民化的指导意见》,提出"坚持体制创新与'互联网+'融合促进",要求"推进审批服务扁平化、便捷化、智能化,让数据多跑路、群众少跑腿"〔2〕,"精简审批事项、优化审批流程"成为推动政府职能转变和提高行政效率的重要条件。再者,根据《行政许可法》第33条规定,行政相对人可以采取"数据电文"等方式提出行政许可申请。〔3〕因此,在自动化行政的改革背景下,行政审批也应当积极推行数字化、智能化服务,从而实现网上申请、网上办理、网上审批的流程优化。

例如,2018年深圳市政府正式启动"无人干预自动审批(秒批)"的新型行

---

〔1〕参见姜明安主编:《行政法与行政诉讼法》(第7版),北京大学出版社2019年版,第215~217页。实质审查是指:"对书面文件所列的有关资格、能力、场所设备、卫生环境等所作的调查、核实工作,主要考核其实际情况是否与书面文件所列情况相一致,审查行政相对人所申请的内容是否合法、合理,其理由是否充分、适当。"

〔2〕2018年5月23日,中共中央办公厅和国务院办公厅联合印发《关于深入推进审批服务便民化的指导意见》。

〔3〕《行政许可法》(2019年修正)第33条规定:"行政机关应当建立和完善有关制度,推行电子政务,在行政机关的网站上公布行政许可事项,方便申请人采取数据电文等方式提出行政许可申请;应当与其他行政机关共享有关行政许可信息,提高办事效率。"

政审批方式。[1]在行政流程上，取消了以往行政审批中的申请人现场报到环节和行政机关下发纸质审批文件环节，申请人只需在线上政务服务平台提交相关申请材料，采用人工智能算法决策技术的审批系统就会自动核查材料的完整性与准确性，并决定是否可以进入下一步程序。此外，由系统作出的该申请人的审批决定将会同时在人力资源、公安、发改等部门之间实现信息共享、自动推送，充分实现了"让数据多跑路、群众少跑腿"的便民利民目标，在较大程度上提高了办事效率。如沈阳市政府为推进政务服务"一网、一门、一次"改革，引进了"多功能引领式政务服务自助填表、告知单查询打印一体机"。[2]在自助填表机上，审批局的122个事项和驻厅的114个事项被细化、分解成454个二维码图标，办事人员只需将个人的身份证轻轻一刷，就可以直接点击屏幕上的二维码进行查询、填表等服务。整个规范流程既实现了政府审批事项的精简细化，也实现了公民信息在政府部门之间的流转共享。无人干预自动审批、自助填表机等新型行政方式充分体现了人工智能、互联网、大数据等科学技术在行政审批领域的深度应用，打破了传统的审批制度模式，推进了高等级自动化行政审批建设的步伐。

（二）行政处罚自动化

行政处罚是指行政主体依照法定的职权和程序对违反行政法规但尚未构成犯罪的相对人给予行政制裁的具体行政行为。[3]而自动化行政处罚，则是将人工智能、互联网、大数据等自动化技术应用到行政处罚领域而产生的一种新型行政处罚方式。与传统的行政处罚相比，人工智能系统、视频监控、人脸识别、无人机等自动化设备在纷繁复杂的信息中能够高效识别相对人的违法行为、评估相对人的违法情节，并在处罚过程中代替行政机关的工作人员的主观判断，自动、及时地作出针对相对人的处罚决定。在方式上改变了享有裁量权的行政主体对行政相对人违法信息的采集行为，在流程上简化了行政机关调查取

---

〔1〕《深圳市人民政府办公厅关于印发在职人才引进和落户"秒批"（无人干预自动审批）工作方案的通知》，载搜狐网2019年2月20日，https://www.sohu.com/a/295858304_100105670。

〔2〕2018年11月10日，沈阳市人民政府发布《沈阳市推进政务服务"一网、一门、一次"改革及全市一体化在线政务服务平台建设实施方案》（沈政发〔2018〕34号）。

〔3〕参见姜明安主编：《行政法与行政诉讼法》（第7版），北京大学出版社2019年版，第263－270页。

证、告知送达的程序规范,进一步提升了行政机关的行政效率和行政执法能力。

另外,我国《行政处罚法》第 41 条第 1 款规定,如果违法信息是利用电子技术监控设备收集、固定的,应当经过法制与技术部门的审核,[1]这也是法律规范对自动化行政处罚的初步规范。首先,对于利用自动化设备采集相对人违法信息的过程,必须要以法律、行政法规为依据。如《道路交通安全法》第 114 条规定"公安机关交通管理部门根据交通技术监控记录资料,可以对违法的机动车所有人或者管理人依法予以处罚"。其次,对于电子证据的真实性及合法性审查,要采用"人机结合"的方式,即"自动化设备审核 + 执法人员审核",如《行政处罚法》第 58 条关于法制审核的规定。[2]因此,在自动化行政处罚过程中,证据的合法性审查是不容忽视的。

例如,首先,自动化行政处罚领域最典型的应用——"智能动态交通违法审核机器人"[3]。交管部门利用固定的监控技术设备对逆行、闯红灯等交通违法行为进行监控、抓拍,其视频自动上传后,该机器人将会智能识别违法车辆的车牌和类型、违法行为发生的时间和地点,并运用"类脑"[4]技术截取其中符合"电子证据要求"的三张图片即完成调查取证过程,充分解决了执法工作人员拍摄、举报等工作工时长、效率低的问题,简化了人工审核的冗长流程,极大地提高了证据的收集效率。其次,还有环境行政处罚领域兴起的一种新型"环境执法智能办案系统软件"[5]。不同以往执法人员在现场检查、采集证据、出具纸质文书让当事人签字,或前往企业进行多次确认的调查取证过程,该系统可同

[1] 《行政处罚法》(2021 年修订)第 41 条第 1 款规定:"行政机关依照法律、行政法规规定利用电子技术监控设备收集、固定违法事实的,应当经过法制和技术审核……"

[2] 《行政处罚法》(2021 年修订)第 58 条规定:有下列情形之一,在行政机关负责人作出行政处罚的决定之前,应当由从事行政处罚决定法制审核的人员进行法制审核;未经法制审核或者审核未通过的,不得作出决定:(1)涉及重大公共利益的;(2)直接关系当事人或者第三人重大权益,经过听证程序的;(3)案件情况疑难复杂、涉及多个法律关系的;(4)法律、法规规定应当进行法制审核的其他情形。行政机关中初次从事行政处罚决定法制审核的人员,应当通过国家统一法律职业资格考试取得法律职业资格。

[3] 《"类脑"助力,全国首个智能动态交通违法审核机器人在温州上线》,载科技时报网,http://www.kejishibao.com/shumajiadian/2018-11-27/17913.html。

[4] 类脑科技是指普通的人工智能是由多道复杂的程序来执行某件事物;区块链技术是把无数条线索和结果完成判断、认证和得出结论从而执行;而类脑科技无疑是把多项技术融合到一起从而变成真正的神经元网络。

[5] 《我国首个环境行政处罚智能办案系统通过专家论证》,载人民论坛网,http://www.rmlt.com.cn/2019/1209/563602.shtml。

步上传证据，让当事人现场电子签名，即刻形成笔录，而后在线上完成立案审批及其他后续工作。特别是办案人员对违法行为进行判断后，选定该行为，系统就会自动匹配对应的办案程序，引导办案人员收集相关证据并自动生成执法文书。这实现了“操作信息化、过程痕迹化”的执法全过程记录和合法性审查全覆盖，大幅降低了环境执法信息公开不及时、不全面，执法过程不规范等带来的影响，有效提高了行政执法效率。

（三）行政征收智能化

行政征收是指行政主体凭借国家行政权根据国家和社会公共利益的需要，依法向行政相对人强制性征集一定数额金钱或实物的行政行为，〔1〕主要发挥了行政主体的主观能动性。但随着自动化行政的发展，涉及公民个人所得利益的税务征收领域改变了传统的从申报纳税到获取发票的线下办事流程，逐渐趋于数字化、智能化。在申报方式上，《税收征收管理法》第 26 条规定了纳税人、扣缴义务人可以按照规定采取数据电文的方式办理申报、报送事项；〔2〕《个人所得税专项附加扣除操作办法（试行）》第 20 条、第 21 条规定了纳税人可以通过远程办税端、电子或纸质报表等方式，完成个人专项附加扣除信息的报送。〔3〕在发票领取上，全国统一电子发票服务平台可以 24 小时在线免费为纳税人提供电子发票申领、开具、交付、查验等服务，全面推进了税收征管的数字化升级和智能化改造。

2021 年国务院印发《关于进一步深化税收征管改革的意见》，要求“充分运

---

〔1〕 参见姜明安主编：《行政法与行政诉讼法》（第 7 版），北京大学出版社 2019 年版，第 260～263 页。

〔2〕 《税收征收管理法》（2015 年修正）第 26 条规定：“纳税人、扣缴义务人可以直接到税务机关办理纳税申报或者报送代扣代缴、代收代缴税款报告表，也可以按照规定采取邮寄、数据电文或者其他方式办理上述申报、报送事项。”

〔3〕 参见 2018 年《个人所得税专项附加扣除操作办法（试行）》第 20 条规定：“纳税人可以通过远程办税端、电子或者纸质报表等方式，向扣缴义务人或者主管税务机关报送个人专项附加扣除信息。”第 20 条规定：“纳税人选择纳税年度内由扣缴义务人办理专项附加扣除的，按下列规定办理：（一）纳税人通过远程办税端选择扣缴义务人并报送专项附加扣除信息的，扣缴义务人根据接收的扣除信息办理扣除。（二）纳税人通过填写电子或者纸质《扣除信息表》直接报送扣缴义务人的，扣缴义务人将相关信息导入或者录入扣缴端软件，并在次月办理扣缴申报时提交给主管税务机关。《扣除信息表》应当一式两份，纳税人和扣缴义务人签字（章）后分别留存备查。”

用大数据、云计算、人工智能、移动互联网等现代信息技术，着力推进内外部涉税数据汇聚联通、线上线下有机贯通”[1]。例如，亮相河南的全国首款智能办税机器人“税宝宝”，[2]该机器人1.0版本可以实现人机对话，能够精准完成查税、听税、问税、看税、约税、办税六大功能，其中最核心的功能包括政策法规的精准查询、涉税问题的互问互答以及发票的核对验证等。2.0版本则可以实现代理记账、审计、风控、纳税申报等功能，3.0版本在深度应用算法决策的基础上可以实现自动核算、规避风险和税收筹划等功能，4.0版本则可以实现工商税务银行一体化自动服务。这也恰好反映了自动化行政从初级向高级的进化之路，随着人工智能、互联网、大数据等技术的应用程度逐渐加深，自动化系统不仅会取代线下办税工作人员的重复性劳动，如审核申报材料、开具发票等，甚至可以发展到在线上实现税务部门的稽查工作。

此外，还有功能更加强大、办税更加便捷的网上办税服务厅。国家税务机关依托“互联网+税务”行动计划，在办税事项“最多跑一次”清单的基础上，深度优化业务信息系统功能，大量提供预填或免填单服务。纳税人和扣缴义务人经主管税务机关批准后，仅需通过登录税务部门网上办税大厅实时在线进行纳税申报，并通过财税库银横向联网，委托金融机构划缴税费，即可完成纳税业务。整个办事流程充分解决了纳税人在传统办税业务中遇到的“数据反复填、材料反复交”等问题，最大限度地减少了纳税人的办理时间。在德国同样出现了应用人工智能技术进行自动化纳税申报的全自动缴税程序，行政相对人只需要在网上填报相关的表格与信息，点击发送后即可获得纳税申报成功的通知，[3]整个过程更加高效化与智能化。

（四）政府信息公开规范化

随着互联网的发展，人民群众对政府信息公开的需求日渐提升。政府信息涵盖了全社会信息总量的近80%，它既是公众了解政府行为的直接途径，也是公众监督政府行为的重要依据。

---

〔1〕 中共中央办公厅、国务院办公厅印发《关于进一步深化税收征管改革的意见》，载中国政府网，http://www.gov.cn/xinwen/2021-03/24/content_5595384.htm。

〔2〕 参见《国内首款智能办税机器人亮相河南》，载航天云网2017年11月21日，https://www.casicloud.com/news/109845.html。

〔3〕 参见查云飞：《人工智能时代全自动具体行政行为研究》，载《比较法研究》2018年第5期。

在我国,政府信息公开的方式包括两种:第一,依职权主动公开;第二,依申请公开。[1]在主动公开的条件下,传统行政机关会通过政府公报、广播、政务媒体、电视等途径,将国家有关法律规定应当公开的政府信息在固定的时间、固定的平台上予以公开。在申请公开的条件下,申请人通常会采用书面或口头的方式,将含有个人姓名(或单位名称)、联系方式、申请公开政府信息的内容描述等信息的材料投递给行政机关,而后等待行政机关"是否予以公开"的答复。但作为国家治理的重要环节,政府信息公开随着数字政府背景下科学技术与行政活动关系的改变而发生着变革。2019 年修订的《政府信息公开条例》第 23 条、第 24 条规定了行政机关应当利用统一的政府信息公开平台集中发布主动公开的政府信息;[2]第 25 条规定了行政机关应当与档案馆、图书馆等场所进行信息互联;第 29 条规定了申请人可以采用数据电文的形式申请。政府信息公开的公开申请方式的变化,从根本上都是为了给公民、法人或其他组织获取政府公开的信息提供便利。因此,政府门户网站、政务服务平台等在线政务新媒体应运而生,共同促进政府信息公开规范化水平的提升。

2021 年河南省政府在前期自动化行政改革的基础上,不断完善信息公开制度规范、深化重点领域信息公开,并出台《河南省省级政府网站统一技术平台管理办法(试行)》,充分发挥"政府门户网站"作为政务公开第一平台的作用。一方面,创新主动公开形式。河南省政府采用"政府门户网站""政府公报""新闻发布会""在档案馆设立政府信息公开查阅中心""政务微博微信"等政务平台线上线下结合的方式,及时发布权威信息,持续加强解读回应。其目的在于让公众知道怎样对行政机关提出意见和请求,行政决定由谁做出、在什么地方作出、根据什么程序作出,以及行政机关一般性的政策和法规等。另一方面,规范、完善政府信息公开的申请方式和受理流程。首先,在传统邮政寄送、当面提交、传真申请表的基础上新增了网上平台在线申请,其中人工填写纸质版申请

[1] 参见《政府信息公开条例》(2019 年修订)第 13 条第 2 款规定:"行政机关公开政府信息,采取主动公开和依申请公开的方式。"

[2] 参见《政府信息公开条例》(2019 年修订)第 23 条规定:"行政机关应当建立健全政府信息发布机制,将主动公开的政府信息通过政府公报、政府网站或者其他互联网政务媒体、新闻发布会以及报刊、广播、电视等途径予以公开。"第 24 条规定:"各级人民政府应当加强依托政府门户网站公开政府信息的工作,利用统一的政府信息公开平台集中发布主动公开的政府信息。政府信息公开平台应当具备信息检索、查阅、下载等功能。"

表的过程被在线填写所替代，手写签名的形式也被电子签名所替代。[1]其次，行政机关在接收到申请进入受理审核阶段之后，使用统一规范的答复文本在“规定的时间”[2]内予以回复。由此可见，政府门户网站的运行既丰富了申请信息公开的方式、优化了行政机关受理审查材料的过程，也确保了政府各项信息内容的及时更新，更好地满足了公民、法人和社会组织的信息需求（见图1）。

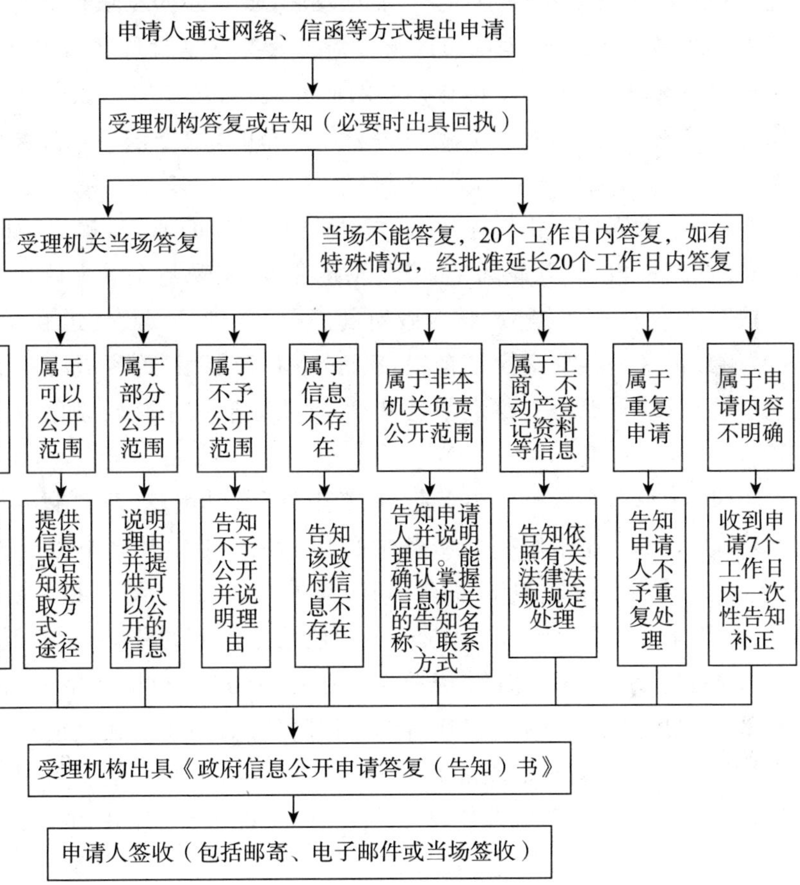

图1　政府信息公开的申请流程

---

[1] 《电子签名法》（2019年修正）第14条规定：“可靠的电子签名与手写签名或者盖章具有同等的法律效力。”

[2] 2021年6月23日发布的《河南省人民政府办公厅政府信息公开指南》规定：“本机关对收到的政府信息公开申请在收到之日起20个工作日内予以答复；需要延长答复期限的，经河南省人民政府办公厅政务公开办公室负责人同意并告知申请人，延长的期限不超过20个工作日。”

（五）政务数据互联共享化

在互联互通的大数据时代，数据的融合与治理在很大程度上依赖于数据共享。数据共享不仅是重要的数据利用方式，更是数据流通和数据产业发展的重要基础。

随着行政活动自动化、数字化、智能化发展，政府数据互联共享进入到新的历史阶段。2016 年，国务院印发的《政务信息资源共享管理暂行办法》第 6 条规定“各政务部门应加强基于信息共享的业务流程再造和优化，创新社会的管理和服务模式”[1]。2017 年，国务院办公厅发布的《政务信息系统整合共享实施方案》提出“加快推进政务信息系统整合共享”[2]。2020 年，国家卫健委办公厅发布《关于做好信息化支撑常态化疫情防控工作的通知》提出“加快‘互联网 + 政务服务’平台和‘互联网 + 监管’系统建设，实现与全国一体化政务服务平台对接”[3]。从国家提出“整合政府部门公共数据资源，促进互联互通”到“构建政府数据统一共享交换平台，实现跨部门、跨层级、跨区域协同治理”，打破信息壁垒与数据“孤岛”，推动数据共享，加快政府数字化转型已成为不可逆转之势。

2020 年，上海市上线的“一网通办—随申办”移动端，在政务服务平台搭建过程中对接了上海 16 个区行政服务中心和 220 个街镇社区事务受理服务中心，聚焦公安、人社、民政、卫生、医保、司法等重点领域，汇聚了 800 余个政务服务事项，并且推出司法公证、户籍办理等特色政务服务的移动端在线办理。还有上海市学生事务中心发布的“毕业生就业随申码”，[4]毕业生可以通过“随申办移动端”扫码“单位张贴码”获得单位招聘信息，通过手机就能在移动端办完从求职应聘到网上签约的全流程。像这样将应届毕业生信息与用人单位岗位信息紧密联系在一起的就业管理平台，真正实现了政府部门的跨层级、跨区

[1] 《政务信息资源共享管理暂行办法》（国发〔2016〕51 号），载中国政府网，http://www.gov.cn/zhengce/content/2016-09/19/content_5109486.htm。

[2] 《政务信息系统整合共享实施方案》，载中国政府网，http://www.gov.cn/zhengce/content/2017-05/18/content_5194971.htm。

[3] 《关于做好信息化支撑常态化疫情防控工作的通知》，载中国政府网，http://www.gov.cn/zhengce/zhengceku/2020-06/29/content_5522612.htm。

[4] 参见《上海：“随申码”助力“毕业生就业”》，载中国政府网，http://www.gov.cn/xinwen/2020-05/22/content_5513658.htm。

域治理，实现了让数据跑路代替民众跑路的便民利民目标。

如在新冠肺炎疫情防控形势严峻的时候，相比于传统纸质版的人员流动登记，链接一体化疫情防控管理平台的健康码和场所码，可以有效地解决信息登记重合、信息流转、政府监管等问题。根据国家卫生健康委员会的要求，健康码是以客观真实数据为基础，由市民或者返工返岗人员通过自行网上申报，经后台审核后，生成的属于个人的二维码。该二维码作为个人在当地出入通行的一个电子凭证，实现一次申报，全市通用。而“场所码”其实是“健康码”的延伸类型，既能够实现到访人员登记，也能关联查验到访人员的健康状态。市民扫码“场所码”，手机界面在原有“健康码”显示的基础上，增加了扫码人的核酸检测以及疫苗接种情况。因此，“健康码、场所码”的信息全覆盖、数据全汇集，同时意味着疫情防控这张大网被政府织得更牢、更密，流调溯源将会更快更强，风险场所的定位也会更加精准，从而使得风险人员的排查更加高效便捷。

四、自动化行政的风险挑战

不可否认，自动化行政为政府在行政活动中带来了公正、高效、精细、便民等优势改革。同时，作为新生事物的新型行政方式却始终冲击着行政主体、行政程序以及公民权利保障等基本的行政执法秩序。根据前文所述，自动化行政行为的本质仍是具体行政行为，那么行为方式的改变，必将引起作出此行为的行政主体和行政程序发生变化，甚至会影响行政活动中相对人的权利保护。例如，对于行政主体，随着人工智能的发展，自动化系统能否取代行政机关的主体地位；如果因为自动化系统的技术漏洞而出现决策失误，自动化系统是否应当承担责任。对于行政程序，如果简化行政机关的各项办事流程，行政相对人是否能够明晰此行政行为的合法性和正当性理由。对于行政相对人，如果在自动化系统的建设过程中出现信息泄露，相对人的个人隐私权与信息安全权是否能够得到保障。因此，在提出对自动化行政进行法律规制与完善之前有必要对其在发展过程中出现的问题予以归纳总结。

（一）人工智能危及行政主体地位

在行政法学领域，行政主体是行政法律关系的一方当事人，是指能以自己名义行使国家行政职权，作出影响行政相对人权利义务的行政行为，并能对外承担行政法律责任，在行政诉讼中能作为被告应诉的行政机关或法律、法规授权的组织。在本质上,行政执法活动的进行离不开"人"的因素。但是,当我们进入到高级自动化行政时期,所有的行政活动均排除人工干预,完全由人工智能、互联网、大数据等数字技术完成,这时的自动化系统就具备了"人的思维能力"。同时,它使"人的身份"最大限度地数据化和动态化,进而逐步削弱行政机关在行政决策领域的地位,甚至凌驾、取代行政机关的主体地位。正如学者所言:"当机器说出他们的感受和感知经验,而我们相信它们所说的是真的时,它们就真正成了有意识的人。"[1]此时,我们对于法律上"人"的认识也将彻底改变,对于行政主体到底是行政机关还是自动化系统也需要进一步厘清。

然而,目前我国并未承认"人工智能"这一数字技术的法律主体地位,即人工智能尚未具备行为能力和责任能力,这一点在国务院发布的《新一代人工智能发展规划》中有明确体现,其规定到 2020 年,初步建立部分领域的人工智能伦理规范和政策法规;到 2025 年,初步建立人工智能法律法规、伦理规范和政策体系,形成人工智能安全评估和管控能力。[2]但在实践中,人工智能在教育、医疗、养老、环境保护、城市运行、司法服务等领域广泛应用,极大地提高了公共服务精准化水平,全面提升了人民的生活品质,对维护社会稳定具有不可替代的作用。例如,政府为整治行人随意闯红灯的问题,在城市的各大十字路口都安装了监控抓拍设备。每当行人出现违反交通管理规定擅闯红灯的行为时,监控系统便会自动抓拍行人的违规照片,并将其面部照片与全国身份信息库的数据进行识别对比,[3]再将信息在路口的电子显示屏上进行滚动播放,借此起到警示作用。可见,自动化行政的出现在一定程度上承认了人工智能的法律地位,承认了自动化系统具备行政工作人员的职能、具备行政机关对公共人群的意思表示。因此,行政实践中出现的具有法律效力的自动化行政执法与国家法律层面缺乏相关立法规定之间的冲突,印证了自动化行政给行政主体带来的严峻挑战。

---

[1] 参见[美]雷·库兹韦尔:《人工智能的未来:揭示人类思维的奥秘》,盛杨燕译,浙江人民出版社 2016 年版,第 203~205 页。

[2] 参见《新一代人工智能发展规划》,载中国政府网,http://www.gov.cn/zhengce/content/2017-07/20/content_5211996.htm。

[3] 参见沈杨:《人脸识别交通自动化执法问题研究》,载《湖北经济学院学报(人文社会科学版)》2020 年第 12 期。

（二）算法决策造成听证程序缺失

行政程序是指国家行政机关在行使行政权力、实施行政活动过程中所遵循的步骤方式、时限和顺序的总和，具体规定在《行政许可法》《行政处罚法》等相关法律法规中。但随着自动化行政的推进，“批量行政”成为目前行政机关最活跃的行政方式，对传统行政方式造成了直接冲击，使公民参与行政程序的程度不断受到限制。

其中，听证程序是行政相对人保障自己重大合法权益、限制与约束行政权力的重要手段。传统意义上的完整程序步骤应是：第一，行政机关在作出影响行政相对人合法权益的决定前有告知其决定理由和听证的义务，即通知。第二，行政相对人可以陈述意见、提供证据，即质辩。第三，行政机关再听取意见、接纳证据并作出行政决定，即决定。在国家法律层面，《行政许可法》第46条规定在涉及应当听证或需要听证的行政许可事项时，行政机关应当向社会公告并举行听证。[1]《行政处罚法》第63条也规定行政机关“应当告知当事人有要求听证的权利，当事人要求听证的，行政机关应当组织听证”[2]。因此，作为一种听取利害关系人意见的制度设计，听证程序在行政法中不可或缺。

然而，应用了人工智能、互联网、大数据等科技手段的自动化行政系统，已经具备了一定的自主决策性，其在作出行政行为的过程中，直接将所有信息与内容糅杂进既定的算法程序之中，在无法分离出相应的程序、步骤和方式的同时实现行政活动各个环节的自动化。在这种情况下，即使法律要求行政机关对相对人有“合理的告知”[3]，也会因为“算法黑箱”导致相对人无法直接规制程序并参与到系统的内部流程中，造成行政相对人陈述、申辩环节的缺失。但是，

---

〔1〕《行政许可法》（2019年修正）第46条规定：“法律、法规、规章规定实施行政许可应当听证的事项，或者行政机关认为需要听证的其他涉及公共利益的重大行政许可事项，行政机关应当向社会公告，并举行听证。”

〔2〕《行政处罚法》（2021年修订）第63条第1款规定：“行政机关拟作出下列行政处罚决定，应当告知当事人有要求听证的权利，当事人要求听证的，行政机关应当组织听证：（一）较大数额罚款；（二）没收较大数额违法所得、没收较大价值非法财物；（三）降低资质等级、吊销许可证件；（四）责令停产停业、责令关闭、限制从业；（五）其他较重的行政处罚；（六）法律、法规、规章规定的其他情形。”

〔3〕所谓合理的告知，不仅是指相对人应得到被处理事项的合理说明，也包括其在合理的时间内被告知。

行政相对人进行陈述、申辩或参加听证是我国《行政诉讼法》规定的具有正当程序价值的环节。例如，公安机关查处治安案件，没有本人陈述，但其他证据能够证明案件事实的，可以作出治安管理处罚决定。但是只有本人陈述，没有其他证据证明的，不能做出治安管理处罚决定。[1]此类程序的缺失即使不影响行政相对人的实体权利，也会产生一定的效力瑕疵。[2]

（三）网络平台影响送达效力判定

行政机关依照法定的程序和方式，将相关行政文书送交当事人的行为，被称送达。现有行政法律规范规定的送达方式主要有直接送达、留置送达、邮寄送达、公告送达等几种类型。但是，随着数字技术在行政执法领域的适用，行政决定书、行政告知书等文书的送达方式在以往基础上又增加了电子文件传输的形式，具体包括电子邮件、电子通讯或在自动化行政平台上进行公告等。我国《行政处罚法》第 61 条规定“当事人同意并签订确认书的，行政机关可以采用传真、电子邮件等方式，将行政处罚决定书等送达当事人”[3]。最高人民法院《关于互联网法院审理案件若干问题的规定》第 15 条规定“经当事人同意，互联网法院应当通过中国审判流程信息公开网、诉讼平台、手机短信、传真、电子邮件、即时通讯账号等电子方式送达诉讼文书及当事人提交的证据材料”[4]。

原则上，行政行为的法律效力在告知之时生效。[5]但对于电子送达中以“送达”为生效要件的行政行为而言，只有当系统自动作出的行政决定到达行政相对人时，行政行为才发生效力，这就涉及送达主体的身份确认以及送达效力

[1] 《治安管理处罚法》（2012 年修正）第 93 条规定：“公安机关查处治安案件，对没有本人陈述，但其他证据能够证明案件事实的，可以作出治安管理处罚决定。但是，只有本人陈述，没有其他证据证明的，不能作出治安管理处罚决定。”

[2] 最高人民法院《关于适用〈中华人民共和国行政诉讼法〉的解释》（法释〔2018〕1 号）第 96 条规定：“有下列情形之一，且对原告依法享有的听证、陈述、申辩等重要程序性权利不产生实质损害的，属于行政诉讼法第七十四条第一款第二项规定的‘程序轻微违法’：（一）处理期限轻微违法；（二）通知、送达等程序轻微违法；（三）其他程序轻微违法的情形。”

[3] 《行政处罚法》（2021 年修订）第 61 条规定：“行政处罚决定书应当在宣告后当场交付当事人；当事人不在场的，行政机关应当在七日内依照《中华人民共和国民事诉讼法》的有关规定，将行政处罚决定书送达当事人。当事人同意并签订确认书的，行政机关可以采用传真、电子邮件等方式，将行政处罚决定书等送达当事人。”

[4] 《最高人民法院关于互联网法院审理案件若干问题的规定》（法释〔2018〕16 号）。

[5] 告知必须是在行政行为作出后的告知，是把行政行为告诉相对人，让相对人知道其内容。

的生效判定等关键性法律问题。对于前者,传统的送达方式包括面对面的直接送达和有见证人在场的留置送达,受送达人可以通过对送达主体身份的核对,确认送达主体的真实性以及有效性。而电子送达却存在于网络平台,受送达人仅能通过虚拟空间的电子信息来确定送达主体的官方性和权威性。这时,一旦电子送达平台发生技术故障或出现其他问题,我们就难以确认送达主体的真实身份。对于后者,《民事诉讼法》第 90 条规定:经受送达人同意,人民法院可以采用能够确认受送达人收悉的电子方式送达诉讼文书,并以送达信息到达受送达人特定系统的日期为送达日期。〔1〕由此可见,电子送达的效力判定应当符合"同意 + 确认收悉"两个条件。〔2〕但如果出现使用电子方式已送达而受送达人无法确认收悉的,电子送达的效力将会处于未决状态。例如,无锡市中级人民法院创新的保全送达凭证方式,即无论采取直接短信送达还是查号短信送达,送达成功后均会自动生成包括发送时间、接收时间、文书类型等内容的送达报告,作为送达凭证自动归入电子卷宗或打印制作成纸质卷宗,使送达过程有迹可循、有据可查。但是对于普通短信而言,送达凭证可以确认接收时间,但却未必能够保证当事人"确认收悉"。如果单凭信息传输系统的自动反馈,也不足以确认受送达人已知悉相关内容。

(四)流程简化削弱证据合法审查

证据是证明案件事实的有关真实材料,是认定案件事实的根据。主要包括以下种类:书证、物证、视听资料、电子数据、证人证言、当事人陈述、鉴定意见、勘验笔录。〔3〕对于任何案件,证据所反映的情况都必须是客观真实的,且与该案件具有一定的联系。同时,它的来源、内容、形式以及取得的方式和程序也必

〔1〕《民事诉讼法》(2021 年修正)第 90 条规定:"经受送达人同意,人民法院可以采用能够确认其收悉的电子方式送达诉讼文书。通过电子方式送达的判决书、裁定书、调解书,受送达人提出需要纸质文书的,人民法院应当提供。采用前款方式送达的,以送达信息到达受送达人特定系统的日期为送达日期。"

〔2〕参见北京互联网法院课题组、张雯、颜君:《"互联网 +"背景下电子送达制度的重构——立足互联网法院电子送达的最新实践》,载《法律适用》2019 年第 23 期。

〔3〕参见姜明安主编:《行政法与行政诉讼法》(第 7 版),北京大学出版社 2019 年版,第 461 - 463 页。

须符合法律规定。因此，证据必须经过查证属实，才能作为定案的根据。[1]

在行政处罚过程中，“电子数据”这一证据类型，常见于环境与交通领域的非现场执法。办案机关可以根据自动化系统全面了解可能与案件相关的电子数据资料，但在法律层面，通过自动化设备获取的自动监控、检测数据等材料能否支撑起整个案件的证据链条才是关键。对于这个问题，我国《行政处罚法》第41条规定了行政机关应当审核电子技术监控设备记录的违法事实是否真实、清晰、完整、准确，对于未经审核或审核不符合要求的，不得作为行政处罚的证据。[2]其中明确强调了“证据审查”在行政执法过程中的重要性，同时要求行政机关的执法工作人员应当对相关事实进行全面审查，如果事实不清楚、存有疑问则不能随意作出处罚决定。

但如今，现代信息技术与传统正当程序正存在激烈的碰撞，行政方式的改变在一定程度上实质性削减了行政程序的规定流程，弱化了执法工作人员的证据审查过程。例如，“电子警察”这一自动监控系统，先是通过人脸识别、声音识别等技术获取视听资料，再经过人工智能技术的进一步加工形成电子数据，执法人员仅根据远程终端传送过来的相关事实便做出行政处罚。但假如出现“驾驶人撩头发被判定为驾车接打电话”“车窗上有污物被判定为驾车吸烟”“身穿黑色衣服被判定为未系安全带”“斑马线上有动物经过被判定为未礼让行人”这样的违章误判，恰恰会反映执法机关对证据“真实性、合法性、有效性”审查过程的忽视。

（五）数据共享冲击公民基本权利保障

《宪法》规定了我国公民在政治、经济、文化、人身等方面所享有的基本权利，不容任何组织或个人侵犯。但随着人工智能、互联网、大数据等科学技术在行政活动过程中的应用程度逐渐加深，政府成为公民信息的最大占有者，他们掌握着各种数据的传播和流通，这势必会对行政相对人的权利保障产生一定影响。

---

[1]《行政处罚法》（2021年修订）第46条第2款、第3款规定：“证据必须经查证属实，方可作为认定案件事实的根据。以非法手段取得的证据，不得作为认定案件事实的根据。”

[2]《行政处罚法》（2021年修订）第41条第2款规定：“电子技术监控设备记录违法事实应当真实、清晰、完整、准确。行政机关应当审核记录内容是否符合要求；未经审核或者经审核不符合要求的，不得作为行政处罚的证据。”

第一,是对公民隐私权的影响。隐私权是指公民享有的私人生活安宁与私人信息依法受到保护,不被他人非法侵扰、知悉、搜集、利用和公开的一种人格权。其内涵具体包括两个方面,一是私人生活“不被他人了解”的权利,二是自己信息“自己掌握”的权利。我国《民法典》第1034条规定自然人的个人信息受法律保护。[1]《刑法》第253条之一规定违反国家有关规定,向他人出售或者提供公民个人信息会被科处刑罚。[2]《个人信息保护法》第10条规定了任何组织、个人不得非法收集、使用、加工、传输他人个人信息。[3]《网络安全法》、《电子商务法》以及国务院《关于在线政务服务的若干规定》等法律法规也规定了相应的个人信息保护条款。目前,在疫情防控的严峻形势下,政府搜集、存储、传播信息的能力越发强势,虽然诸如个人姓名、电话号码、家庭住址、近期的行程轨迹等一些碎片化的信息似乎并不影响公民的权益,但以上信息一旦通过健康码、行程码、场所码等自动化系统的整合和链接,就会形成对自然人的数据画像,建构海量的信息数据库,此时如果出现数据安全的防护漏洞,那我们的个人隐私、个人信息将会受到盗窃或泄露。因此,对于政府所收集到信息的共享程度,我们难免会顾虑这些涉及个人隐私的信息会不会被其他人不正当使用,会不会因为技术或人为的原因而产生信息泄露。

第二,是对公民人格尊严的冲击。有学者认为,人格尊严是作为一个人所应有的最起码的社会地位,并且受到他人和社会的最基本尊重。如同前文中提到过的交通违规抓拍,是现代化城市规划建设必不可少的自动化设备。有些地方在各大路口的电子显示屏上会滚动播放监控系统自动抓拍到的行人违规照片、行人身份证照片以及行人被处理后的姓名和家庭住址等个人信息,借此警示其他人要遵守交通规则,针对情况严重的行为,甚至还会与其他行政处罚手段并用于同一行为人身上。首先,违法行为人在被电子显示屏曝光后最直接承

---

〔1〕《民法典》第111条规定:“自然人的个人信息受法律保护。任何组织或者个人需要获取他人个人信息的,应当依法取得并确保信息安全,不得非法收集、使用、加工、传输他人个人信息,不得非法买卖、提供或者公开他人个人信息。”

〔2〕《刑法》(2020年修正)第253条之一第1款规定:“违反国家有关规定,向他人出售或者提供公民个人信息,情节严重的,处三年以下有期徒刑或者拘役,并处或者单处罚金;情节特别严重的,处三年以上七年以下有期徒刑,并处罚金。”

〔3〕《个人信息保护法》第10条规定:“任何组织、个人不得非法收集、使用、加工、传输他人个人信息,不得非法买卖、提供或者公开他人个人信息;不得从事危害国家安全、公共利益的个人信息处理活动。”

受法律性负担的是属于人格尊严范围内的名誉权、肖像权、姓名权等内容，既影响了行为人现有的社会地位，某种程度上也没有得到社会最基本的尊重。其次，如果在行为人的个人信息曝光后还要承担其他的法律责任，无疑会加重行政处罚的力度，难以保护当事人的合法权益。学者沈杨认为，在行为人因为“曝光”而人格尊严受到影响后，再继续进行财产罚抑或社会征信制度来对行为人的其他合法权益进行限制，会让违法行为人承受到行政权在公民生活各个领域内影响。[1] 因此，交通违法抓拍虽在一定程度上维护了交通管理秩序，保障了公民的出行安全，但这其中涉及的对行政相对人基本权利的保障问题却被忽视了。

五、自动化行政的法律规制与完善

（一）明确自动化行政的适用范围

自动化行政的发展得益于现代信息网络技术的进步，这在很大程度上分担和减轻了行政主体的工作压力，为行政活动的开展提供了便利条件。但基于自动化行政的形式标准、实质标准，以及自动化行政系统的自动性、算法性与智能性，并非所有的行政事项都能够以自动化行政的方式来处理。因此，我们更加需要明确自动化行政的适用范围，更好地将自动化、智能化适用于新时代政府的公共服务和社会治理中。

第一，可以实现自动化行政的行政事项。首先，行政执法活动的过程主要体现为 4 个阶段：客观事实认定阶段—法律解释阶段—涵摄阶段[2]—法律效果确定阶段。根据自动化行政的形式标准和实质标准，如果在客观事实认定阶段，行政活动所基于的构成要件可以进行完全类型化；在法律解释阶段，行政活动所依据的法律规范是已经确定法律概念的法律法规，则满足可以直接实现自动化行政的条件。德国在 2017 年修订《行政程序法》时引入“全自动作出的具体行政行为概念”，即自动化行政行为的适用必须有法律的明文规定与授权，法

---

[1] 参见沈杨：《人脸识别交通自动化执法问题研究》，载《湖北经济学院学报（人文社会科学版）》2020 年第 12 期。

[2] 涵摄也叫摄于或包摄。就是指确定生活事实与法律规范之间的关系的思维过程（subsumption），将事实涵摄于法律规范，就是检验事实是否满足法律规范的事实构成并因此产生该规范所规定的法律后果。

律没有规定的行政机关不得随意适用全自动的程序。[1]其次,对于自动化行政过程中出现的无须签名或可以进行电子签名的事项,无须说明理由或依据相关法律规定可以在自动化行政程序中简化说明理由程序的事项,也可以直接实现自动化行政。但对于行政处罚这样的负担性行政行为,因为会对行政相对人的权利产生不利影响,在实现自动化行政的过程中应当谨慎考量。因此,在涉及相对人的人身权利和重大财产权利时,应当征得相对人同意,且在有适当措施保护相对人正当利益的情形下,推进适用自动化行政。

第二,必须实现自动化行政的行政事项。其范围应当在可以实现自动化行政的基础上进行限缩,且这种限缩是基于行政效益和便民原则进行综合性衡量的结果。首先,应当依据行政成本和行政效率进行分析。换言之,政府规定的行政事项是否必须实现自动化行政,其前提是实现自动化行政的成本要低于传统行政活动方式,且行政效率高于后者。[2]因此,自动化行政的效益高于传统行政活动方式是实现自动化行政的必备要件。其次,应当依据便民原则进行考量。从根本上来说,公民对行政机关自动化行政的"认可和接受程度"决定了行政活动是否必须实现自动化。其基础是行政相对人具备选择或接受自动化行政的条件和能力。最后,如果要在立法层面将某一特定事项的活动方式确立为"以自动化行政的方式作出",需要满足行政执法机关使用自动化系统处理该类行政事项已成为惯例,并能为大众所接受。

(二)明确自动化行政的责任主体与归责原则

在传统的行政法律关系中,行政机关是为行政行为所产生的法律后果承担直接责任的主体。但是,在自动化行政过程中,当人工智能、互联网、大数据等自动化系统介入其中并造成行政相对人的利益受损时,相关责任由谁承担的判定仍很模糊。

有学者认同行政机关是责任主体的观点,也有学者认同自动化设备的相关制造商、运营商需要承担民事责任的观点。但笔者认为,无论是传统行政方式还是自动化行政方式,只要造成行政相对人的利益损失,其责任主体都应当是行政机关。也就是说,人工智能等自动化设备的介入并不影响将行政机关确定

[1] 参见查云飞:《人工智能时代全自动具体行政行为研究》,载《比较法研究》2018年第5期。
[2] 参见敖双红、雷金晶:《论自动化行政及其法律规制》,载《湖南警察学院学报》2017年第1期。

为行政行为的责任主体。一方面,行政机关的职责是在法律规定的权限范围内为公众提供各种公共服务,维护社会秩序、经济秩序、市场秩序,推动社会更好地发展。将自动化技术引入到行政事务中,使行政机关可以更加高效便捷地实施行政行为,但科技元素的加入并不改变行为的本质属性。因此,当自动化行政行为损害到行政相对人的相关利益时,理应由行政机关承担相应责任,而不是假借科技之名将责任推给其他主体。另一方面,如果在行政活动中是由于自动化设备的故障造成行政相对人的利益损失,且这种故障是第三方技术主体违反服务合同约定所导致行政行为错误、违法地作出的。此时,行政机关可基于合同约定的违约条款来要求技术主体承担相应的责任。但是,这种"内部"责任的承担不影响行政机关作为行政程序的控制者、行政行为的作出者、行政诉讼被告的法律地位。

在具体实践中,行政相对人较行政机关而言属于较为弱势的一方,只有当行政机关主动承担起相应的赔偿责任时,行政相对人损失的利益才会尽可能的得到补偿。因此,为保障行政相对人的合法权益,在明晰责任主体之余,还应当确认归责原则。而对于行政赔偿的归责原则,可概括为无过错责任原则,即无论行政机关在作出职权行为时主观上有无过错,只要行为违反法律的规定,且因此给行政相对人造成损失,就应承担赔偿责任,这为从法律上确定和判断国家是否应当承担赔偿责任提供了最根本的依据与标准。总之,行政机关应始终本着"为人民服务"的理念,及时弥补自动化行政的不足,在法律规定的范围内,科学、充分地利用自动化设备提高政府的决策能力和民主化水平,从而促进自动化行政的发展。

(三)完善自动化行政的运行程序

在自动化行政的发展过程中,自动化系统在一定程度提升了政府工作人员的办事效率,推动了行政工作朝着规范化、体系化、制度化的方向发展,但这一过程也暗含了行政执法程序缺失和侵犯公民基本权利的风险。在"坚持以人民为中心"理念的作用下,任何人工智能、互联网、大数据等科学技术在行政活动中的应用都不应该以牺牲行政相对人的合法权益为代价,而应当及时保障行政相对人的基本权利,完善行政机关的运行程序,从而确保行政活动的合法、合理、高效、便民。

第一,完善自动化系统的评估和认证程序。在行政许可的法定种类中,某些职业或行业需要具备特殊的条件或技能，由国家作出统一的资质或资格认定，再予以颁发执业许可证，典型的如法律职业资格与律师执业许可。[1]因此，"机器"在承担自动化行政行为中的特定任务之前也应当经过相应的评估和认证，判断其是否能够有能力适用于自动化行政的程序之中。一方面是资格认证，即由专业的评估团队通过技术手段进行测试，评估该系统或设备有无技术故障、程序问题，是否会出现技术类错误等；另一方面是专业能力认证，即该设备能否有效完成系统输入的特定任务。在评估与认证的过程中，行政机关应当负担积极的作为义务，促进政府与外部环境多元互动的工具性嵌入，保证自动化行政行为能够安全、可控、合法的作出，从而使得政府行政过程更加透明、负责和有效。[2]

第二，完善听证和调查程序。在传统行政活动中，听证和调查是实现相对人陈述申辩权的重要途径，行政相对人通常以口头或书面的方式参与到行政行为之中。但自动化行政则简化了听取行政相对人陈述、申辩等权利救济的一些必要流程，这虽提高了行政机关的行政效率，但却无法全面保障公众的程序参与。因此，政府在自动化行政的过程中，应当兼容吸收传统行政手段中的好的方面，细化自动化行政的程序，以保障行政相对人陈述、申辩和听证权利的实现。同时，对于行政相对人的个性化问题，可以在自动化系统中另外添加特殊情况触发机制，通过人工审核，如果确实属于需由人工进行处理的情形，应结束自动化行政程序，转由人工进行处理，以便听取当事人的陈述与申辩。德国《税务条例》第155条第4款就在设备全自动化确定税种和计算税额的过程中设置了这一机制，在电子表格中留出一栏供相对人填写申请，若相对人提出申请，经审核后该行政流程则会从自动化程序转化为普通程序。[3]

第三，完善告知和送达程序。2017年，德国在修改后的《联邦行政程序法》告知条款中补充了行政相对人通过网络主动获悉的情形——"点击获悉告知条款"，并规定该条款普遍适用于所有以电子方式告知的具体行政行为，且以10日为限。[4]参照此款规定，在我国电子信息技术与告知和送达程序深度融合发

[1] 参见马怀德主编：《行政法学》，中国政法大学出版社2019年版，第184页。
[2] 参见郑跃平、杨学敏、甘泉、刘佳怡：《我国数字政府建设的主要模式：基于公私合作视角的对比研究》，载《治理研究》2021年第4期。
[3] 参见查云飞：《人工智能时代全自动具体行政行为研究》，载《比较法研究》2018年第5期。
[4] 参见查云飞：《人工智能时代全自动具体行政行为研究》，载《比较法研究》2018年第5期。

展的过程中，一方面，需要规范以网络邮件、短信或移动终端消息推送等进行的电子告知方式，确认送达主体的身份，比如，可以通过技术手段在全国范围内建立官方认证的政务系统电子邮件平台，为电子送达提供更好的安全保障，同时可以提升电子送达的准确性。另一方面，需要相对人在自动化程序的终端完成信息接收，并同时达到电子送达生效判定的两个条件——“同意和确认收悉”。行政机关可以加强与电信运营商的沟通，逐步提高信息传输系统反馈信息的准确率，从而直接通过系统反馈来确认受送达人的知悉情况。[1]

(四)完善自动化行政的协同治理

随着人工智能、互联网、大数据等数字技术的蓬勃发展，传统行政执法机关“条块分割、独立封闭”的治理模式逐渐发生变化。其主体不仅包括传统的权威主体，即国家和政府，还涵盖了企业、社会组织等新的治理角色；其程序运行不仅包括实体环境中的政府政务服务大厅，还添加了虚拟环境的政务服务网络平台；其内容不仅包括中央和地方政府之间的“上下合作”、中央或地方同级政府之间的“水平合作”，还包括同一政府不同部门之间的“左右合作”以及政府与企业和社会之间的“内外合作”。[2]因此，必须从根本上对以“提升政府部门整体治理能力”为目标的“协同治理流程”进行重新思考和优化再造。

一方面，要以“数字政府、法治政府”的建设为目标，加强政府信息化、管理网络化、办公自动化、政务公开化、运行机制化。[3]首先，要严格依照法律规定，借助大数据、互联网、云计算、人工智能、区块链等现代化信息技术，为政府自动化行政的“在线政务服务平台”构建提供技术支持，充分实现政府内部运作与外部服务一体化、线上办公与线下审查高度融合化。其次，要以数据驱动治理。积极推动网络基础设施的互联互通，推进跨层级、跨地域、跨系统、跨部门、跨业务的政府数据资源共享，实现业务协同和集成服务的一体化发展。

另一方面，要推进“政府主导 + 社会参与”的运营模式的发展，改变政府既

---

[1] 参见徐振华、韦苇、张朴田:《以手机短信为载体的电子送达方式研究》，载《人民司法》2019 年第 1 期。

[2] 参见孙迎春:《现代政府治理新趋势:整体政府跨界协同治理》，载《中国发展观察》2014 年第 9 期。

[3] 参见王俊:《从电子政务、智慧城市到智慧社会——智慧宜昌一体化建设实践探析》，载《电子政务》2018 年第 5 期。

是使用者又是建设者的双重角色地位。充分发挥政府在规划引导、业务协调、监督管理等方面的重要作用，并搭建政府与市场、社会之间的合作平台，进而充分发挥互联网企业和基础电信运营商的技术优势，借助打造合力来实现协同各方的“共赢”。〔1〕要加强政民互动，使公众积极参与到政府的决策、服务的设计、执行、监管过程中，既能有利于政府倾听民意了解民生，化解潜在的社会矛盾，也有利于保障公众的知情权、参与权、表达权与监督权。

六、结语

数字政府建设是国家信息化发展的重要战略布局，是推动社会经济高质量发展、实现国家治理体系和治理能力现代化的必经之路。〔2〕在这个急剧变革的大数据时代，实现政府行政活动的非现场化、自动化与智能化是一个长期、复杂的系统工程。它不仅是新一代信息技术向政府治理能力提出的巨大挑战，同时是对未来政府组织架构与形态转变造成难得机遇。

作为数字政府建设的核心价值追求——“以人民为中心，为人民提供更好的服务”在自动化行政建设的过程中也应当得到全面贯彻。行政审批、行政处罚、行政征收、政府信息公开、政务数据共享等各个领域，始终要以解决群众需求为终极目标。无人干预自动审批系统、自助填表机、毕业生就业创业码、智能办税机器人、政府门户网站、政务微信、政务移动端等新型政务服务样态在人工智能、互联网、大数据等新兴科学技术的应用下，虽然存在挑战行政主体、行政正当程序的风险，但在更高层面上提高了行政机关的行政效率和履职水平，压缩了人民群众的办事成本，进一步提升了人民群众的获得感和幸福感。

总之，自动化行政是时代发展的必然趋势。各级政府在推进自动化行政的过程中，一方面要注重将先进地区的政策经验纳入本土的政策学习及治理创新过程；另一方面要坚持学习与创新并举，明确契合自身的发展规划目标、建设工程重点和逻辑思路，形成具有创新意义的自动化行政改革经验，为世界范围内的自动化、数字化、智能化转型贡献中国方案和中国智慧。

---

〔1〕 参见王俊：《从电子政务、智慧城市到智慧社会——智慧宜昌一体化建设实践探析》，载《电子政务》2018 年第 5 期。

〔2〕 参见谭必勇、刘芮：《数字政府建设的理论逻辑与结构要素——基于上海市“一网通办”的实践与探索》，载《电子政务》2020 年第 8 期。

第八章 法治数字政府下的数据安全风险及其规避路径

一、引言

当今世界，数字化治理手段日益成为各国政府治理国家、治理城市等的重要手段，以数字化、智能化、网络化为特征的现代信息技术手段飞速发展，大数据时代的来临，意味着数据逐渐成为推动政府治理手段进步、经济社会创新发展的重要因素。现代化的发展离不开对大数据的利用，在数字政府、数字乡村、公共服务、医疗卫生等方面的建设同样需要数据的有效供给。因此基于数据的不断开发与利用，跨国家、跨行业、跨组织间的数据流动与加工成为不可避免的趋势。但是数据在政府和社会之间流动带来的不利影响是数据安全管理边界模糊以及政府数据安全风险控制能力弱化。

随着《法治政府建设实施纲要（2021—2025 年）》的出台，各地已陆续强力推进法治数字政府建设，政府大规模运用数字技术手段进行治理已成为主流。在深入推进大数据分析、大数据利用的过程中，数据安全问题在全球范围内尤其是政府治理方面层出不穷，针对数据的攻击、窃取、劫持、滥用的现象屡见不鲜，如近年来典型的数据安全事件，涉及个人隐私泄露、勒索软件攻击、过度收集数据、网络金融盗窃、远程漏洞挟持等严重危及政府治理与建设。

在全球数字政府法治建设背景下，《法治政府建设实施纲要（2021—2025 年）》明确指出要着力实现政府治理信息化与法治化深度融合，大力提升法治政府建设数字化水平。[1]数字政府与法治政府的融合发展代表着国家治理现代化的一大发展，数据作为一种新型生产要素已经深深嵌入到数字政府所有宏观微观活动之中，数据不仅改变了传统社会的面貌，也加深了社会各主体间连接

---

〔1〕 参见《法治政府建设实施纲要（2021—2025 年）》，载《人民日报》2021 年 8 月 12 日，第 1 版。

的紧密，数据的安全影响着法治数字政府的建设进程，更影响着国家、社会以及公民个人的整体安全。在中央国家安全委员会第一次会议上，习近平指出，"当前我国国家安全内涵和外延比历史上任何时候都要丰富，时空领域比历史上任何时候都要宽广，内外因素比历史上任何时候都要复杂……"[1]在数字政府时代，国家安全的内涵与外延已涵盖数据安全，数字技术的发展也重塑了法治数字政府的数据安全需求。

在立法价值与体系化定位上，《数据安全法》《网络安全法》都分别体现了安全与发展并重的价值理念。其中，《数据安全法》第 1 条、第 7 条分别规定了要保障数据安全，促进数据的开发利用和以数据为关键要素的数字经济发展；《网络安全法》第 3 条明确规定国家坚持网络安全与信息化发展并重。安全与发展的立法目的正体现了法治国家、法治政府、法治社会建设的价值理念，数据的开发、利用、共享、流转是数字政府建设发展不可或缺的环节，数据安全也因此成为数字政府法治化建设的必要条件。目前，我国以《数据安全法》《网络安全法》为主体的上位法辅以行政法规、部门规章以及地方关于数据安全立法的不断细化、完善，兼顾维护数据安全和促进数字发展的立法体系已初步建立，数据安全之于法治数字政府建设的基石地位业已得到呈现。

因此，加强数据安全保护将是未来推进法治数字政府建设、实现政府治理现代化必不可少的重要一环。

二、数字政府视角下关于数据安全的理论认识

由于数字化技术的一系列变革急剧地推动着政府行政方式和手段的改变，有学者指出，在数据新载体上，政府通过数字技术搭建的数字化平台集信息的收集、开发、利用、存储等功能为一体，将社会公众的数字化可信身份认证通过信息网络进行应用，以实现治理职能，如"防疫健康码、电子身份证"等。[2]然而基于数字政府视角理论界倾向于关注数字技术对传统行政方式、原则、效力带来的影响与挑战上，对于数据安全的理论研究较为分散。

---

[1] 《中央国家安全委员会第一次会议召开　习近平发表重要讲话》，载中华人民共和国中央人民政府网，https://www.gov.cn/xinwen/2014-04/15/content_2659641.htm。

[2] 参见任晓刚：《数字政府建设进程中的安全风险及其治理策略》，载《求索》2022 年第 1 期。

（一）基于安全现状的内涵拓展

有学者认为技术的发展与进步为政府治理提供了更多新的选择，但也可能带来新的安全隐患。如杨爱华认为随着数字政府建设进程不断深入，数字技术给人们的生产、生活带来极大便利的同时带来了新的信息安全问题。[1]朱雪忠认为数字经济和技术的发展进一步拓展了国家安全的内涵，重塑了当下国家的数据安全需求。[2]在数字技术与互联网基础设施大规模应用与普及的情况下，从早期信息技术起步阶段关注数据载体安全到以“人机物”三元融合为特征的智能化阶段，数据安全风险内涵也扩展到了关注数据主体权益方面。如阙天舒认为数据安全风险内涵已扩展到个人信息权益与国家信息权益的安全保护方面。[3]

《数据安全法》中对数据安全的定义是“通过采取必要措施，确保数据处于有效保护和合法利用的状态，以及具备保障持续安全状态的能力”。从 20 世纪 90 年代互联网发展起步，时代的变迁与技术的发展使数据安全内涵进一步拓展，如今，“我们的生活走过了以软件为中心的网络时代，正在经历以数据为中心的大数据时代，即将迈入以应用为中心的物联网时代”[4]。如果以代际的视野归纳数据安全内涵，网络时代的数据安全风险表现为以计算机病毒为主要攻击手段、以信息攫取为主要目的的网络威胁；大数据时代的数据安全则因数字技术的快速发展，数据的应用产生规模效应，而使数据安全内涵由静态风险趋向动态风险，主要针对的是技术应用、数据管理、数据治理带来的新安全风险。

（二）基于数据安全制度的现实考量

蒯正明根据系统论思想，认为制度系统是由目标价值、规则体系、调整对象和实施保障 4 种要素组成的复杂系统。[5]《数据安全法》专设一章规定了数据

[1] 参见杨爱华：《人工智能中的意识形态风险与应对》，载《求索》2021 年第 1 期。

[2] 参见朱雪忠、代志在：《总体国家安全观视域下〈数据安全法〉的价值与体系定位》，载《电子政务》2020 年第 8 期。

[3] 参见阙天舒、王子玥：《数字经济时代的全球数据安全治理与中国策略》，载《国际安全研究》2022 年第 1 期。

[4] 马颜昕等：《数字政府：变革与法治》，中国人民大学出版社 2021 年版，第 352 页。

[5] 参见蒯正明：《制度系统的构成、层次架构与有效运作》，载《东方论坛》2010 年第 5 期。

安全制度，也表明了我国对于数据安全的深入考量。对于数据安全制度而言，“目标价值乃制度之魂，间接存在于一切规则中，从深层次含义上代表制度的理念”，总体来看，我国的制度理念一直以“以人为本”为目标价值追求的核心，在剖析数字政府面临的数据安全风险之前，需从逻辑层面考量数据安全制度建设的核心理念，因而，在法治数字政府情境中，无论是法律要求还是内部逻辑，面对数据安全风险而构建的数据安全制度也应然以“以人为本”作为价值理念的核心。

在中央国家安全委员会第一次会议上，习近平指出，“必须坚持总体国家安全观，以人民安全为宗旨”[1]。《数据安全法》第28条中也明确指出，开展数据处理活动要以“增进人民福祉”为目标。总结其逻辑脉络即“构建数据安全制度为保障数据安全→维护国家安全→保障人民安全”[2]，因此数据安全制度虽以“数据安全”命名，然而实是以“人民安全”为内核，故“以人为本”的价值理念应贯穿法治数字政府数据安全保护之中。

三、数字政府呈现的数据安全风险及其成因分析

数字政府建构的是数据赋能的技术驱动模式，数字政府在设计之初的目的仅围绕于技术赋能行政治理实现治理现代化这一目标，在数字政府实施过程中，海量的跨行业、跨类别的数据被政府所收集、开发、利用、储存、公开，数据的公共属性与高度的可利用性恰好为政府进行公共管理及服务打通信息资源获取途径，为数字政府各项活动的展开提供数据资源，又使数据资源在“数字政府”环境下不同政府组织和运作模式中大量流转。数字政府时代数据资源的战略性意义不言而喻，数据的有效供给予安全保障也是政府数据治理能力和水平提升的基础。但随着数据资源的深度利用，有学者逐渐关注数字政府数据安全风险的问题，如在2021年7月16日至17日展开的2021“数据分析与应急情报”系列学术活动中，沙勇忠就指出“数据治理任务面临着组织架构与部门隔阂带来的协同挑战、用户隐私与安全挑战等因‘人’而起的挑战，也面临着技术设

---

[1] 《中央国家安全委员会第一次会议召开　习近平发表重要讲话》，载中央政府门户网，http://www.gov.cn/xinwen/2014-04/15/content_2659641.htm。

[2] 王雪诚、马海群：《总体国家安全观下我国数据安全制度构建探究》，载《现代情报》2021年第9期。

施差异带来的硬件基础上的挑战、数据处理技术等因‘技术’而起的挑战”[1]。政府一方面为提升数字治理效能而大规模运用大数据技术，另一方面受制于传统社会治理的封闭性影响、技术基础设施的代差以及缺乏对数字技术的深度挖掘，使得数据安全风险难以在现有框架下有效消弭。

（一）信息泄露的风险

数字政府建设过程中信息泄露存在多重风险，信息泄露性风险呈现多维度分布状态，具体表现为技术性问题诱发信息泄露风险，不仅威胁公民的个人信息安全，也威胁到国家的信息安全。

技术性风险也属于信息安全风险，信息安全问题是指个人或国家的信息在存储、传输与应用等环节出现相关的安全问题，[2]且由于信息系统本身的脆弱性，信息安全事件一旦发生就会造成难以消除的影响。在数字政府建设中信息一般以数据的形式、以“云化”的方式形成数据库进行存储，在其处理环节易出现问题。“信息云化”依托于政府“云平台”的搭建实施，“实现线上资源与线下实体的配置与整合”[3]，但“云系统”作为一种新型信息网络系统，在信息资源的调配过程中存在易受黑客攻击、系统漏洞等安全风险。

首先，信息网络攻击对公民个人信息安全的威胁。随着网络技术、信息技术的迅猛发展以及移动设备、智能终端的普及应用，海量的数据通过云平台的储存得以开发、利用，个人在智能化生活中的习惯、倾向、言行都会以数据的方式被记录下来，若以此为基础进行动态分析，将孤立的信息整合，就能挖掘出更多的个人信息。如“大数据杀熟”“平台偏好推送”“动态定价”等，这些数据信息不可避免地具有商业价值，给数据信息管理者也就是政府带来的是数据信息背后潜藏着的无形资产价值引发的威胁。用户的个人信息不仅包含用户的个人基础信息和隐私信息，还包含着用户的关联信息。数据信息的网状结构给信息的开发利用带来了便利，有时通过一个用户的个人信息可以得到其周围人的

[1] 安璐、沈燕、徐曼婷：《2021“数据分析与应急情报”系列学术活动纪要》，载《信息资源管理学报》2021年第5期。

[2] 参见吴小坤：《计算智能在媒体内容挖掘领域的前沿应用与新趋势》，载《南京社会科学》2018年第7期。

[3] 沈费伟、诸靖文：《数据赋能：数字政府治理的运作机理与创新路径》，载《政治学研究》2021年第1期。

信息,从而导致了信息的不当开发利用甚至给不法分子造成可乘之机。例如,印度的 Aadhaar 公民身份数据库遭受网络攻击,导致公民的姓名、电话、指纹、虹膜等敏感信息被泄漏,影响范围巨大。[1]黑客通过入侵数字信息系统窃取信息系统内部资料,或者以木马、病毒等程序干扰数字政府信息系统的正常运行来寻求私利,不仅会破坏数字政府信息系统及其终端设备,这也是信息安全风险的原因之一。黑客攻击往往会伴随信息泄露的后果,“根据金雅拓统计,56% 的信息泄露事件是由‘恶意的外部入侵者’引发的”[2]。黑客的信息网络攻击,也会降低数字政府信息的保密性、可用性和完整性。[3]由于数字政府是在信息技术与政府和社会之间信息互通的基础上建立起来的,信息的商业利益化不可避免地会引发逐利者依托网络爬虫技术、深度挖掘技术等攻击政府数字平台,以图获取公民的个人隐私信息;抑或某些政府内部的工作人员面对唾手可得的利益诱惑可能会利用工作之便贩卖公民个人隐私信息。面对接连不断的个人隐私泄露案件的出现,尤其是近几年国内对于隐私保护的呼声越来越高涨,公民个人信息泄露导致的后果表现为公众对于数据管理机构、技术中介、制度等方面产生敏感、怀疑甚至否定态度,“当人们不信任、刻意设防达到足以影响社会稳定和秩序的程度,就构成信任危机”[4]。对于数字政府而言,这种失去公众信任的情况对其发展是极其不利的。目前,我国数字政府的发展即将进入法治化时代,对于个人隐私泄露可能引发公众信任危机的问题也理应得到重视。

其次,信息系统漏洞造成国家安全信息泄露问题。“由于信息系统在软件、硬件、安全协议与安全策略上存在一定的缺陷,导致信息系统存在安全漏洞,非法用户有可能利用信息系统的脆弱性,非法获取访问权限,从而破坏系统,危害信息安全”[5]。“信息系统漏洞是指在应用软件或运行的协议在逻辑设计或实际运行过程中,存在缺陷或在编写程序时产生的错误,这种缺陷或错误可以被攻击者利用,在未授权情况下通过植入木马、病毒等方式攻击或破坏系统或控

---

〔1〕 参见张莉主编、中国电子信息产业发展研究院编著:《数据治理与数据安全》,人民邮电出版社 2019 年版,第 114 页。

〔2〕 张莉主编、中国电子信息产业发展研究院编著:《数据治理与数据安全》,人民邮电出版社 2019 年版,第 114 页。

〔3〕 参见任晓刚:《数字政府建设进程中的安全风险及其治理策略》,载《求索》2022 年第 1 期。

〔4〕 赵喻:《隐私悖论现象下信任的审视与应对》,载《长春教育学院学报》2021 年第 8 期。

〔5〕 王念新等:《信息安全威胁的应对行为——基于云计算情境的实证研究》,载《系统管理学报》2018 年第 4 期。

制整个信息系统,从而盗取重要信息或控制整个网络"[1]。在数字政府情境中信息系统漏洞主要表现为数字政府信息系统在安全协议、程序设计、软硬件配置、信息系统管理、系统集成组件等方面存在漏洞或者缺陷,恶意用户可以利用非法程序在以上漏洞或缺陷中寻找并劫持政府网络信息流,对数字政府信息系统的操作系统、应用支撑软件、数据库内部信息等进行攻击、篡改或销毁,甚至导致数字信息系统瘫痪,政务信息丢失等严重后果。[2]在国际竞争中,国家政府信息系统存在的漏洞可能给竞争对手或者敌对势力的攻击留下缺口。[3]在国家安全方面,我国外部敌对势力可基于以上漏洞有针对性的攻击我国政务信息系统,对系统的组件、结构以及信息进行劫持、篡改、销毁等操作,以致系统的损毁与瘫痪,危及我国的国家信息安全,甚至危及数字政府的有序运行。[4]

政府在国家治理中居于主导地位,数字政府汇聚的海量国家信息资源和社会信息资源包含着国家安全信息,这些数据信息基于政府管理的需要而不得不在网络上公开、共享,相关信息就有可能被检索、识别甚至泄露,特别是个别政府单位的信息网站建设并不完善,攻击者可基于算法深度学习、识别、加工、集成等技术利用系统漏洞进行分析、比较信息,进而追溯到具体的国家安全信息。以住房空置率信息为例,"单纯的人口普查信息或许难以得出准确的结论,但如果结合海量的快递订单和水电运行数据,在某一区域甚至全国范围内得出准确的房屋空置率并非难事"[5]。如果以相似的方法对我国政务、国防军事等领域进行分析,有可能造成国家安全敏感信息外泄,给国家安全带来极大的威胁。[6]

---

[1] 李全:《数据中心信息系统安全漏洞分析及对策研究》,载《信息系统工程》2019年第1期。

[2] 参见任晓刚:《数字政府建设进程中的安全风险及其治理策略》,载《求索》2022年第1期。

[3] 参见王广辉、郭文博:《数字政府建设面临的多重风险及其规避策略》,载《改革》2022年第3期。

[4] 参见王谦、曾瑞雪:《社会技术系统框架下"数字政府"风险分析及治理》,载《西南民族大学学报(人文社科版)》2020年第5期。

[5] 洪延青:《在发展与安全的平衡中构建数据跨境流动安全评估框架》,载《信息安全与通信保密》2017年第2期。

[6] 参见朱雪忠、代志在:《总体国家安全观视域下〈数据安全法〉的价值与体系定位》,载《电子政务》2020年第8期。

(二)数据生命周期管理过程性风险

数字政府中数据的管理包括政府对数据信息的收集、传输、储存、处理、使用、共享等一系列过程,是面向数据全生命周期的管理过程,[1]“是对数据信息管理系统中的数据完整生命周期即数据的收集、储存、应用、开发、销毁的全过程进行有效管理,以发挥数据最大作用的过程”[2]。数字政府中数据运行涉及各类主体和不同的责任单位,其管理过程纷繁复杂以及数据信息流的流转量巨大,就导致政府在对数据的管理中存在数据安全风险问题。例如,新冠肺炎疫情防控期间疫情防控数据的过度收集与主管部门权责不清的问题就值得深究。为有效预防与控制政府数据运行风险问题,需针对数据生命周期的不同阶段可能出现的问题进行具体分析与评估,实现政府数据管理安全。

1. 数据采集的规则缺口

“数据采集是信息综合性技术,主要指综合运用数据采集技术、传感器技术、信号处理技术、计算机软件技术、数据模型优化五大信息技术,构建实时的自动数据采集与处理系统。”[3]数据收集的重要功能是将政府的内外部活动、事件等信息与政府进行行政管理、公共服务相关的外部环境及对象的信息结合起来数据化,并以此为基础进行处理分析。

首先,数字政府的信息收集系统同样是基于以上技术与功能指向,获取移动互联网数据、传感器数据、社交媒体数据等数据,其所收集的对象主要为社会中的个人,在数字政府建设体系下凸显出的主要法治问题是行政机关的数据收集行为与个人“知情同意”规则的冲突与矛盾。对个人信息的收集利用,民法与行政法中都规定有一套保护机制,即数据收集主体对公民个人信息的收集利用需经过其本人充分知情且同意。在互联网服务语境中表现为“要求互联网平台公布隐私声明,用户阅读该隐私声明后作出同意的意思表示,其收集用户个人信息的行为才合法”[4]。此即“知情—同意机制”。在数字政府语境中数据收

---

[1] 数据生命周期管理(data life cycle management,DLM)是指一种基于策略的方法,用于管理信息系统数据在整个生命周期内流产生、使用、储存、销毁的过程。

[2] 杨蕾、袁晓光等:《数据安全治理研究》,知识产权出版社 2020 年版,第 59 页。

[3] 林焱、周志峰:《基于数据生命周期模型的数据资源管理剖析》,载《图书馆学研究》2016 年第 14 期。

[4] 王丹:《探寻数据治理下对个人信息保护的路径》,载《中国信息化》2021 年第 12 期。

集主体平台则为政府自身。然而"知情—同意机制"的传统保护模式在如今大数据时代却仿佛有些格格不入,甚至无法达到保护个人信息的目的。其一,大数据时代网络技术飞速发展,智能软件层出不穷,海量的互联网平台(政府平台同理)公布的隐私条款冗长繁多、晦涩难懂,受制于用户个体的"有限理性"与"即时满足",[1]几乎很少有用户会认真阅读平台制定的隐私条款,也几乎没有用户真正明白该隐私条款的规定对于用户的具体影响和侵权责任。政府平台机构看似充分尊重用户的知情同意权,但由于力量的不对等,隐藏在尊重下的是政府、企业机构对公民个人信息的收集渴望和其对公民个体权利的侵犯,也因此"知情—同意机制"在大数据时代几乎没有得到充分利用。其二,根据数据本身的特质来看,数据间的流动、互联、共享是数据具有经济价值的基础,通过数据的聚合、整理、分析是大数据利用的本质特征。海量的数据互联、共享造成的另一种影响就是难以界定公民的有效同意。"信息的密集收集、频繁处理和多方共享加大了有效同意获取的难度和成本"[2],概括同意与严格同意的适用之争讨论由来已久,然而若采取严格同意的要求,首先在程序上就可能会阻碍数字技术的发展,这也成为"知情—同意机制"无法完全保护个人信息的又一原因。

其次,在行政法领域,《网络安全法》与《数据安全法》都规定了对数据信息收集使用的具体规则,但在微观操作领域,尤其是政府对数据收集的管理制度上,全国各地呈现管理制度与水平参差不齐的现状。虽然如中山市、福州市、长沙市等一些城市实行了政务数据管理办法等规范性文件,但在全国层面,政府数据收集安全仍然具有环境、行为、管理等方面的风险,具体包括数据采集工作人员权限不清、收集行为不规范、缺乏数据分类和分级管理等问题。随着信息化时代的进一步发展,数据信息收集的技术越发先进,数据收集的范围与速度也必将越发高效快速,数据收集算法的不断优化也越发能够正确反映出被收集对象的真实情况,如果政府没有与时俱进的规定相应的管理措施,就势必会引发数据收集的失控,从而严重影响政府的数据信息系统的运行,甚至导致数据安全问题频发。

---

〔1〕 参见赵喻:《隐私悖论现象下信任的审视与应对》,载《长春教育学院学报》2021 年第 8 期。

〔2〕 田野:《大数据时代知情同意原则的困境与出路——以生物资料库的个人信息保护为例》,载《法制与社会发展》2018 年第 6 期。

2. 数据传输、储存的机制缺陷

“数据传输阶段是指数据在组织内或组织外从一个实体通过网络传输到另一实体的信息流动过程”，“数据储存阶段是指信息系统中非动态数据以所有支持的数据格式进行物理存储的阶段”[1]。卡尔·多伊奇曾提出的“政府神经”(the Nerves of Government)理论，指出政府系统内部信息传输、储存、应用和反馈的全过程，展现了政府的信息机能。[2]基于技术驱动的数字政府在安全考虑方面因数据传输与储存具有相似的安全风险，故本书将两者结合起来进行分析。

数据经过收集阶段通过网络传输进入数据库储存，过程性风险呈现为以下三个方面：一是政府数据工作人员身份认证风险。现有政府数据安全管理体制下尚未有关于内部工作人员访问数据权限的身份认证管理措施，数据的访问、下载没有明确的限制规定，由于数据的易复制性特征，敏感型数据极易出现篡改、失真以及删除的问题。二是缺乏数据传输、储存的安全标准审查机制。从数据系统重要端口角度来说，数据的输入与输出需要有严格的准入与准出要求，但受地缘因素影响，各地政府的安全标准不一，有些地方政府为简化程序而未建立严格的数据传输、储存系统管理安全标准，也未建立完善的审查机制，数据在传输、储存过程中就有被恶意劫持、篡改、读取、删除、污染的可能，以致数据信息系统面临重要数据损毁、外部入侵破坏的危险，对政府公信力产生巨大影响。三是缺乏数据的加密传输与储存机制。数据在系统内外部的流转已具有常态化特征，一般性数据无须进行加密处理，但敏感性数据如个人隐私、国防军事信息、政务重要信息等在流转环节若无完备的加密处理措施，对数据系统任何一次访问都有可能造成上述关键数据的外泄，破坏数据的完整性，危害个人信息安全与国家安全。

3. 数据处理、使用缺乏合规性标准

数据的处理、使用应具有相应的合规性标准，以避免政府在对数据的处理、使用过程中手段不当侵害公民诸如隐私权之类的权益。合理、合规地处理、使用数据是政府正当使用数据技术履行行政管理职能的前提要求，也是对政府内

---

[1] 杨蕾、袁晓光等：《数据安全治理研究》，知识产权出版社2020年版，第70页。

[2] 参见黄璜：《对“数据流动”的治理——论政府数据治理的理论嬗变与框架》，载《南京社会科学》2018年第2期。

部相关工作人员数字技术专业性的界定标准。政务数据安全、相对人隐私安全都需要对涉及政府数据处理、使用的安全性评估机制，国务院制定的《促进大数据发展行动纲要》中提出要"完善法规制度和标准体系，科学规范利用大数据，切实保障数据安全"[1]，但"目前的状况不容乐观，全国信息安全标准化技术委员会关于大数据安全和隐私仅发布了《信息安全技术　个人信息安全规范》(GB/T 35273—2020)、《信息安全技术　大数据服务安全能力要求》(GB/T 35274—2017)两项标准……"[2]无论从技术标准还是法律法规上都缺乏针对性的保障政府合理、合规处理、使用数据的技术性规范，政府以及其内部工作人员侵害相对人隐私权危害数据安全的可能性相当大。

从相对人个人隐私权益保护角度出发，在我国《个人信息保护法》出台后，国家网信部门依法承担起个人信息保护的职责，负责统筹协调个人信息保护工作和相关监督管理工作，但《个人信息保护法》第60条之规定过于笼统，我国目前对个人信息保护的执法部门建设还需相当长一段时间的完善，政府在基于社会治理和公共管理的需要而收集个人信息进行处理、使用的过程中，"处于信息掌控者地位的政府部门公职人员在信息资源化、商业化利诱下，往往会利用个人信息收集、处理的职务便利进行权力寻租，侵犯公民个人信息"[3]，且在数字政府时代，政府各部门几乎都运用数字技术行使职能，现有的法律体系难以详细划分行政机关在管理相对人个人信息等方面的权责，相对人在面临侵权行政行为寻求救济的过程中可能遇到行政机关互相推诿以逃避责任的情况。基于以上分析，数字政府背景下数字技术的大规模运用，对数据的处理、使用更应建立统一、有效的安全标准，以应对政府的某些不合规操作。

(三)数据安全治理风险

政府数据治理是将数字技术运用到政府履行行政管理职能的全过程，政府数据安全治理风险是指数字政府运用数字技术进行治理的过程中所面临的多因素相互影响、内外部环境变化，对政府数据治理的各个环节、政府行政管理数

---

[1] 《国务院印发〈促进大数据发展行动纲要〉》，载《人民日报》2015年9月6日，第1版。

[2] 丁红发等：《面向数据生命周期的政府数据开放的数据安全与隐私保护对策分析》，载《情报杂志》2019年第7期。

[3] 张炜达、呼啸：《大数据时代下个人信息行政公益诉讼制度之建构》，载《西北大学学报(哲学社会科学版)》2020年第4期。

据化的过程所造成的冲击,从而产生的数据安全问题。政府内部的管理水平、外部的技术条件以及政企合作的生态都有可能影响政府履行管理职能的方式或因手段不当而引致风险。例如,受政府管理职能、效率、技术因素的限制,政府对于数据的治理一般而言是寻求第三方的介入,常见的模式是政企合作搭建数据平台,政府将数据的处理、使用权限外包给第三方企业,利用企业的高技术水平实现数据治理的效率化。但此种模式由于两者在组织性质和行为目的上存在差异,必将带来技术性与合作性风险。数字平台搭建形成的数据库的安全性取决于政府的监管力度和企业的技术水平以及平台工作人员的职业操守,若政府管理水平有限就可能导致数据处理、使用过程中存在数据泄露、非法买卖的情况,"数据黑市规模庞大,非法收集、窃取、贩卖、利用用户信息的行为猖獗,甚至形成了产业链条,部分与政府合作的数据运营、维护的公司内部管理机制不健全"[1],这都成为政府数据治理安全的风险因子。随着数字政府建设进程的不断推进,数字技术在行政治理的大范围运用为政府提升治理效能的同时带来了新的数据安全问题。具体表现为政府信息公开对行政法治的冲击、政府数据滥用的新威胁以及政府数据安全监管的困境问题。

1.政府信息公开对行政法治的冲击

我国相继出台《数据安全法》与《个人信息保护法》,在此背景下,我国对数据安全领域的法治建设达到了一个新的高度,数据信息安全的法治保护步入正轨。但是,在行政法治领域内,政府不但肩负着行政治理职能,同时需承担起安全责任。

在新冠肺炎疫情防控工作中,我国各地出现了不同程度因防控疫情需要而公布病例行踪轨迹的案例,起初部分案例中因没有对病例的个人信息进行充分脱敏,导致病例个人信息泄露,给相关个人带来了不良影响。政府公开个人信息是履行行政职能,管理公共事务的需要,《个人信息保护法》也规定了敏感个人信息的处理规则,但多地的信息公开案件都表明了部分行政机关在处理信息公开时未对个人隐私信息进行脱敏处理,没有建立一套完善的个人信息泄露风险评估机制;尚未厘清信息公开中个人信息利益与公众知情权益的价值冲突。

一方面,数字技术的发展给政府信息公开带来极大的便利,政府只需在政务网站上传信息(包括个人身份证号码、家庭住址等)即可达到信息公开的目

---

[1] 曹惠民、邓婷婷:《政府数据治理风险及其消解机制研究》,载《电子政务》2021年第1期。

的,但其轻松的背后却是相对人个人信息的泄露带给相对人无穷尽的麻烦和困扰。若无一套完善的个人信息泄露风险评估机制,即便有些行政机关主观上有意识控制和审查其所公布的个人信息,也无法降低个人信息泄露的风险,所造成的损害则是政府的权威消解、公民的信任下降。

另一方面,法治社会中,政府信息公开不仅是实现政府职能、便于公共管理的需要,也是保障公众知情权、限制公权力的需要。但政府信息公开中却存在个人信息利益与公众知情权益的紧张关系,以及行政机关对于两者冲突的有限认识。

在我国现有的个人信息保护法律体系中,尽管《个人信息保护法》第 68 条规定了国家机关失职渎职的法律责任,但这尚不足以解决行政机关侵权的追责问题。从便于相对人减轻诉累的角度考虑,上级机关或有关个人信息保护部门对侵权行政机关所做出的的责令改正处罚力度较轻,不足以警醒行政机关依法行政、合理行政,避免侵害相对人个人信息权益。

2. 政府数据滥用的新威胁

"数据滥用(data abuse),也称数据不当使用(data misuse),是指未经当事人允许、或以当事人所不乐见的方式使用其信息。"〔1〕进入大数据时代以来,数据滥用问题在互联网领域已屡见不鲜,如 2018 年脸书(Facebook)和剑桥分析公司数据窃取事件加深了公众对于数据滥用引发的数据安全问题的担忧。在数字政府建设过程中,政府数据滥用引发的威胁不仅在于传统数据滥用导致的数据泄露威胁,更使数字政府建设面临新的挑战。

首先,数据滥用常发生于政府内部,由于管理不善与数据访问权限分级机制尚未建立,某些政府内部工作人员可以无限制的访问政府数据库,进而通过不正当使用数据来寻求私利,并且由于数字政府与用户地位和力量上的不对等,数字政府数字平台通常会对个人信息读取规则作出一定要求,而普通公众却无法对此类要求作出回应,若政府未经授权就将用户数据提供给第三方,就会造成数据滥用。〔2〕例如,美国明尼苏达州的司法行政机关内部工作人员在 2013 年至 2015 年私自访问该州驾照数据库中的用户个人信息,这一行为给公

〔1〕 杨洸:《数字媒体时代的数据滥用:成因、影响与对策》,载《中国出版》2020 年第 12 期。
〔2〕 参见任晓刚:《数字政府建设进程中的安全风险及其治理策略》,载《求索》2022 年第 1 期。

众的个人隐私带来极大的泄露风险。[1]

其次，行政机关在大数据使用过程中如果只追求行政效率必然会造成数据滥用现象的发生，导致公众隐私数据被滥用，进而影响数字政府的信誉，给政府的公信力造成严重损害，这不但不利于数字政府的长远发展，同时不利于数据安全这一数字政府建设基石的建立。行政机关在行使治理职能时一般采取"效率至上，便于行政"的治理理念，数字政府时代亦是如此。传统治理理念自上而下影响着各级行政机关，尤其在基层行政机关体现的较为明显，但一味地追求效率，有违合理行政原则的实现。

规范公权力的合理行政原则具体表现为以下 3 个方面：第一，公平公正。要求行政机关平等对待行政相对人，不偏私、不歧视相对人。第二，考虑相关因素原则。行政机关作出行政行为只能考虑符合立法授权目的的各种因素，不得考虑与立法授权目的不相关因素。第三，比例原则。行政机关采取的措施和手段应当必要、妥当，行政机关实施行政管理可以采用多种方式实现行政目的，但应当避免采用损害当事人权益的方式。合理行政原则的价值追求在于规范公权力以保障相对人权益。但政府行政手段的负面影响与相对人权益保护之间天然存在矛盾关系，立法体系上的疏忽导致"合法不合理"的行政行为时常发生。数据安全是法治数字政府的重中之重，然而行政机关及其工作人员在行使行政职权时滥用数字技术或是不当使用数字技术给相对人造成损害的情况屡见不鲜，在对数据安全采取保障措施时只重视公共利益而忽视个体安全的情况同样大量存在，数据安全的法律属性要求行政机关必须平衡保护公共利益与个体安全，不能只侧重于一方。政府治理手段与相对人权益之间的冲突解决机制还建立在如何保障合理行政原则得以优先实现的基础上。

3. 数据安全监管的困境

政府在数据治理的过程中扮演着数据监管者的角色，政府对数据的运行全过程进行监管，对企业、个人和政府自身的行为进行监管。[2] 在数字政府时代，数字政府对数据安全监管的困境体现在监管的力度难以把控，监管体系尚不完

---

〔1〕 参见"5 Examples of Data & Information Missue"，载 https://www.observers.com/blog/importance-data-misuse-prevention-and-detection/。

〔2〕 参见郑磊：《政府在数据治理中的两种角色：政策的制定者和数据的使用者》，载《探索与争鸣》2020 年第 11 期。

善,数据安全监管立法尚需完善。

首先,数字政府在获取数据信息资源的过程中,基于数据链条的广泛性特征以及数字技术的大规模应用使数据流动的两端不断延长,参与主体不断增加,加大了数字政府对数据安全的监管难度。[1]出于安全方面考虑,数字政府不得不加大对数据安全的监管力度,但数字政府的基础在于政府与社会之间的数据信息互通和流动,若加大对数据运行的监管力度,不免会在一定程度上限制数字政府数据开放程度,影响数字社会、数字经济的快速发展;然而若是减轻对数据安全的监管力度,又有可能引发数据泄露、数据滥用、数据非法买卖等问题,对于政府内部工作人员而言,监管力度的放缓难以制止个别工作人员利益需求膨胀,无视党纪国法而作出危害数据安全的行为。

其次,现阶段的数字政府针对数据安全的监管体系尚不完善,“对数字政府数据信息的开放程度、使用程度、维护程度等跟踪监控不足”[2],导致了数据安全防护的脆弱性与风险性,数据安全案件也不免时常发生。例如,山西省临汾市国控空气环境自动监测数据造假案件,这些示例的发生严重损害了政府的公信力,不利于数字政府的建设发展。

最后,数据安全监管立法尚需完善。数据信息安全保护的另一重要维度便是制度。国内对于数据信息安全的研究,大多集中在信息安全技术层面与信息安全管理机制层面,缺乏对数据信息安全保护制度法律监管的研究。在现有的数据信息安全保护制度方面,传统的等级保护制度在面临大数据时代信息网络、信息系统、信息设备的更新迭代,面对国内外信息安全新威胁的环境下不免捉襟见肘。得益于数字技术的发展,信息安全等级保护制度业已进入2.0时代,其核心内容:一是将风险评估、安全检测、预警机制、数据防护与备份、应急处置、供应链安全等重点领域纳入等级保护制度并实施;二是将信息基础设施、数据资源、云计算、物联网、智能设备、公众服务平台等纳入制度保护与监管;三是将互联网企业等网络、系统、大数据等纳入制度管理。但制度的完善离不开法律的督促与规范,在以上各领域的管理中尚缺乏行政法律规范的立法,行政机关享受技术带来的效率快速提升并不意味着对信息安全管理义务的完全舍弃,上述领域涵盖了数据信息安全的重点领域和关键措施,必须要有相应的监

[1] 参见任晓刚:《数字政府建设进程中的安全风险及其治理策略》,载《求索》2022年第1期。

[2] 王广辉、郭文博:《数字政府建设面临的多重风险及其规避策略》,载《改革》2022年第3期。

管以保障数据信息安全。

四、数字政府规避数据安全风险的法治化路径

(一)规制预防信息泄露的路径

数字政府的安稳运行离不开安全的支撑,而安全则建立在风险预防的基础之上。面临数字政府进程中信息泄露的双重威胁需政府具有防患于未然的风险意识,政府预防信息泄露风险的规制路径应聚焦于以下几个方面:

第一,明确政府风险意识。首先,早期的风险社会理论就对工业革命以来科学技术改造自然的运用进行过反思,[1]技术的发展为社会公众生活与政府治理带来巨大的双向便利,但不得不承认任何技术的发展都会伴随相应的风险,数字技术也不例外。信息时代的社会风险,其危害范围只会更大、更广。在数字政府中,信息泄露的主要威胁在于个人隐私信息安全与国家信息安全两个维度。无论从哪一个维度出发,政府作为治理主体预防风险发生、限缩风险后果波及范围都是其肩负的重要责任。但由于政府结构等多重因素影响,政府的风险预测前瞻性有所不足,为了破解这一困难,除在政府科层制内部进行改造外,显然还需要引入有活力的多元主体参与其中,形成共治合力的横向治理体系,并以此为基准要求行政主体尤其是地方各级政府部门及时、主动地更新安全观念,明确信息安全风险意识,扼杀风险于摇篮之中。其次,加强政府领导干部的风险意识培养。常态管理中政府领导干部缺乏对风险的足够认识与警惕,风险的发生具有多方面的综合性因素,在具体治理层面,政府领导干部所发挥的作用要远超一般工作人员的作用,建设提升官员的风险意识可以有效针对风险事件搭建风险预防体系,确保数字政府安全稳定迈入法治轨道。

第二,定性信息主体权利与政府义务。信息泄露风险源于个人信息与国家信息两个维度,我国法律关于个人信息主体权利尚未有明确定性,但已有将个人信息主体权利上升到国家数据主权与国家安全高度的倾向。权利是利益的充分表达,数字技术的应用扩展了信息利益边界的同时催生了信息泄露风险,信息权利一方面受到政府公权力行使产生的风险威胁,另一方面也需公权力对之保护。因此,个人信息安全与国家信息安全保护都是政府应然的义务,对于

---

〔1〕 参见[德]乌尔里希·贝克:《风险社会》,何博闻译,译林出版社2004年版,第10~30页。

信息泄露风险的预防也应寄希望于政府机关而不是个人层面。政府肩负着维护公共安全的责任,数据的公共属性更要求政府能够妥善行使职能,Leon Brillouin 在其所著《科学与信息论》中提及,对于数据信息的内容与运行应保障其本身的完整性、保密性、可用性与可控性,因此行政机关尤其是维护信息安全的部门应被强制要求履行信息安全的保护义务。目前我国《数据安全法》对于数据安全保护义务的制度安排还需进一步细化,有关主管部门的落实尚缺乏一定的可操作性,在未来应作出更加全面的规定。

第三,量化政府保护责任。有效针对信息泄露风险需政府积极履行保护责任,《数据安全法》强调的政府机关保护数据安全的责任过于笼统,并不能督促其积极履行所承担的义务。例如,《数据安全法》第 44 条规定的责任主体的确定在具体落实中就存在一定难度,导致责任对应的主体缺位,在此情况下必然会使得义务难以有效落实。再如,《数据安全法》第 49 条规定,对于国家机关不履行数据安全保护义务的,实行双罚制措施,对国家机关直接负责的主管人员和其他直接责任人员给予处分。但处分的适用条件和裁量标准模糊,就导致了相关的惩戒措施被彻底适用。

(二)技术与法治政府发展并进

与传统法制政府相比,法治政府改变了政府部门与法律之间的单向互动模式,对已有的行政治理强调政府部门间的横向合作关系以配合法律的实施,强调行政主体参与的主动性。[1]得益于数字技术的发展,法治政府建设进程中数字政府更加快速地并入了法治轨道,法治数字政府建设取得初步成效。但前文所述的技术性风险仅靠单一的技术手段显然不能有效规避,法律规范的规制能力也受制于路径与方法选择的局限。即使法律规范经过立法阶段的反复磋商、论证,也难以全面规避技术发展所带来的不可控风险,单以法律来强调事前问责与事后惩罚以威慑规制对象是远远不够的,这就成为技术与法治政府融合治理的缘起,而数字技术、数字政府、法治政府的协同发展正好提供了这一契机。“从规范功能上来说,技术标准与法律规范都是信息处理行为的规制工具,两者

---

〔1〕 参见张鹏:《区块链赋能下的数字法治政府建设:内涵、关联及路径》,载《电子政务》2022 年第 7 期。

分别从技术和法律两个层面对信息处理行为实施规制。”[1] 技术内化于网络服务标准与法律规范之中，对算法、数据利用有着潜在影响和要求，与刚性的法律不同，技术的设计完全可以给数据信息保护责任机制提供“软法”效能，实现“自上而下”的行业自律规制效果，而技术与法治政府的耦合，则更能有效规避法治数字政府建设进程中的数据安全风险。

第一，在顶层设计上，需注重技术赋能理念，促使技术与法治数字政府并进。《法治政府建设实施纲要（2021—2025 年）》提及“坚持运用互联网、大数据、人工智能等技术手段促进依法行政，着力实现政府治理信息化与法治化深度融合，优化革新政府治理流程和方式，大力提升法治政府建设数字化水平”[2]。新时期我国法治数字政府建设仍处于起步阶段，政府职能与理念的革新是我国法治政府建设所需面临的新课题，《法治政府建设实施纲要（2021—2025 年）》中对于技术的顶层设计还处在探索阶段，对于法治数字政府发展趋势而言，“一方面旨在更加高效地为数字化政府服务提供组织和制度支撑，另一方面则是回应数字经济和数字社会新的治理要求”[3]。例如，数字技术在交通领域的应用，随着电子身份证、电子驾驶证的推广，传统交通领域的执法模式成为过往，与此同时电子驾驶证的审查治理也会产生相应的新问题。因此，在法治数字政府的顶层设计上，无论是技术标准还是技术与法治融合治理的具体着力点上，都需注重技术赋能理念，促进技术与法治的融合并进。

第二，在技术标准的选择上，应着力发展以信息安全技术为核心，以基础研究、应用研究、创新成果、前沿科技为方向的现代化信息技术体系，[4] 推动技术突破与预防法治数字政府所面临风险进行有机结合，针对性地防护信息网络攻击、信息系统漏洞等技术性风险，全力提升信息安全保护能力，构筑新型信息安全防护体系。

第三，在技术与法治政府的耦合中，要利用技术机制使得法治数字政府的权责一致。行政权行使的核心目的是对公民权利的保障。政府权力源于公民

---

[1] 张继红：《经设计的个人信息保护机制研究》，载《法律科学（西北政法大学学报）》2022 年第 3 期。

[2] 《法治政府建设实施纲要（2021—2025 年）》，载《人民日报》2021 年 8 月 12 日，第 1 版。

[3] 鲍静：《全面建设数字法治政府面临的挑战及应对》，载《中国行政管理》2021 年第 11 期。

[4] 参见任晓刚：《数字政府建设进程中的安全风险及其治理策略》，载《求索》2022 年第 1 期。

将自己的部分权利让渡与政府,使其代替自己行使治理职能。[1]数字技术的运用更有利于形成技术引导机制,来引导政府谨慎行使公权力,做到权责一致。例如,传统的政府运作模式使公权力的行使缺乏有效的监督限制,在数字时代之前对于公权力的限制各国大多采取立法模式限制,然而数字时代的到来使行政主体在行使公权力的过程中可以实现权力行使全程留痕,技术机制可提供多元参与主体共同监督、共同制约、共同审查,此外,技术的发展还可将"互联网代码规则作为体系内部运行逻辑,将现有成文法律法规、部门规章制度等转化为二进制指令,基于共识机制与智能合约编制各级政府及相关官员的责任清单"[2],以此来监督行政行为的规范行使。

因此,数字政府面临技术性风险的法治化规避路径要更加注重技术与法治的并进,实现数字政府数字治理的体系化与风险的可控化。

(三)构建数据规范管理体系

数字政府中数字技术的运用贯穿于始终,数据的不同处理阶段产生数据安全风险,并随数字政府的各种外部活动进入到政府治理过程,使其产生过程性风险。此时,就需构建一个规范的数据管理体系,来防控数据运行安全风险的发生,保障法治数字政府的平稳运行。

1. 数据收集风险预防具体机制

基于前文分析,数字政府在数据收集阶段存在的问题是信息收集与个人信息保护规则之间的矛盾。大数据时代知情同意权行使的障碍首先便是公众与平台间在隐私条款上的巨大分野。就依法行政而言,法治数字政府框架下数据运行的核心问题仍是数据的控制度与透明度问题。因此可以借鉴欧盟关于隐私风险分级的评估机制,由行政机关具体部门掌握,以加强公众日常生活中对数据的控制度和数据信息利用的透明度。所谓分层级的隐私风险评估机制,是指根据不同场景及其数据利用用途,对可能引发的隐私风险进行分层级评估,低风险等级的无须给予用户控制权;中风险等级时机构就应给予用户"择出"的

---

[1] 参见张鹏:《区块链赋能下的数字法治政府建设:内涵、关联及路径》,载《电子政务》2022年第7期。

[2] 周博雅、叶珺雯、徐晓林:《基于区块链技术的政府权力监督研究》,载《电子政务》2020年第10期。

控制机制,并可选择向用户披露可能造成高隐私风险的因素;而高风险等级时机构就必须为用户设置“择入”的控制机制,并及时披露高风险因素以及提供强性告知机制,以达到高透明度。[1]

在具体实践中,可由网信部门代替用户和机构进行隐私风险评定,如一些手机应用程序对于用户的个人信息收集、利用的需求不高时,其隐私泄露的风险也极小,那么隐私条款的设定就无须冗长繁多,只需简洁规定即可;如果对于用户的个人信息收集、利用的需求较高,例如,疫情防控平台基于现实需要而收集信息,则其隐私条款的制定需经过该机关审查后方可实施,且必须为用户留出可控制空间以及用户的个人信息转交第三方时必须征得用户的同意,还须明确用户被收集信息的用途、储存方式等,提高信息利用的透明度。

此外,数字时代数据高频次的利用、传播、处理导致严苛同意的机制会在一定程度上损害数据流通效率。因此有学者提出了概括同意的概念,即在对个人信息收集利用时取得个人做出的宽泛概括的承诺,以便于效率提升,但是概括同意给予信息处理机构的权限太过宽泛,隐私泄露的风险增大。随后有学者就提出了动态同意机制,具体内容为利用信息技术手段,糅合知情同意与信息披露为一体,并使之成为一个动态、持续、开放的过程。动态同意机制可以充分保障个人的自由权利,同时降低隐私风险,用户可以设置自己的知情同意偏好,也可以随时“择入”或者“择出”,动态同意机制将个体置于中心地位,加强了个体的控制度,其信息披露的设定提高了信息的透明度,“动态同意”模式甚至可以与分层级隐私评估机制探索出一条合作道路,以解决概括同意与严苛同意适用之争。

需要加强地方各级政府政务数据管理水平,及时排除政府在数据收集过程中面临的环境、行为、管理等方面的风险,及时设定数据采集工作人员权限准则、行为准则;依据《数据安全法》等相关规定建立数据分类分级管理制度等。

2. 规范数据管理程序设计

数据管理过程性风险表现为,数据在政府与社会之间海量传播的数据信息在存储、处理、使用等过程中可能发生的泄露、毁坏风险以及由于技术条件受现实发展状况制约而产生的软硬件设备故障、程序代码错误等系统问题导致数字政府行政目的无法实现。对此除在技术上寻根溯源填补漏洞外,还需进行数

[1] 参见王丹:《探寻数据治理下对个人信息保护的路径》,载《中国信息化》2021年第12期。

据管理规范程序设计,以保证数据运行安稳。余凌云教授提到针对数字技术的运行,需技术性正当程序(technological due process)来对政府行为加以规制。[1]也有学者认为要构建技术性正当程序,将数据的透明度、可用性、准确性嵌入数据运行体系之中。传统的程序原则已无法简单套入日益复杂的数据处理之中,但目前《数据安全法》《网络安全法》《个人信息保护法》等数据安全法律法规对数据处理的程序性规范规定不足,未来应当在正当程序的基础上,对数字技术下的数据管理程序提出新的规范要求。

针对数据传输、存储机制缺陷,规范数据管理程序设计的另一优势便是可以将身份认证、安全审查、加密处理等措施程序化,嵌入整体数据运行体系之中,以此消解其机制缺陷。

3. 加强数据管理部门建设

首先,从数据合规使用角度出发,数据合规性标准的建立不能依靠于行业自律,即使是行使治理职能的行政机关,其对于数据的合规使用也需要一个职能专一、监管有力的部门来实现。

其次,各地各级政府及其职能部门以各自的工作职能分别建设部门独立的数据库、信息平台、操作系统等,独立的体系导致分散化、碎片化的政府部门难以有效应对数据安全风险。目前,在法治数字政府建设背景下,全国各地都在有意识地整合部门职能进行组织再造,设立专门的数据管理部门作为主管机关。如河南省行政审批和政务信息管理局、广东省政务服务数据管理局、浙江省大数据发展管理局等。专门的数据管理部门可以形成一体化、专业化的数据管理机制,在数据安全风险规避方面,以行政相对人信息权益保护为例,相对人面对侵害行为,只依靠行政复议与行政诉讼来救济自身权利显然是不够的,无论是政府侵权还是企业侵权,相对人都需要一个强有力的国家机关作为后盾来规制处理,但目前我国法律法规授权实施此职能的部门较为单一,国家网信部门面对海量的公民检举、申诉等难以完全承担,因此,加强数据监督与管理部门建设,设立专门的数据管理部门是应对迫在眉睫的数据信息安全威胁的有效手段。

---

〔1〕 参见余凌云:《数字政府的法治建构》,载《中国社会科学院大学学报》2022年第1期。

(四)健全数字政府数据治理制度

一是完善政府信息公开制度。政府信息公开是全球数字化治理的共同趋势,也是我国法治数字政府建设的重要组成部分。针对上文提到的我国政府信息公开存在的问题,有以下几个解决措施:第一,建构信息公开隐私风险评估机制。[1]政府在信息公开过程中遵循正当程序原则的要求,通过事前、事中、事后的程序来开展隐私风险评估,以规避政府信息公开所带来的信息泄露风险,保障公民权利。首先,行政主体在进行信息公开前需对将要公开的数据信息进行事前评估、分阶段公开,第一阶段对纯粹个人隐私或者涉及国家秘密的进行脱敏处理,第二阶段视公共管理的需要对涉及公共利益的要优先公开,第三阶段具有风险隐患的要进行风险价值衡量后公开。其次,行政机关在政府信息公开过程中对信息进行事中评估,对公开可能造成当事人权益损害的及时停止。最后,政府信息公开后不意味着相关公开主体责任的完结,需对公开的信息事后评估,通过公众反馈、网络流调等方式建立反馈机制,及时处理数据非法泄露、使用等问题。第二,平衡法益冲突。政府在信息公开时需要厘清个人信息法益与公众知情法益的价值冲突,要解决两者冲突,首先,需要政府工作人员尤其是基层工作人员深切贯彻行政法基本原则如依法行政、合理行政、比例原则等的要求,谨慎行使公权力。其次,政府需要合理衡量两者法益,不可一味追求公众知情权而忽视对个人法益的保障。第三,强化行政侵权行为追责机制。随着政府信息公开的全面展开,对各级政府信息门户网站的建设标准也逐步提高,但各地政府工作人员的能力良莠不齐,有些政府工作人员为尽快完成指标而未尽职审查公开的信息,造成了公民个人信息泄露,但行政侵权行为的追责机制却并不完善,需完善行政系统内部对失职工作人员的行政处分制度以及外部行政行为的监管追责制度。

二是正确运用数字化技术保障合理行政,限制政府滥用数据权力。行政机关的行政行为本身具有国家强制力,行政行为的公定力也要求行政行为一经做出就应视为合法有效,但具体实践中有些行政机关为追求效率而忽视相对人权益,其行政行为极大地危害了相对人的合法利益。如个别地方在新冠肺炎疫情

[1] 参见杨艺萍、陈杰:《大数据时代政府信息公开中的个人信息保护》,载《北京工业职业技术学院学报》2022 年第 1 期。

防控中使用简单粗暴“一刀切”方式强推防疫措施，无视相对人的合理要求，在防疫过程中容易带来消极影响。行政效率与权利保障的内在张力显然不仅仅囊括在依法行政之中，作为依法行政延伸出的原则，合理行政同样对于两者有不同取舍，即追求效率以权利不受侵害为前提。以“健康码”为例，健康码是政府通过收集公民的行踪轨迹等个人信息，进而分析个体的风险等级，并据此判定其风险等级程度是否需进行防控措施等的依据。从过程上来看，出于公共安全的考虑，政府收集个人信息明显没有事先征得个人的同意，个人的知情同意权让渡于政府的范围应有一个严格的标准或者限制条件。在“健康码”实际运行过程中，个人信息安全问题不断暴露，尤其是在疫情初期一定程度上存在“重信息收集而轻信息管理保护”的倾向，个人隐私和信息管理保护一度被忽视。“成都女孩确诊病例”的事件令人印象深刻，该病例行踪轨迹等个人信息被披露后，其遭受到大规模网络暴力，使其身心遭受巨大伤害，也引发公众对疫情防控措施中个人隐私和个人信息安全的担忧。在行政机关大规模常态化运用数字技术的背景下，政府行政行为目的的合法性并不意味着部分政府行政处置手段的合法，数字技术手段的运用也应当经受合法性审查，在法律设定的边界内运转。行政主体使用数字技术进行治理当然具备正当性，同时不应当忽视对手段合理的要求，政府正确合理运用数字治理手段是如今政府合理行政优先实现的基础，也是解决行政目的实现与相对人权益冲突平衡的可行路径。

三是优化数据安全监管制度。首先，应建构完善的数据安全监管体系。我国立法对于数据安全监管的考量，体现在《数据安全法》《网络安全法》，规定由中央国家安全领导机构负责数据安全监管的决策、统筹安排，由地方各级政府及其部门负责职责范围内的数据安全监管工作，国家安全部门负责整体网络安全与数据安全监管，网信部门负责协调工作。据此，我国数据安全监管体系的建构应综合考虑以上制度安排，充分发挥中央的决策优势，地方的长效联动能力，最终形成由中央统领、地方负责、网信与安全部门辅助的数据安全监管体系。其次，数字技术是一把“双刃剑”，其技术优势革新了信息安全等级保护制度的内涵，扩展了等级保护制度的范畴，但也为国家监管带来新的挑战。新型信息安全等级保护制度在互联网环境中集风险评估、安全检测、关键信息基础设施保护、数据资源整合利用以及信息安全认证等为一体，涵盖整个国家各个行业。信息安全等级保护制度在行政机关的主导下实施，但相关监管立法却有所欠缺，唯有健全的法律法规机制才能保证信息安全等级保护制度的有效运行。因此，需要完善国家信息安全制度建设。一方面，建构行政机关内部监管体系。明确重点领域的监管措施，制定严密的管理制度，完善等级保护制度管理细则，形成一整套政府内部监管系统。另一方面，加强行政监管立法工作。新型等级保护制度作为一种强制性制度在重点领域多个行业实施，对整个社会都具有很大影响，对于政府而言把握好安全与自由的平衡是一大难点，此时就需要法律的规制性来进行保障，目前我国尚缺乏相关领域的立法，需要尽快加强行政监管立法工作的推进。最后，需建立健全“互联网+监管”制度建设，利用互联网应用的深度和广度，“建立联合执法、数字执法、智慧监管的工作机制和业务模型，形成监管事项全覆盖、监管过程全记录、监管数据可共享、监管结果可追溯的智慧监管体系”[1]，提高监管的精确性，避免监管力度失衡而导致的监管困境问题。习近平总书记在网络安全和信息化工作座谈会上发表的讲话指出，随着互联网特别是移动互联网发展，社会治理模式将会从单纯的政府监管转向“政府、企业、社会组织、广大网民共同参与”，“建立政府和企业网络安全信息共享机制”。[2]尤其是在网络信息技术自主创新、数字经济大力发展，法治数字政府建设如火如荼的当下，数据监管将在以人为本的核心理念指导下，逐步实现多元主体协同治理，维护数据安全，保障数字政府有序运行的美好愿景。[3]

五、结语

在大数据场景与法治政府建设进程中，政府数字治理面临信息泄露、技术风险、管理风险、治理风险等一系列数据安全风险与挑战，这不仅阻碍了我国数字政府法治化进程，也不利于我国国家治理体系与治理能力的现代化。因此，需基于数字政府视角解构数字政府运行过程呈现的数据安全风险，从风险预防角度出发寻找规避其风险的路径，强化数字政府数据资源管理和运用的安全性，为我国法治数字政府建设奠定基础，有效助推数字政府法治化迈入新篇章。

---

[1] 刘雯、乐益矣：《拓展深化“互联网+监管”应用的四川实践》，载《决策咨询》2022年第2期。
[2] 参见习近平：《在网络安全与信息化工作座谈会上的讲话》，人民出版社2016年版，第17页。
[3] 参见范玉吉、张潇：《数据安全治理的模式变迁、选择与进路》，载《电子政务》2022年第4期。

主要参考文献

著作类：

习近平：《在网络安全与信息化工作座谈会上的讲话》，人民出版社2016年版。

毛泽东：《毛泽东选集》（第5卷），人民出版社1977年版。

［美］劳伦斯·莱斯格：《代码2.0：网络空间中的法律》，李旭、沈伟伟译，清华大学出版社2018年版。

［英］维克托·迈尔-舍恩伯格、［英］肯尼思·库克耶：《大数据时代》，周涛等译，浙江人民出版社2013年版。

［奥］欧根·埃利希：《法社会学原理》，舒国滢译，中国大百科全书出版社2009年版。

王名扬：《美国行政法》（下），北京大学出版社2016年版。

马颜昕等：《数字政府：变革与法治》，中国人民大学出版社2021年版。

［日］南博方：《行政法》，杨建顺译，商务印书馆2020年版。

杨建顺主编：《行政法总论》（第2版），北京大学出版社2016年版。

姜明安主编：《行政法与行政诉讼法》（第7版），北京大学出版社2019年版。

《行政法与行政诉讼法学》编写组编：《行政法与行政诉讼法学》，高等教育出版社2017年版。

马怀德主编：《行政法前沿问题研究》，中国政法大学出版社2018年版。

［美］罗纳德·伯特：《结构洞：竞争的社会结构》，任敏、李璐、林虹译，格致出版社、上海人民出版社2008年版。

詹镇荣：《公私协力与行政合作法》，台北，新学林出版股份有限公司2014年版。

［英］卡罗尔·哈洛、［英］理查德·罗林斯：《法律与行政（下卷）》，杨伟东等译，商务印书馆2004年版。

杨建顺：《日本行政法通论》，中国法制出版社1998年版。

［美］朱迪·弗里曼：《合作治理与新行政法》，毕洪海、陈标中译，商务印书馆2010年版。

［法］莱昂·狄骥：《宪法学教程》，王文利等译，辽海出版社、春风文艺出版社1999年版。

［日］盐野宏：《行政组织法》，杨建顺译，北京大学出版社2008年版。

[美]P. 诺内特、[美]P. 塞尔兹尼克:《转变中的法律与社会:迈向回应型法》,张志铭译,中国政法大学出版社 2004 年版。

[澳]欧文·E. 休斯:《公共管理导论》(第 2 版),彭和平等译,中国人民大学出版社 2001 年版。

王益民:《数字政府》,中共中央党校出版社 2020 年版。

[德]卡尔·拉伦茨:《法学方法论》,黄家镇译,商务印书馆 2020 年版。

[日]室井力主编:《日本现代行政法》,吴微译,中国政法大学出版社 1995 年版。

[美]C. I. 巴纳德:《经理人员的职能》,孙耀君等译,中国社会科学出版社 1997 年版。

冯军:《刑事责任论》,法律出版社 1996 年版。

[奥]凯尔森:《法与国家的一般理论》,沈宗灵译,商务印书馆 2013 年版。

林明锵:《德国行政法》,台北,五南图书出版股份有限公司 2019 年版。

杨欣:《民营化的行政法研究》,知识产权出版社 2008 年版。

[美]W. 理查德·斯科特、[美]杰拉尔德·F. 戴维斯:《组织理论:理性、自然与开放系统的视角》,高俊山译,中国人民大学出版社 2011 年版。

[法]莫里斯·奥里乌:《行政法与公法精要》(上册),龚觅等译,辽海出版社、春风文艺出版社 1999 年版。

[德]格奥格·耶利内克:《主观公法权利体系》,曾韬、赵天书译,中国政法大学出版社 2012 年版。

[美]桑尼尔·索雷斯:《大数据治理》,匡斌译,清华大学出版社 2014 年版。

马长山:《迈向数字社会的法律》,法律出版社 2021 年版。

刘莘主编:《法治政府与行政决策、行政立法》,北京大学出版社 2006 年版。

黄达强、刘怡昌主编:《行政学》,中国人民大学出版社 1988 年版。

[英]威廉·韦德:《行政法》,徐炳等译,中国大百科全书出版社 1997 年版。

李季主编:《数字政府蓝皮书:中国数字政府建设报告(2021)》,社会科学文献出版社 2021 年。

[瑞典]大卫·萨普特:《被算法操控的生活》,易文波译,湖南科学技术出版社 2020 年版。

栗燕杰:《行政决策法治探究》,中国法制出版社 2011 年版。

罗豪才、湛中乐主编:《行政法学》,中央广播电视大学出版社 2010 年版。

[美]雷·库兹韦尔:《人工智能的未来:揭示人类思维的奥秘》,盛杨燕译,浙江人民出版社 2016 年版。

马怀德主编:《行政法学》(第 3 版),中国政法大学出版社 2019 年版。

张莉主编、中国电子信息产业发展研究院编著:《数据治理与数据安全》,人民邮电出版社 2019 年版。

杨蕾、袁晓光等:《数据安全治理研究》,知识产权出版社 2020 年版。

[德]乌尔里希·贝克:《风险社会》,何博闻译,译林出版社 2004 年版。

张桐锐:《合作国家》,载翁岳生教授祝寿论文编辑委员会编:《当代公法新论(中)》,台北,元照出版公司 2002 年版。

期刊类:

于安:《论数字行政法——比较法视角的探讨》,载《华东政法大学学报》2022 年第 1 期。

何圣东、杨大鹏:《数字政府建设的内涵及路径——基于浙江"最多跑一次"改革的经验分析》,载《浙江学刊》2018 年第 5 期。

高秦伟:《数字政府背景下行政法治的发展及其课题》,载《东方法学》2022 年第 2 期。

关保英:《行政法治的时代精神解读》,载《政法论坛》2017 年第 1 期。

郑方辉、尚虎平:《中国法治政府建设进程中的政府绩效评价》,载《中国社会科学》2016 年第 1 期。

叶必丰:《行政组织法功能的行为法机制》,载《中国社会科学》2017 年第 7 期。

马长山:《数字社会的治理逻辑及其法治化展开》,载《法律科学(西北政法大学学报)》2020 年第 5 期。

张吉豫:《构建多元共治的算法治理体系》,载《法律科学(西北政法大学学报)》2022 年第 1 期。

张成福、边晓慧:《重建政府信任》,载《中国行政管理》2013 年第 9 期。

李洪雷:《中国行政法(学)的发展趋势——兼评"新行政法"的兴起》,载《行政法学研究》2014 年第 1 期。

马怀德:《新时代法治政府建设的意义与要求》,载《中国高校社会科学》2018 年第 5 期。

翟云:《中国数字政府建设的理论前沿问题》,载《行政管理改革》2022 年第 2 期。

郑玉双:《破解技术中立难题——法律与科技之关系的法理学再思》,载《华东政法大学学报》2018 年第 1 期。

莫纪宏:《在法治轨道上有序推进"全过程人民民主"》,载《中国法学》2021 年第 6 期。

胡衬春:《地方政府网站、政务微信、政务微博的使用与公众政府信任的关系研究》,载《电子政务》2017 年第 12 期。

任敏:《技术应用何以成功?——一个组织合法性框架的解释》,载《社会学研究》2017 年第 3 期。

杨知文:《风险社会治理中的法治及其制度建设》,载《法学》2021 年第 4 期。

谭九生、杨建武:《人工智能技术的伦理风险及其协同治理》,载《中国行政管理》2019 年第 10 期。

肖金明:《为全面法治重构政策与法律关系》,载《中国行政管理》2013 年第 5 期。

胡凌:《超越代码:从赛博空间到物理世界的控制/生产机制》,载《华东政法大学学报》2018 年第 1 期。

张晓、鲍静:《数字政府即平台:英国政府数字化转型战略研究及其启示》,载《中国行政管理》2018 年第 3 期。

林梦瑶、李重照、黄璜:《英国数字政府:战略、工具与治理结构》,载《电子政务》2019 年第 8 期。

余圣琪:《流调与追踪中的数据法律保护》,载《河北法学》2021 年第 1 期。

戴长征、鲍静:《数字政府治理——基于社会形态演变进程的考察》,载《中国行政管理》2017 年第 9 期。

李健:《"互联网 + 政务服务":驱动要素与政府职责》,载《电子政务》2016 年第 10 期。

谭必勇、刘芮:《数字政府建设的理论逻辑与结构要素——基于上海市"一网通办"的实践与探索》,载《电子政务》2020 年第 8 期。

沈费伟、诸靖文:《数据赋能:数字政府治理的运作机理与创新路径》,载《政治学研究》2021 年第 1 期。

许峰:《地方政府数字化转型机理阐释——基础政务改革"浙江经验"的分析》,载《电子政务》2020 年第 10 期。

刘淑春:《数字政府战略意蕴、技术构架与路径设计——基于浙江改革的实践与探索》,载《中国行政管理》2018 年第 9 期。

李一宁、金世斌、刘亮亮:《完善政务服务工作运行机制研究》,载《中国行政管理》2017 年第 6 期。

王贵:《算法行政的兴起、挑战及法治化调适》,载《电子政务》2021 年第 7 期。

丁晓东:《从公开到服务:政府数据开放的法理反思与制度完善》,载《法商研究》2022 年第 2 期。

张恩典:《人工智能算法决策对行政法治的挑战及制度因应》,载《行政法学研究》2020 年第 4 期。

王怀勇、邓若翰:《算法行政:现实挑战与法律应对》,载《行政法学研究》2022 年第 4 期。

周佑勇:《行政法总则中基本原则体系的立法构建》,载《行政法学研究》2021 年第 1 期。

关保英:《论具体行政行为程序合法的内涵与价值》,载《政治与法律》2015 年第 6 期。

关保英:《行政法典总则的法理学分析》,载《法学评论》2018 年第 1 期。

蒋银华:《行政基本法典编纂中电子化行政的主体定位及其制度路径研究》,载《行政法学研究》2022 年第 3 期。

沈岿:《重构行政主体范式的尝试》,载《法律科学(西北政法大学学报)》2000 年第 6 期。

马颜昕:《自动化行政的分级与法律控制变革》,载《行政法学研究》2019 年第 1 期。

宋保振:《数字时代信息公平失衡的类型化规制》,载《法治研究》2021 年第 6 期。

虞青松:《算法行政:社会信用体系治理范式及其法治化》,载《法学论坛》2020 年第 2 期。

汪燕:《行政合理性原则与失当行政行为》,载《法学评论》2014 年第 5 期。

吴建依:《论行政公开原则》,载《中国法学》2000 年第 3 期。

雷刚、喻少如:《算法正当程序:算法决策程序对正当程序的冲击与回应》,载《电子政务》2021 年第 12 期。

梅扬:《比例原则在行政协议中的适用》,载《哈尔滨工业大学学报(社会科学版)》2021 年第 4 期。

徐娟、杜家明:《智慧司法实施的风险及其法律规制》,载《河北法学》2020 年第 8 期。

鲍坤:《健康码数据常态化应用的比例原则限制》,载《电子政务》2021 年第 1 期。

查云飞:《行政裁量自动化的学理基础与功能定位》,载《行政法学研究》2021 年第 3 期。

陈禹衡、陈洪兵:《反思与完善:算法行政背景下健康码的适用风险探析》,载《电子政务》2020 年第 8 期。

汪晓贺:《突发公共卫生事件中个人医疗信息保护的调整及制度完善》,载《中国卫生事业管理》2022 年第 2 期。

刘权:《均衡性原则的具体化》,载《法学家》2017 年第 2 期。

项定宜:《个人信息处理必要性原则的规范体系研究》,载《北方法学》2021 年第 5 期。

王文玉:《算法嵌入政府治理的优势、挑战与法律规制》,载《华中科技大学学报(社会科学版)》2021 年第 4 期。

崔建科:《论行政执法检察监督制度的构建》,载《法学论坛》2014 年第 4 期。

秦前红、陈家勋:《论行政执法外部监督中正式监督机关的确立》,载《行政法学研究》2022 年第 1 期。

杜运泉:《法律的生命和权威在于实施》,载《探索与争鸣》2013 年第 10 期。

丁晓东:《基于信任的自动化决策:算法解释权的原理反思与制度重构》,载《中国法学》2022 年第 1 期。

苏宇:《优化算法可解释性及透明度义务之诠释与展开》,载《法律科学(西北政法大学学报)》2022 年第 1 期。

兰磊:《比例原则视角下的〈反不正当竞争法〉一般条款解释——以视频网站上广告拦截和快进是否构成不正当竞争为例》,载《东方法学》2015 年第 3 期。

谢蔚、李文静:《比例原则视角下数据可携权之适用路径》,载《湖南大学学报(社会科学版)》2022 年第 1 期。

胡业飞、孙华俊:《政府信息公开与数据开放的关联及治理逻辑辨析——基于"政府—市场—社会"关系变迁视角》,载《中国行政管理》2021 年第 2 期。

张鹏:《区块链赋能下的数字法治政府建设:内涵、关联及路径》,载《电子政务》2022 年第 7 期。

展鹏贺:《数字化行政方式的权力正当性检视》,载《中国法学》2021 年第 3 期。

覃慧:《数字政府建设中的行政程序:变化与回应》,载《行政法学研究》2022 年第 4 期。

张成福:《信息时代政府治理:理解电子化政府的实质意涵》,载《中国行政管理》2003 年第 1 期。

江小涓:《加强顶层设计　解决突出问题　协调推进数字政府建设与行政体制改革》,载《中国行政管理》2021 年第 12 期。

蒋敏娟:《法治视野下的政府跨部门协同机制探析》,载《中国行政管理》2015 年第 8 期。

薛刚凌:《行政主体之再思考》,载《中国法学》2001 年第 2 期。

赵蜀蓉、陈绍刚、王少卓:《委托代理理论及其在行政管理中的应用研究述评》,载《中国行政管理》2014 年第 12 期。

王聪:《"共同"善维度下的算法规制》,载《法学》2019 年第 12 期。

张欣:《数字经济时代公共话语格局变迁的新图景——平台驱动型参与的兴起、特征与机制》,载《中国法律评论》2018 年第 2 期。

杜辉:《面向共治格局的法治形态及其展开》,载《法学研究》2019 年第 4 期。

鲍静:《全面建设数字法治政府面临的挑战及应对》,载《中国行政管理》2021 年第 11 期。

龙卫球:《数据新型财产权构建及其体系研究》,载《政法论坛》2017 年第 4 期。

龙卫球:《再论企业数据保护的财产权化路径》,载《东方法学》2018 年第 3 期。

章剑生:《反思与超越:中国行政主体理论批判》,载《北方法学》2008 年第 6 期。

石佑启:《论公共行政之发展与行政主体多元化》,载《法学评论》2003 年第 4 期。

薛刚凌:《多元化背景下行政主体之建构》,载《浙江学刊》2007 年第 2 期。

余凌云:《行政主体理论之变革》,载《法学杂志》2010 年第 8 期。

胡敏洁:《给付行政与行政组织法的变革——立足于行政任务的多元化观察》,载《浙江学刊》2007 年第 2 期。

郑春燕:《行政任务变迁下的行政组织法改革》,载《行政法学研究》2008 年第 2 期。

罗豪才、崔卓兰:《论行政权、行政相对方权利及相互关系》,载《中国法学》1998 年第 3 期。

马长山:《智慧社会建设中的"众创"式制度变革———基于"网约车"合法化进程的法

理学分析》,载《中国社会科学》2019 年第 4 期。

应松年:《论依法行政的基本条件》,载《国家行政学院学报》2008 年第 4 期。

张涛:《数据治理的组织法构造:以政府首席数据官制度为视角》,载《电子政务》2021 年第 9 期。

刘冰:《"跨省通办"中数据共享的新挑战及协同治理策略》,载《电子政务》2022 年第 2 期。

黄学贤、周春华:《行政协助概念评析与重塑》,载《法治论丛(上海政法学院学报)》2007 年第 3 期。

叶必丰:《行政机关间的事务委托和职权委托》,载《中国法学》2022 年第 3 期。

周汉华:《电子政务法研究》,载《法学研究》2007 年第 3 期。

杨解君:《行政主体及其类型的理论界定与探索》,载《法学评论》1999 年第 5 期。

王敬波:《面向整体政府的改革与行政主体理论的重塑》,载《中国社会科学》2020 年第 7 期。

叶必丰:《论我国的法定机构》,载《中外法学》2022 年第 3 期。

季卫东:《数据、隐私以及人工智能时代的宪法创新》,载《南大法学》2020 年第 1 期。

马怀德:《行政程序法的价值及立法意义》,载《政法论坛》2004 年第 5 期。

黄学贤、周春华:《行政协助概念评析与重塑》,载《法治论丛(上海政法学院学报)》2007 年第 3 期。

金国坤:《行政协作法律机制研究》,载《河北法学》2008 年第 1 期。

余成峰:《法律的"死亡":人工智能时代法律功能危机》,载《华东政法大学学报》2018 年第 2 期。

叶必丰:《行政决策的法律表达》,载《法商研究》2016 年第 2 期。

刘淑妍、朱德米:《当前中国公共决策中公民参与的制度建设与评价研究》,载《中国行政管理》2015 年第 6 期。

湛中乐、高俊杰:《作为"过程"的行政决策及其正当性逻辑》,载《苏州大学学报(哲学社会科学版)》2013 年第 5 期。

董青岭:《大数据安全态势感知与冲突预测》,载《中国社会科学》2018 年第 6 期。

王祯军:《算法应用于社会稳定风险评估的可行性、法律问题及对策》,载《法治研究》2022 年第 2 期。

王锡锌:《我国公共决策专家咨询制度的悖论及其克服——以美国〈联邦咨询委员会法〉为借鉴》,载《法商研究》2007 年第 2 期。

江国华、梅扬:《论重大行政决策专家论证制度》,载《当代法学》2017 年第 5 期。

齐爱民、祝高峰:《论国家数据主权制度的确立与完善》,载《苏州大学学报(哲学社会科学版)》2016 年第 1 期。

胡敏洁:《自动化行政的法律控制》,载《行政法学研究》2019 年第 2 期。

北京互联网法院课题组、张雯、颜君:《“互联网 +”背景下电子送达制度的重构——立足互联网法院电子送达的最新实践》,载《法律适用》2019 年第 23 期。

敖双红、雷金晶:《论自动化行政及其法律规制》,载《湖南警察学院学报》2017 年第 1 期。

查云飞:《人工智能时代全自动具体行政行为研究》,载《比较法研究》2018 年第 5 期。

徐振华、韦苇、张朴田:《以手机短信为载体的电子送达方式研究》,载《人民司法》2019 年第 1 期。

王俊:《从电子政务、智慧城市到智慧社会——智慧宜昌一体化建设实践探析》,载《电子政务》2018 年第 5 期。

任晓刚:《数字政府建设进程中的安全风险及其治理策略》,载《求索》2022 年第 1 期。

杨爱华:《人工智能中的意识形态风险与应对》,载《求索》2021 年第 1 期。

朱雪忠、代志在:《总体国家安全观视域下〈数据安全法〉的价值与体系定位》,载《电子政务》2020 年第 8 期。

蒯正明:《制度系统的构成、层次架构与有效运作》,载《东方论坛》2010 年第 5 期。

王雪诚、马海群:《总体国家安全观下我国数据安全制度构建探究》,载《现代情报》2021 年第 9 期。

黄璜:《对“数据流动”的治理——论政府数据治理的理论嬗变与框架》,载《南京社会科学》2018 年第 2 期。

丁红发等:《面向数据生命周期的政府数据开放的数据安全与隐私保护对策分析》,载《情报杂志》2019 年第 7 期。

郑磊:《政府在数据治理中的两种角色:政策的制定者和数据的使用者》,载《探索与争鸣》2020 年第 11 期。

张继红:《经设计的个人信息保护机制研究》,载《法律科学》2022 年第 3 期。

余凌云:《数字政府的法治建构》,载《中国社会科学院大学学报》2022 年第 1 期。

范玉吉、张潇:《数据安全治理的模式变迁、选择与进路》,载《电子政务》2022 年第 4 期。

其他:

于安:《加快建设数字行政法》,载百度百家号,https://baijiahao. baidu. com/s? id = 1702837918730 109705&wfr = spider&for = pc。

中央党校(国家行政学院)电子政务研究中心 2021 年 5 月发布《2021 年省级政府和重点城市一体化政务服务能力调查评估报告》。

张荣铮:《政府流程再造视角下“一网通办”协调机制研究——以上海×区行政服务中心为例》,中共上海市委党校2020年硕士学位论文。

郝梦园:《自动化行政处罚法律问题研究》,内蒙古大学2021年博士学位论文。

姜野:《算法的法律规制研究》,吉林大学2020年博士学位论文。

王法硕:《公民网络参与公共政策过程研究》,复旦大学2012年博士学位论文。

《法治政府建设实施纲要(2021—2025年)》,载《人民日报》2021年8月12日,第1版。

《促进大数据发展行动纲要》,载《人民日报》2015年9月6日,第1版。